MARTIN WEHRLE

Dieses Buch verändert dein Leben für immer

mosaik

Martin Wehrle

Dieses Buch verändert dein Leben für immer

Wie du deine Lebensfreude verdoppelst
und deine Probleme halbierst

mosaik

MIX
Papier | Fördert gute Waldnutzung
FSC® C014496

Penguin Random House Verlagsgruppe FSC® N001967

3. Auflage
Originalausgabe Oktober 2024

in der Penguin Random House Verlagsgruppe GmbH,
Neumarkter Str. 28, 81673 München
produktsicherheit@penguinrandomhouse.de
(Vorstehende Angaben sind zugleich Pflichtinformationen nach GPSR)

Redaktion: Dr. Christine Laudahn
Dieses Buch wurde vermittelt durch die
Montasser Medienagentur, München.
Umschlag: Sabine Kwauka
Umschlagmotiv: shutterstock / Zdenek Sasek
Satz: Buch-Werkstatt GmbH, Bad Aibling
Druck und Bindung: GGP Media GmbH, Pößneck
Printed in Germany
KW · CB
ISBN 978-3-442-39421-0

www.mosaik-verlag.de

Inhalt

Vorwort: Der Schmetterling der Veränderung

> **»Kindern erzählt man Geschichten, damit sie einschlafen – Erwachsenen, damit sie aufwachen.«**
>
> *Jorge Bucay*

Eine Frau mittleren Alters wurde eines Morgens von einer Fee geweckt. In der anderen Betthälfte schnarchte ihr Ehemann, den sie als lieblos empfand. Die Fee schwang ihren Zauberstab und sagte zu der Frau: »Du hast drei Wünsche frei, überleg sie dir gut!«

Die Frau dachte nur eine Millisekunde nach, dann sagte sie: »Ich möchte einen sehr attraktiven Mann haben, der mich auf Händen trägt.«

Und schwupp, schon fand sie sich in den Armen eines Mannes wieder, neben dem Adonis verblasst wäre. Ihr Ehemann war verschwunden.

»Was kann ich noch für dich tun?«, fragte die Fee.

»Ich möchte einen schöneren Körper haben.« Und schwupp, schon bekam sie einen neuen Körper, jünger, bildhübsch und ohne jeden Makel. Ihr bisheriger Körper war verschwunden.

»Was wünschst du noch?«, fragte die Fee.

Die Frau horchte in sich und merkte, dass sie immer noch nicht zufrieden war. Vielleicht musste sie die Karten komplett neu mischen. Sie nahm sich ein Herz und sagte: »Ich wünsche mir ein anderes Leben!«

Und schwupp, war ihr neues Leben verschwunden. Plötzlich fand sie sich in ihrem alten Körper wieder. Und neben ihr schnarchte ihr Ehemann.[1]

Wie verändern Sie Ihr Leben? Müssen Sie dazu Ihren Job kündigen, sich scheiden lassen, in die Karibik auswandern oder monatelang in einem Zen-Kloster meditieren? Oder braucht es gar die gute Fee?

Nein, es reicht, wenn Sie Ihr Denken jeden Tag *ein bisschen* verändern. Die Art, wie Sie denken, bestimmt die Qualität, in der Sie leben. Jeder Gedanke zieht ein Gefühl nach sich, auf das Ihr Körper reagiert. Was Sie tun oder lassen, genießen oder hassen, hängt allein von Ihren Gedanken ab. Wenn Sie anders denken, erschaffen Sie sich eine neue Wirklichkeit.[2]

Zum Beispiel bekommt ein ehrgeiziger Mensch von seinem Chef die Nachricht: »Es war sehr knapp, aber ich habe mich bei der Beförderung für Ihre Kollegin entschieden!« Was geht ihm nun durch den Kopf? Denkt er: »Wie ungerecht, dass ich übergangen wurde!«? Dann fühlt er sich gedemütigt, kriegt Bauchschmerzen und heult abends in sein Kissen. Sein Leben kann auf Jahre überschattet sein. Oder denkt er: »Ich war dicht dran, beim nächsten Mal klappt es!«? Dann fühlt er sich motiviert, verbringt einen unbeschwerten Abend und arbeitet freudvoll weiter.

Egal, was in Ihrem Leben passiert, das Problem ist *nie* die äußere Wirklichkeit, sondern Ihre Bewertung. Jeden Tag, jede Sekunde entscheiden Sie sich neu, ob Sie Probleme sehen oder Chancen. Dieses Buch wird Ihre Gedanken und damit Ihr Leben *für immer* verändern. Ich weiß das so genau, weil ich diese Ansätze mit Tausenden Klienten praktiziert und die Ergebnisse gesehen habe. Es ist verblüffend, wie zuverlässig Sie Ihre Lebensfreude verdoppeln und Ihre Probleme halbieren können – sobald Sie Ihre Gedanken steuern, statt sich von ihnen steuern zu lassen!

Das Geländer auf diesem Weg in ein leichteres Leben bilden uralte Weisheiten der Stoiker und aktuelle Erkenntnisse der Positiven Psychologie, Erfahrungen aus meiner Beratungspraxis und Erfolgsrezepte prominenter Zeitgenossen. Jedes Kapitel beginnt mit einer spannenden Geschichte oder Szene, zum Beispiel begegnen Ihnen:

- Zwei Schwestern, die jeden Tag für den Frieden beten, aber nach Eintritt des Friedens auf ein unerwartetes Problem stoßen (ab Seite 25).
- Ein deutscher Basketball-Star, der etwas Unglaubliches tut, nur um einen Hausmeister zu beglücken (ab Seite 45).
- Ein Arzt, der einem Todkranken eine Marzipantorte verschreibt – und damit eine überraschende Wirkung erzielt (ab Seite 56).
- Ein rasender Millionär, der das Wort »Sau« völlig falsch versteht und dafür einen hohen Preis zahlt (ab Seite 108).
- Eine Professorin, die bei der Auswertung ihrer Intelligenztests alle anlügt, aber doch die Wahrheit sagt (ab Seite 183).

Warum Erzählungen? Geschichten prägen sich ein, können Sie tief berühren und zu Veränderungen anspornen. Geschichten spendeten schon Rat und Trost, ehe die Psychologie erfunden wurde. Durch meine 365-Tage-Challenge, mit der ich Menschen in ein besseres Leben begleite, weiß ich: Eine gute Geschichte ist der beste Wegweiser, wenn jemand in eine Veränderung abbiegen will.

Geben Sie sich Zeit für Ihren Umbruch. Damit ein Schmetterling schlüpft, muss die Raupe erst zur Puppe erstarren. Drei bis fünf Wochen dauert es, ehe sich ein bunter Schmetterling aufschwingt. Wer *sofort* den Traumjob an Land ziehen, den Marathon laufen, den Seelenpartner erobern oder all seine Probleme in Luft auflösen will, erstickt an seinen Ansprüchen. Die Frau aus unserer Geschichte hat die Fee überfordert, deshalb blieb sie im alten Leben hängen.

Veränderung heißt nicht, Altes einzureißen. Veränderung heißt, aus dem Alten etwas Neues wachsen zu lassen. Gehen Sie mit Demut ans Werk.

Haben Sie mal überlegt, warum das Meer so viel größer als die Flüsse ist? Weil es *tiefer* als sie liegt, kann es ihr Wasser aufnehmen. Verneigen Sie sich vor Ihrem jetzigen Leben, sehen Sie seine guten Seiten – das stärkt Sie für Ihre Veränderung.

Die Frau signalisierte der Fee, dass sie ihr altes Leben in Nullkommanichts ersetzen wollte. Doch der Versuch, einen Schmetterling direkt aus der Raupe zu ziehen, muss scheitern. Beobachten Sie, wie sich Ihr Leben Stück für Stück verändert, je mehr Sie sich auf die Gedanken dieses Buches einlassen. Inwiefern kann es sein, …

- dass Sie Frieden schließen mit Ihrer Vergangenheit, statt mit ihr zu hadern;
- dass Sie Ihr Leben immer mehr als Geschenk betrachten, statt sich auf seine Mängel zu konzentrieren;
- dass Sie mit Menschen, die Ihnen bislang schwierig erschienen, von Tag zu Tag besser auskommen;
- dass Sie Dinge, die Sie bislang aufgeschoben haben, beherzt anpacken;
- und dass Sie Gewohnheiten, die Ihnen ein Bein gestellt haben, durch nützliche Routinen ersetzen – und damit völlig neue Erfolge erreichen?

Ich liebe die Schmetterlinge der Veränderung. Wollen Sie einer sein? Dann los!

Herzlichst

Ihr
Martin Wehrle

PS: Ich möchte mich bei Ihnen für den Kauf dieses Buches mit drei Geschenken bedanken:

Erstens schenke ich Ihnen mein digitales 31-Tage-Workbook, das Sie einen ganzen Monat täglich inspiriert und dieses Buch ideal ergänzt.

Zweitens erhalten Sie den Gratis-Zugriff auf meine kostbare Video-Kollektion »DAMIT krempelst du dein Leben um«. Rückenwind für Ihre Veränderung!

Und *drittens* bekommen Sie einen Gutschein, um beim Kauf meiner 365-Tage-Challenge 50 Euro zu sparen.

Nutzen Sie dieses Vorteils-Paket über folgenden Link oder scannen Sie den QR-Code:

http://buchaktion.karriereberater-akademie.de/

Der Schöpfer der Tochter: Warum Ihr Leben gut oder schlecht ist

»Wer hat dich erschaffen?«, fragte der Vater.

Seine 15-jährige Tochter überlegte einen Moment, ehe sie sagte: »Du und Mama, ihr seid meine Eltern.«

»Und wer hat dich noch erschaffen?«, fragte der Vater.

»Die Natur hat mich erschaffen, die Evolution.«

Der Vater nickte. »Und wer erschuf dich noch?«

Die Tochter blickte zur Decke. »Vielleicht gibt es ja einen Gott. Vielleicht hatte er seine Finger im Spiel.«

»Möglich. Und wer hat dich so erschaffen, wie du heute bist? Dass du denkst, was du denkst? Tust, was du tust? Bist, wer du bist?«

»Meine Erziehung?«, fragte die Tochter.

»Auch deine Erziehung«, antwortete der Vater.

»Die Schule?«

»Auch deine Schule.«

Aber die Tochter spürte, dass der Vater auf eine andere Antwort hinauswollte. »Was glaubst du denn, wer mich erschaffen hat?«

Der Vater lächelte. »Du dich selbst! Du entscheidest jeden Tag selbst darüber, wer du bist.«

Die Tochter zog ein ungläubiges Gesicht. »Was ist mit Intelligenz? Die hat man doch oder hat sie nicht.«

»Du bist so intelligent, wie du dich für intelligent hältst«, antwortete der Vater.

»Und was ist mit euch, meinen Eltern? Ich konnte mich nicht für euch entscheiden, ihr wart ja schon da.«

»Du hast immer die Eltern, für die du dich entscheidest«, antwortete der Vater.

»Wie meinst du das?«, fragte die Tochter neugierig.

»Wenn du mich für einen schlechten Vater hältst, wirst du Gründe dafür finden. Und wenn du mich für einen guten Vater hältst, wirst du Gründe dafür finden.«

Die Tochter nahm den Vater in den Arm – jetzt hatte sie verstanden.

Ich kenne einen Industriemechaniker, der als Kind bei einem alkoholsüchtigen Vater aufgewachsen ist. Tag für Tag erlebte er, wie sein Vater sich betrank und durch die Wohnung torkelte. Er erlebte, wie sein Vater im Suff aus der Haut fuhr, wie er ihn und seine Mutter grün und blau schlug. Seine ganze Kindheit war eine Zitterpartie, von der Alkoholsucht seines Vaters überschattet.

Was glauben Sie: Ist dieser Sohn in die Fußstapfen seines Vater getreten? Hat ihn seine Erziehung auf die schiefe Bahn getrieben? Ist er ein Säufer geworden, der seine Schnapsflasche liebt und seine Familie tyrannisiert?

Nein, es lief umgekehrt. Sein Vater diente ihm als abschreckendes Beispiel. Bis heute macht er um Alkohol einen weiten Bogen. Sogar Schnapspralinen meidet er. Seinen Kindern schenkt er ganz bewusst, was er selbst vermisste: bedingungslose Liebe. Er hat sich *entschieden*, nicht wie sein Vater zu werden. Seine Vergangenheit hat ihn nicht zu Fehlern veranlasst, sondern davor bewahrt.

Er hat das »Gegenmodell« seiner eigenen Erziehung gewählt, wie das der französische Psychologe Jacques Lecomte nennt.[3] Der ging der Frage nach: Wie konnten Menschen gute Eltern werden, die selbst als Kinder misshandelt wurden? Als Erfolgsrezept kam heraus: Sie entschieden sich *bewusst* für ein gegensätzliches Verhalten, erstaunlicherweise meist schon in der Pubertät oder davor.

Das finde ich so spannend: Vieles im Leben können wir nicht beeinflussen. Ihr Elternhaus können Sie sich nicht aussuchen, Schicksalsschläge treffen Sie ungefragt, und Ihr Genmaterial wird in der Lotterie des Lebens gezogen.

Aber was Sie aus diesen Gegebenheiten machen, das entscheiden Sie selbst. Eine schlechte Kindheit muss nicht zu einem schlechten Leben führen, im Gegenteil. Das Schicksal liefert Ihnen Benzin. Sie können damit Ihr Leben in Brand stecken. Oder das Benzin als Treibstoff nutzen. Was ziehen Sie vor?

Aber viele Menschen tun so, als hätten sie keine Wahl:

- »Ich fahre leicht aus der Haut, weil meine Mutter auch so war.«
- »Ich lasse mich auf keine Beziehung mehr ein, weil ich betrogen wurde.«
- »In meiner Familie hat niemand studiert, das ist nichts für mich.«
- »Die Neigung zum Übergewicht habe ich von meinem Vater.«

Wir erzählen uns eine Geschichte über unser Leben. Diese Gedanken erzeugen Gefühle. Und diese Gefühle bestimmen unser Handeln und unsere Lebensqualität. Aber was, wenn die Geschichte nicht stimmt?

> **»Die Erinnerung von damals, verschüttet von den eigenen Erzählungen, die man wie eine Platte immer wieder vorspielte, bis man sich nur noch an die eigenen Worte, aber nicht mehr an das Erlebnis erinnerte.«**
>
> *Max Frisch*

Ist es eine gute Idee, sich Grenzen einzureden, wo keine sind? Nein, das macht Träume zu Asche. Benzin kann Treibstoff sein, man möchte diesen Menschen zurufen:

- Du musst nicht aus der Haut fahren, nur weil deine Mutter cholerisch war. Du kannst dich *entscheiden,* ihr abschreckendes Beispiel als Anreiz für Gelassenheit zu nehmen.
- Du musst keine Beziehungen meiden, nur weil dein Ex-Partner fremdgegangen ist. Du kannst dich *entscheiden*, umso überzeugter nach einem aufrichtigen Partner zu suchen.

- Du bist für ein Studium nicht ungeeignet, nur weil es keine Akademiker in deiner Familie gibt. Du kannst dich *entscheiden*, gerade deshalb voller Stolz der Vorreiter zu werden.
- Du musst nicht übergewichtig werden, nur weil dein Vater es war. Du kannst dich *entscheiden*, umso bewusster auf deine Ernährung zu achten.

Sie sind keine Marionette Ihrer Vergangenheit. Was war, ist vorbei. Ihr Leben passiert in der Gegenwart. Jeden Tag entscheiden Sie neu, wie Sie denken, wie Sie fühlen und wie Sie Ihr Leben nutzen.

Sie sind nicht, was das Leben aus Ihnen macht – Sie sind, was Sie aus Ihrem Leben machen!

Wenn Sie mögen, können Sie Ihr Leben sofort auf den Kopf stellen. Sie können nackt im Regen tanzen, ein Buch schreiben, um die Welt reisen, eine Partei, eine NGO oder eine Rockerbande gründen, können Mönch in Tibet werden, Ordensfrau in Kalkutta oder Gangster in der Bronx. Sie können Ihre Liebespartner öfter als Ihre Socken wechseln oder die Treue in Person sein, können Geige lernen, Bienen züchten oder Schnaps brennen, können seelenruhig oder aufbrausend sein, weise oder töricht, feinfühlig oder grob. Sie können die Weltliteratur rauf und runter lesen, können die Bibel studieren oder Mao, nach New York ziehen oder Wanne-Eickel. Sie können nur noch barfuß laufen, Ihr Handy im Fluss versenken, unter freiem Himmel schlafen, im Büro Purzelbäume schlagen, auf die höchsten Bäume klettern oder lachend durch Ihre Tage hüpfen.

All das – und noch viel mehr – können Sie. Niemand, schon gar nicht Ihre Vergangenheit, wird Sie daran hindern. Es liegt allein an Ihnen. Wie sagte der Vater zu seiner Tochter: »Du entscheidest jeden Tag selbst darüber, wer du bist.«

Drei Perlen **TIPP**

1. Meine Rolle im Drehbuch des Lebens kann ich jeden Tag *neu* schreiben und erfinden.
2. Was gestern schlecht lief, kann ich heute nutzen, um besser zu leben.
3. Die Grenzen meiner Welt verlaufen in meinem Kopf; ich kann sie jederzeit erweitern.

Mini-Challenge mit Maxi-Wirkung

Welche schlechte Eigenschaft habe ich wahrscheinlich von meinen Eltern übernommen?

____

____

____

Was passiert, wenn ich mich entscheide, einen Tag lang bewusst das Gegenteil zu leben? Inwiefern gelingt es mir, die unerwünschte Eigenschaft zu ersetzen? Und was lerne ich daraus über meine Entscheidungsfreiheit?

Meine Prognose: ______________________________

____

____

____

Mein Erfahrungsbericht: __________________________

____

____

____

Der unfassbare Wunsch: So würdigen Sie das Fundament Ihres Lebens

Ein reicher Mann kam zum Weisen und sagte: »Wünsch mir etwas, was das Glück meiner Familie dauerhaft sichert!« Der Weise dachte lange nach, dann sagte er: »Ich wünsche, dass die Mutter stirbt, dass die Tochter stirbt und dass die Enkelin stirbt.«

Der reiche Mann starrte den Weisen fassungslos an und wurde wütend: »Das darf ja wohl nicht wahr sein! Ich bat dich um dauerhaftes Glück – und du wünschst meiner Familie den Tod. Nie wieder werde ich dich um Rat fragen.«

Der Weise sagte: »Mein Wunsch war gut gemeint. Glück ist es, wenn die Mutter vor der Tochter stirbt. Glück ist es, wenn die Tochter vor der Enkelin stirbt. Wenn die Dinge in der Reihenfolge passieren, wie die Natur es vorgesehen hat, ist das wahres Glück.«[4]

Stellen Sie sich Ihr Leben wie ein Haus vor. Auf den ersten Blick sehen Sie die Fassade, die Haustür, die Fenster, die Dachziegel. Aber gebaut ist Ihr Leben auf ein Fundament, und das ist *unsichtbar.*

Kaum jemand macht sich Gedanken, wovon sein Leben wirklich getragen wird. Aber das Selbstverständliche ist *nicht* selbstverständlich. Fünf Finger an Ihrer Hand sind fünf Wunder.

Aber viele würdigen ihr Lebensfundament erst dann, wenn sie es verlieren:

- Sie laufen, hüpfen und tanzen auf zwei gesunden Beinen durch die Welt. Wie oft freuen Sie sich über dieses Privileg? Und was würde ein Querschnittsgelähmter dazu sagen?
- Sie stehen jeden Morgen vor einem vollen Kühlschrank und essen, worauf Sie Appetit haben, und bis Sie satt sind. Wie oft freuen Sie sich über dieses Privileg? Und was würde ein Hungernder dazu sagen?
- Sie leben unter einem Dach, das Sie vor Regen schützt, drehen eine Heizung auf, die Sie vor Kälte schützt, und legen sich abends in ein warmes Bett. Wie oft freuen Sie sich über dieses Privileg? Und was würde ein Obdachloser dazu sagen?
- Sie haben einen Beruf erlernt, gehen einer Arbeit nach und bekommen jeden Monat ein Gehalt oder eine Rente überwiesen. Wie oft freuen Sie sich über dieses Privileg? Und was würde ein Mittelloser dazu sagen, der keinen Beruf und vielleicht nicht mal ein Bankkonto hat?
- Sie haben lebensfähige Kinder zur Welt gebracht und sehen, wie sie groß werden. Wie oft freuen Sie sich über dieses Privileg? Und was würden Eltern dazu sagen, die ihr Kind früh verloren haben, oder Paare, die kein eigenes Kind bekommen können?
- Sie schauen jeden Tag in eine bunte Welt, sehen die Herbstblätter an den Bäumen, den Regenbogen am Himmel, die Sommersprossen im Gesicht eines geliebten Menschen. Wie oft freuen Sie sich über dieses Privileg? Und was würde ein Blinder dazu sagen?
- Sie fahren jeden Tag mit Ihrem Auto zur Arbeit oder zum Einkaufen. Und Sie kommen sicher an. Wie oft freuen Sie sich über dieses Privileg? Und was würde wohl jemand dazu sagen, der sich kein Auto leisten kann oder mit dem Auto schwer verunglückt ist?

Eine Kollegin von mir hat mit Ende 50 Parkinson bekommen. Auf einmal verlor sie die Kontrolle über ihren Körper. Die Hände machten, was sie wollten. Ihr Gang wurde unsicher. Und alles, was für sie bis dahin selbstverständlich war, wurde zur großen Herausforderung: eine Treppe hinaufzugehen, ein Dokument zu unterschreiben, einen Briefkasten zu öffnen, eine Kaffeetasse anzuheben, ohne etwas zu verschütten, eine PIN-Nummer einzugeben, ohne danebenzutippen, oder angstfrei eine Rolltreppe zu nutzen.

Wann immer ich sie treffe, bewundere ich die Gelassenheit, mit der sie ihr neues Leben annimmt. Sie arbeitet nach wie vor. Sie geht ihren Hobbys nach. Sie sucht Kontakt zu ihren Freunden. Und sie versprüht noch immer sehr viel Lebensfreude und verfolgt Visionen. Es geht noch jede Menge, auch wenn ihr das Gehen immer schwerer fällt.

Wenn ich losfahre, um sie zu treffen, kreisen oft alltägliche Ärgernisse in meinem Kopf. Aber wenn ich vor meiner Kollegin stehe, wenn ich sie lächeln sehe, sind diese Problemchen wie weggeblasen; dann werde ich still und demütig. Ich freue mich über das stabile Fundament meines Lebens-Hauses. Mir wird klar, worauf es wirklich ankommt.

> **»Ich weinte, weil ich keine Schuhe hatte, bis ich einen traf, der keine Füße hatte.«**
>
> *Helen Keller*

Was macht Menschen zufrieden? Der Soziologe Martin Schröder hat eine jährliche Umfrage mit über 80 000 Teilnehmern ausgewertet, die seit 1984 in Deutschland läuft.[5] Dabei kam heraus, dass scheinbare Selbstverständlichkeiten unser Lebensglück dominieren. Glücklich macht es uns, wenn wir gesund sind, unsere Freunde regelmäßig sehen und über unser Leben bestimmen können. Reichtümer braucht es nicht: Wer 2000 Euro netto verdient, wird durch ein höheres Einkommen nicht wesentlich glücklicher.

Was passiert, wenn ein Starkregen in einen Fluss prasselt? Der Fluss schwillt an. Aber das Hochwasser bleibt nicht; *immer* sinkt der Pegel auf den alten Stand zurück. Genau so funktioniert die

»hedonistische Adaption« in Ihrem Gehirn:[6] Wenn ein Erfolg auf Sie herabregnet, wenn Sie im Lotto gewinnen, sich frisch verlieben oder an der Börse einen Riesengewinn einstreichen, dann steigt Ihr Glückspegel an. Aber es dauert nicht lange, dann fällt er auf sein altes Niveau zurück.

Wenn Sie unglücklich sind, bevor Sie triumphieren, werden Sie auch unglücklich sein, nachdem Sie triumphiert haben. Nur wenn Sie schon *vorher* glücklich waren, bleiben Sie es auch danach. Ob Sie im Lotto eine Million gewinnen oder nach einem schweren Unfall für immer im Rollstuhl landen: Nach einem Jahr werden Sie laut Studien etwa so glücklich oder unglücklich wie zuvor sein.[7]

Der Neurowissenschaftler und Stanford-Professor Andrew Huberman erklärt das so: Schmerz und Freude teilen sich im Gehirn dieselben Nervenbahnen. Und weil unsere Psyche zur Homöostase neigt, also das Gleichgewicht aufrechterhalten will, setzt ein Wipp-Effekt ein.[8]

Je höher Sie das Glück durch kurzfristige Kicks treiben, desto tiefer saust es danach abwärts. Wer jemals größere Mengen an Süßigkeiten gegessen hat, um Frust zu bekämpfen, weiß, was gemeint ist.

Daraus folgt: Nicht das Glückshochwasser ist entscheidend, sondern Ihr Normalpegel! Sorgen Sie dafür, dass Sie sich in Ihrem alltäglichen Leben wohlfühlen. Richten Sie Ihre Wohnung so gemütlich ein, dass Sie sich aufs Nach-Hause-Kommen freuen. Suchen Sie sich Freunde, die für Sie da sind und Ihr Herz lachen lassen. Gehen Sie einem Beruf nach, der sich sinnvoll anfühlt und Sie erfüllt. Und wählen Sie einen Liebespartner, der nicht nur behauptet, in schlechten Zeiten zu Ihnen zu halten, sondern es tatsächlich tut.

Letzten November hatte ich Klassentreffen im Schwarzwald. Zum ersten Mal seit über 30 Jahren sah ich meine Mitschüler wieder. Herrliche Schuljahre haben wir zusammen verbracht, sagten alle. Ungestüm waren wir und narrenfrei, die Welt lag vor uns wie ein großes Versprechen. Aber haben wir unser Glück erkannt? Nein, es schien uns selbstverständlich – und wurde erst Jahrzehnte später im Rückspiegel sichtbar. Was, wenn es sich in der Gegenwart genauso verhält?

Wie ist das bei Ihnen: Freuen Sie sich über jedes Jahr, das Sie vom Leben geschenkt bekommen? Würdigen Sie das alltägliche Glück, etwa dass Sie Freunde sehen und frei über Ihr Leben bestimmen können? Und erkennen Sie es als Glücksfall, wenn Sie vor Ihren Kindern sterben dürfen – und Ihre Kinder vor Ihren Enkeln?

Drei Perlen **TIPP**

1. Das größte Glück meines Lebens trägt eine Tarnkappe: Es sind die scheinbaren Selbstverständlichkeiten.
2. Ich mache mir bewusst, welche Privilegien ich jeden Tag genieße, dann erfüllt mich tiefe Dankbarkeit.
3. Statt zu suchen, was mir fehlt, würdige ich, was ich habe.

Mini-Challenge mit Maxi-Wirkung

Ich stelle mir vor, dass ein Obdachloser mein Leben geschenkt bekommt. Was würde sich für ihn sofort verbessern? Welche scheinbaren Selbstverständlichkeiten meines Alltags würde er als Luxus empfinden? Und was würde er im Laufe eines Tages am meisten genießen?

Welche Haltung kann ich einnehmen, um diese Geschenke meines Lebens künftig noch mehr zu würdigen?

Meine Notizen: ______________________________

____

____

____

Die betenden Schwestern: Wie Sie Ihre Gewohnheiten lieben lernen

Sirenen heulten durch die Nacht, Bomben ließen die Stadt erzittern, immer mehr Häuser lagen in Trümmern. Mitten in diesem fürchterlichen Krieg nahmen sich zwei Schwestern vor, täglich für den Frieden zu beten. Sie hielten sich eisern an ihren Plan. Jeden Morgen um sechs Uhr knieten sie sich hin und baten den Herrn eine halbe Stunde lang: »Schenke uns Frieden!«

Nach zwei Jahren kehrte tatsächlich Friede ein. Die jüngere Schwester freute sich, dass sie morgens nicht mehr beten musste. Die ältere Schwester setzte das Beten fort, was die jüngere irritierte: »Warum betest du weiter? Wir haben doch schon Frieden!«

»Weil ich nicht warten will, bis wieder Krieg ist«, sagte die ältere Schwester.

Wie verstehen Sie diese Geschichte? Betet die ältere Schwester weiter, um einen neuen Krieg zu verhindern? Oder betet sie so gern, dass sie dafür keinen äußeren Anlass braucht? Die zweite Version gefällt mir. Da richtet sich jemand am inneren Kompass aus, statt äußere Ziele zu verfolgen. Heutzutage läuft das oft umgekehrt:

- Wir joggen *nicht* des Joggens wegen, sondern um Gewicht zu verlieren.
- Wir meditieren *nicht* des Meditierens wegen, sondern wollen Gelassenheit erlangen.
- Wir lernen *nicht* des Lernens wegen, sondern um eine Prüfung zu bestehen.

- Und wir beten *nicht* des Betens wegen, sondern um einen Krieg zu beenden.

»Ist das denn schlecht, dass unser Handeln Mittel zum Zweck ist?«, könnten Sie fragen. Ich frage zurück: Was tut ein Läufer, wenn er die Ziellinie überschritten hat? Er bleibt stehen.

Und jetzt übertragen Sie diesen Gedanken auf gute Gewohnheiten:

- Was tut jemand, der eine Diät nur hält, um sein Wunschgewicht zu erreichen? Er bleibt stehen, sobald er dieses Gewicht erreicht hat – und fällt in seine alten Ess-Gewohnheiten zurück.
- Was tut jemand, der einen Meditations-Kurs nur besucht, um gelassener zu werden? Er bleibt stehen, sobald der Kurs vorbei ist – und regt sich auf wie in der Zeit davor.
- Was tut jemand, der einen Stoff nur lernt, um durch eine Prüfung zu kommen? Er bleibt stehen, sobald die Prüfung absolviert ist – und gibt das Lernen auf.

Der Philosoph Martin Heidegger hat zwei Zeiten unterschieden: eine Um-zu-Zeit und eine Nicht-zu-Zeit.[9] Die Um-zu-Zeit gleicht einer Investition: Ich bringe ein Opfer, stehe früh auf, strenge mich an, jogge durch den Stadtpark – und im Gegenzug erwarte ich, dass mein Gewicht sinkt und meine Fitness zunimmt. Es ist ein Tauschgeschäft.

Die Nicht-zu-Zeit dient keinem Zweck. Ein Mensch tut, was er *jetzt gerade* tun will, ohne auf den Ertrag zu schielen. Ich jogge, um das Joggen zu genießen, jeden Schritt, den ich setze, jeden Atemzug, den ich nehme. Ich denke nicht an Gewicht, das ich verliere, oder Fitness, die ich gewinne. Ich laufe, weil ich ein Läufer bin. Ich kann gar nicht anders. Ich liebe diesen Moment.

Wenn ich nur meditiere, um gelassener zu werden, ist meine Gewohnheit ein banales Werkzeug. Was tut man mit Werkzeugen, wenn man sie benutzt hat? Man legt sie aus der Hand.

Eine nachhaltige Gewohnheit entsteht, wenn Sie die Gewohnheit *an sich* lieben. Wenn Sie es lieben, dass Sie laufen, dass Sie meditieren, dass Sie Yoga machen, dass Sie eine Fremdsprache lernen, dass Sie sich gesund ernähren, dass Sie früh aufstehen, dass Sie Bücher lesen, dass Sie in der Natur sind, dass Sie gewaltfrei kommunizieren oder dass Sie beten.

Nehmen Sie die Gewohnheit an sich unter die Lupe: Was genießen Sie an ihr? Welche Sinne spricht Ihre Gewohnheit an? Welche positiven Gedanken löst sie in Ihnen aus? Welche Ihrer guten Eigenschaften fördert sie ans Licht? Inwiefern blühen Sie auf, während Sie Ihrer Gewohnheit nachgehen? Was würde Ihnen ohne diese Gewohnheit in Ihrem Leben fehlen, warum brauchen Sie sie *unbedingt*? Ausleben schlägt Aufschieben:

> **»Wie du am Ende deines Lebens wünschst gelebt zu haben, so kannst du jetzt schon leben.«**
>
> *Marc Aurel*

Die ältere Schwester war zu einer Gläubigen geworden. Sie setzte das Beten fort, weil sie es liebte und es Teil ihrer Persönlichkeit geworden war. Ein Vogel muss sich nicht anstrengen, um zu fliegen, er fliegt von allein. Fragen Sie sich:

- Sind meine Gewohnheiten schon Teil meiner Persönlichkeit geworden?
- Gehe ich noch zum Laufen? Oder sehe ich mich schon als Läufer?
- Lese ich noch ein Buch? Oder bin ich schon ein Leser?
- Spiele ich noch ein Instrument? Oder bin ich schon ein Musiker?
- Sage ich noch Nein? Oder bin ich schon ein guter Nein-Sager?

Macht es einen Unterschied, ob jemand sagt: »Ich gehe zum Wählen« oder »Ich *bin* Wähler«? Und ob! Eine Studie fand heraus: Der Ich-bin-Satz macht es wahrscheinlicher, dass jemand tatsächlich wählt.[10] Ihre Selbstdefinition ist die Quelle, aus der sich Ihr Handeln speist.

Welche der beiden Schwestern wollen Sie sein? Und mit welchem Ich-bin-Satz sorgen Sie dafür, dass Ihr Handeln wie von alleine sprudelt?

Drei Perlen TIPP

1. **Wenn meine Gewohnheit einem Zweck dient, ist sie eine Sternschnuppe, die rasch verglüht.**
2. **Wenn meine Gewohnheit mir selbst dient, ist sie ein Stern, der mein Leben lang leuchten kann.**
3. **Wenn ich »Sport mache«, muss ich mich aufraffen – wenn ich »Sportler bin«, passiert es von allein.**

Mini-Challenge mit Maxi-Wirkung

Welche Gewohnheit verfolge ich, um einen bestimmten Zweck zu erreichen?

____

____

____

Die nächsten Tage beobachte ich, was ich an dieser Gewohnheit liebe. Inwiefern tut sie mir gut? Wodurch belebt sie mich? Warum würde sie mir fehlen?

Ich analysiere: Inwiefern fällt mir die Gewohnheit leichter, wenn ich meine Konzentration vom Nutzen auf die Freude am Tun lenke?

Mein Erfahrungsbericht: __________________________

____

____

____

Der geizige Wirt: Warum Sie Erwartungen aussprechen sollten

In dem kleinen Schwarzwald-Dorf, in dem ich aufgewachsen bin, eröffnete Mitte der 1980er-Jahre ein neues Lokal. Die freiwillige Feuerwehr stand zur Einweihung Spalier, um einen Baum aufzustellen. Es war ein imposanter Aufmarsch in Uniform. Der neue Wirt dankte der Feuerwehr. Er war zugezogen und begeistert von der herzlichen Begrüßung.

Doch in den nächsten Wochen gähnte ihn eine leere Wirtsstube an: Kein Einheimischer betrat sein Lokal. Der Stammtisch blieb leer. Der Koch drehte Däumchen. Alle Autos fuhren vorbei und hielten vor anderen Kneipen an. Und wenn der Wirt durch den Ort ging, schauten die Einheimischen durch ihn hindurch. Nicht mal gegrüßt wurde er.

Der Inhaber des Lokals war verzweifelt. Was hatten die Leute gegen ihn? Warum mieden sie sein Lokal? Warum machten dieselben Menschen, die ihn so herzlich begrüßt hatten, jetzt einen großen Bogen um seine Kneipe?

Schließlich flüsterte ihm jemand die Wahrheit ins Ohr: »Alle sind sauer auf dich, weil du die Feuerwehr nicht zu Freibier eingeladen hast. Das haben sie bislang noch bei jeder Eröffnung bekommen. Ehrlich gesagt: Nur aus diesem Grund tauchen sie auf!«

Man hatte den zugezogenen Wirt als Geizkragen abgestempelt. Niemand war auf die Idee gekommen, dass er diesen Brauch nicht kannte. Die Feuerwehrleute hatten nicht über ihre Erwartungen gesprochen.

Ich wette, dass auch Ihr größter Ärger dieser einen Quelle entspringt: Jemand verstößt gegen Ihre Erwartung. Und wer nicht tut, was Sie wollen, wird zur Unperson.

Zum Beispiel:

- Sie arbeiten für eine Führungskraft, von der Sie denken: »Sie muss doch sehen, was ich alles leiste. Es wäre höchste Zeit für eine Gehaltserhöhung!«
- Sie rufen regelmäßig bei einer Freundin an, um den Kontakt zu halten, aber sie meldet sich fast nie bei Ihnen. Merkt sie denn nicht, dass auch sie mal die Initiative ergreifen müsste?
- Sie haben Ihren Kindern beim Betreten des Zimmers gesagt, wie sehr Sie diese Unordnung hassen. Doch ein paar Stunden später sieht es immer noch genauso chaotisch aus. Warum haben sie nicht aufgeräumt?
- Sie beobachten, dass einige Ihrer Arbeitskollegen nach Feierabend ins Kino gehen. Niemand hat gefragt, ob Sie dabei sein wollen. Sie sind tief enttäuscht.

Böses Blut geht in 90 Prozent der Fälle auf Missverständnisse zurück. »Du hättest dir doch denken können (...)«, »So gut musst du mich doch kennen« – solche Sätze werfen sich streitende Menschen an den Kopf. Dabei überschätzen sogar Paare ihre hellseherischen Fähigkeiten.[11] Einer erwartet Freibier, der andere weiß nichts davon.

Wenn wir miteinander sprechen, geht es an der Oberfläche um die Sache (Sachebene). Aber heimlich spielen drei weitere Ebenen mit, wie der Psychologe Friedemann Schulz von Thun herausfand:[12] Es geht darum, wie Sie Ihren Gesprächspartner und den Kontakt mit ihm erleben (Beziehungsebene), was mit Ihnen selber los ist (Selbstkundgabe) und was Sie vom anderen erwarten (Appell).

In jeder Kommunikation reist ein Appell mit, oft als blinder Passagier: Ich sage meinen Seminarteilnehmern, dass es in diesem Raum stickig ist – und bin beleidigt, wenn niemand das Fenster öffnet (denn das war mein heimlicher Appell). Oder ich sage meiner Partnerin, dass ich einen verspannten Nacken habe – und bin enttäuscht, wenn sie mir keine Massage offeriert.

Wie oft kommt es vor, dass andere Menschen Sie vor den Kopf stoßen? Wie oft tun andere nicht, was für Sie selbstverständlich ist? Wie oft schmollen und grollen Sie?

Womöglich nehmen Sie dieses Verhalten persönlich und denken: Offenbar bin ich dem anderen egal – meine Bedürfnisse spielen für ihn keine Rolle! Aber ist das wirklich so? Schauen wir uns die Eingangsbeispiele erneut an. Was passiert, wenn Sie die Verantwortung in die eigene Hand nehmen?

- Vielleicht denkt Ihre Führungskraft: »Wer *nicht* nach einer Gehaltserhöhung fragt, ist offenbar mit seinem Gehalt zufrieden.« Es liegt an Ihnen, eine Forderung zu stellen!
- Vielleicht geht Ihre Freundin davon aus, es sei ganz normal für Sie, immer wieder anzurufen. Sie könnten sagen: »Mir fällt auf, dass ich mich immer bei dir melde. Ich wünsche mir, dass du auch mal die Initiative ergreifst und mich anrufst.«
- Vielleicht haben Ihre Kinder nur wahrgenommen, dass Ihnen das Chaos nicht gefällt – aber nicht, dass sie es beseitigen sollen. Sie könnten sagen: »Ich brauche Ordnung um mich herum. Ich erwarte von euch, dass ihr das Zimmer in der nächsten halben Stunde aufräumt.«
- Vielleicht sind die Kollegen davon ausgegangen, dass Sie ein Kinoabend nach der Arbeit nicht interessiert. Sie könnten sagen: »Ich wäre bei eurem Kinoabend gern dabei. Ist es okay, dass ich euch begleite?«

Gut möglich, dass Sie denken: »So aufdringlich will ich nicht sein! Die anderen müssen doch merken, was Sache ist!« Aber der Wirt in meinem Dorf hat vom Freibier auch nichts gewusst. Und er wäre sehr dankbar gewesen, wenn ihm jemand einen Wink gegeben hätte.

Betrachten Sie die Sache einmal so: Es ist ein Zeichen des Respekts, dass Sie dem anderen sagen, was Sie erwarten. Dann weiß er, woran er bei Ihnen ist, und kann entscheiden, ob er Ihrer Erwartung nachkommt oder nicht.

Ein Teufelskreis jedoch entsteht, wenn Sie den Mund *nicht* aufmachen, etwa den anderen mit Schweigen bestrafen, ihm aus dem Weg gehen oder sich in den Schmollwinkel verkrümeln. Rückzug klärt Probleme nicht, sondern verschlimmert sie.

> **»Das Peinliche besteht darin, dass die Dinge, die man mit Vorsicht beschweigt, immer lauter werden.«**
>
> *Max Frisch*

Vor vielen Jahren hat mir ein Bekannter von einer Frau erzählt, in die er verliebt war. Die beiden gingen einmal pro Woche zusammen essen. Danach machten sie noch einen Spaziergang durch Schwabing und führten tiefgründige Gespräche. Und jedes Mal, wenn sie sich bei der Münchner Freiheit verabschiedeten, umarmten sie sich. Er war drauf und dran, sie bei dieser Gelegenheit zu küssen. Aber es fehlte ihm der Mut. Und so verlor sich der Kontakt wieder. Das war Mitte der 1990er-Jahre.

Gerade neulich sind sich die beiden bei Facebook wiederbegegnet. Mein Bekannter fasste sich ein Herz und schrieb: »Ich war damals ganz schön in dich verknallt!« Die Antwort haute ihn um: »Ich in dich auch. Aber ich war mir unsicher, ob du das Gleiche für mich empfindest. Ich habe mich nicht getraut, dich zu fragen.«

Jeder ist davon ausgegangen: Wenn der andere etwas von mir will, gibt er mir ein Signal. Dabei hätte es einen so einfachen Weg gegeben, um Klarheit zu schaffen. Ein einziger Satz hätte genügt: »Ich würde dich gerne küssen – du mich auch?« Freibier ist manchmal leicht zu haben. Aber Sie müssen danach fragen!

Drei Perlen

TIPP

1. Erwartungen sind wie Bestellungen im Lokal: Damit geliefert wird, muss ich sie aussprechen.
2. Je klarer ich sage, was ich will, desto eher bekomme ich es.
3. Ich hole mir, was ich brauche – statt zu hoffen, dass es jemand errät und mir serviert.

Mini-Challenge mit Maxi-Wirkung

Ich denke an einen Menschen, der meinen Erwartungen nicht gerecht wird:

____

____

____

Was spricht dafür, dass er meine Vorstellungen nicht klar genug kennt? Und was muss ich ihm mitteilen, damit er mein Bedürfnis zu 100 Prozent versteht?

Ich werde Folgendes zu ihm sagen:

____

____

____

Der wütende Tag: Wie Sie abends im Bett erleuchtet werden

Als es dämmerte, machte der Tag einen Abschiedsspaziergang. Er wollte herausfinden, wie die Menschen ihn erlebt hatten. Auf einer Parkbank unterhielt sich ein Pärchen. Der Mann sagte: »Mein Tag in der Firma war schrecklich. Nichts als Stress.« Der Tag wurde blass. Schrecklich war er also!

Die Frau antwortete: »Und mein Tag war die Hölle, ich hatte morgens und abends Stau.« Der Tag wurde noch blasser. Die Hölle war er also.

Verärgert ging er weiter und traf auf einen jungen Mann, der gerade laut in sein Handy rief: »Mein heutiger Tag war rabenschwarz.« Rabenschwarz war er also. Das ging zu weit! Der Tag baute sich vor dem jungen Mann auf und fragte: »Gab es heute keine lichten Momente für dich? Hast du nichts genossen? Nichts gelernt? Nichts Positives gefühlt?«

Der junge Mann machte große Augen, da offenbar eine Stimme aus dem Nichts zu ihm sprach. Aufgeregt rief er ins Handy: »Ich habe gerade eine Erleuchtung.«

»Na also«, sagte der Tag, »es geht doch!« Und räumte das Feld für die Nacht.

Wie schließen Sie Ihren Tag ab? Woran denken Sie abends, wenn Sie im Bett liegen? Ich empfehle Ihnen eine effektive Methode, um inneren Frieden zu finden und sich Tag für Tag als Persönlichkeit weiterzuentwickeln.

Fragen Sie sich jeden Abend vor dem Einschlafen, was gut gelaufen ist und womit Sie zufrieden sind. Lassen Sie diese Höhepunkte des Tages vor Ihrer inneren Leinwand noch einmal ablaufen. Genießen Sie, was geklappt hat.

Und überlegen Sie dann:

- Für welches Denken habe ich mich in diesem Moment entschieden?
- Welches Handeln habe ich mir dadurch ermöglicht?
- Welche meiner wichtigsten Werte habe ich in diesem Moment mit Leben gefüllt?
- Was kann ich für die nächsten Tage daraus lernen?

Jeder Tag hält Perlen für Sie bereit. Diese Reflexion vor dem Einschlafen füllt Ihre Schatzkiste, erhöht Ihr Selbstbewusstsein und macht Sie stark für die Zukunft. Zumal Ihr Gehirn vor dem Einschlafen in den entspannten Alpha-Zustand schaltet.[13] Was Sie jetzt denken, kann sich tief in Ihrem Unbewussten verankern und als Drehbuch für die nächsten Tage dienen.

Die Germanistik-Studentin Selin (22) erinnerte sich bei dieser Übung an folgende Szene des Tages: Ihr Professor hatte ihr ein Thema für eine Seminararbeit ans Herz gelegt. Im ersten Moment wollte sie es annehmen. Aber dann spürte sie einen inneren Widerstand, sprach darüber und schlug ein anderes Thema vor – das der Professor akzeptierte. Hier ihre Bilanz:

Für welches Denken habe ich mich in diesem Moment entschieden?

»Ich habe gedacht: Was ich fühle, ist wichtig. Und wenn es sich falsch anfühlt, kann ich es auch sagen. Mein Professor erwartet nicht, dass ich zu allem Ja und Amen sage. Lieber ist es ihm, wenn ich offen bekenne, was in mir los ist. Das bin ich ihm schuldig. Und mir erst recht.«

Und welches Handeln habe ich mir dadurch ermöglicht?

»Ich war in der Lage, ein Gefühl in Worte zu fassen. Ich habe zu ihm gesagt: ›Das ist ein spannendes Thema, nur spüre ich, dass es mich nicht anspricht. Vielleicht deshalb, weil mir schon eine eigene Idee durch den Kopf geht, und zwar (…)‹ Dadurch habe ich agiert, statt nur auf einen Vorschlag zu reagieren.«

Welche meiner wichtigsten Werte habe ich in diesem Moment mit Leben gefüllt?

»Ich war aufrichtig. Ich war mutig. Ich habe mir Selbstrespekt erwiesen. Deshalb habe ich mich echt gefühlt. Daraus erwuchs Kraft: Ich konnte ohne Unsicherheit und Furcht sprechen.«

Was kann ich für die nächsten Tage daraus lernen?

»Schon lange möchte ich meiner Mutter sagen, dass ich mich von ihr unter Druck gesetzt fühle. Bei jedem Telefonat fragt sie mich, wann ich mein Elternhaus wieder besuche. Vermutlich merkt sie nicht, dass sie mir dadurch ein schlechtes Gewissen macht und ich mich unwohl fühle. Darüber möchte ich offen mit ihr reden.«

Wenn Sie auswerten, was Ihnen an einem Tag gelungen ist, können Sie daraus lernen – und gestärkt Ihren nächsten Tag antreten.

Genauso wichtig ist der zweite Teil der Übung: Fragen Sie sich, was an Ihrem Tag nicht so gut gelaufen ist. In welchen Momenten haben Sie gegen Ihre Werte gelebt und sich unwohl gefühlt? Rufen Sie sich eine solche Situation so detailgenau wie möglich ins Gedächtnis. Und dann spielen Sie den Regisseur. Drehen Sie die Szene neu, verändern Sie Ihr Verhalten. Sehen Sie vor Ihrem inneren Auge jenes Denken und jenes Verhalten, das Sie von sich gewünscht hätten. Schauen Sie sich dabei zu, wie Sie die Situation mit Bravour meistern. Spulen Sie den Film mehrfach ab, so lange, bis Sie völlig zufrieden sind.

»Eine Erkenntnis von heute kann die Tochter eines Irrtums von gestern sein.«

Marie von Ebner-Eschenbach

Selin drehte zum Beispiel die folgende Szene neu:

Szene 1, ursprünglich:

»Mein Ex-Freund ruft mich an. Ich drücke das Gespräch weg. Später hat er es noch mehrfach versucht. Aber ich gehe nicht ran und rufe nicht zurück. Es fühlt sich schlecht an, dass ich mich so verhalte, feige. Ich verstoße gegen wichtige Werte, bin nicht aufrichtig und klar.«

Szene 1, Neufassung:

»Ich nehme das Gespräch an und sage: ›Bitte respektiere, dass ich keinen Kontakt mehr zu dir wünsche. Ich brauche Zeit, mich neu zu sortieren. Gespräche mit dir verwirren mich, ruf nicht mehr an. Wenn ich Kontakt haben möchte, melde ich mich selbst.‹« Damit begegne ich ihm aufrichtig und klar.

Am nächsten Tag rief ihr Ex-Freund wieder an. Selin sagte dazu später:

Ich habe mich gefreut, als ich seine Nummer sah. Ich wusste, dass ich jetzt das Richtige sage. Ich war vorbereitet und fühlte mich gut trainiert.

Darin besteht der Zauber dieser Übung: Jedes Mal, wenn Sie Ihr Verhalten in Gedanken korrigieren, legen Sie eine Nervenbahn fürs reale Handeln an:

- Wenn Ihr Tag überstürzt begonnen hat, stellen Sie sich vor, Sie wären eine Stunde früher aufgestanden, hätten die Stille des Morgens genossen und schon in der Frühe die wichtigsten Dinge erledigt, um befreit in den Tag zu starten – dann werden Sie es bald schon tun.

- Wenn Sie das Rasenmähen wieder mal aufgeschoben haben, stellen Sie sich vor, wie Sie mit dem Mäher durch den Garten laufen, den Geruch des frischen Grases genießen und danach zufrieden auf das Ergebnis blicken – dann werden Sie es bald schon tun.
- Wenn Sie Ihren Partner für eine Kleinigkeit kritisiert haben und gern wertschätzender wären, stellen Sie sich vor, wie Sie ihm sagen, was Sie alles an ihm schätzen und was er Ihnen bedeutet – dann werden Sie es bald schon tun.

Indem Sie eine Situation in Gedanken stimmiger wiederholen, wird das negative Erlebnis durch ein positives überschrieben. Es ist, als wenn Sie eine Wand neu streichen, die alte Farbe verschwindet mit jedem Pinselstrich mehr. Damit legen Sie sich unbewusst einen Plan für die Zukunft an und handeln immer mehr so, wie es Ihren Werten entspricht.

Diese Gewohnheit katapultiert Sie in beste Gesellschaft, nicht nur, weil die Teilnehmer meiner 365-Tage-Challenge so gute Erfahrungen damit gemacht haben. Auch der Philosoph Seneca hat diese Gewohnheit gepflegt:

> *Was kann es Schöneres geben als diese Gewohnheit, den ganzen Tag zur Prüfung an sich vorüberziehen zu lassen? Und was für ein Schlaf folgt auf diese Selbstschau, wie ruhig, wie tief und frei, wenn die Seele entweder ihr Lob oder ihre Mahnungen erhalten hat (...) Ich mache von dieser Fähigkeit Gebrauch und verantworte mich täglich vor mir selbst.*[14]

Jeder Tag, den Sie so abschließen, kann für Sie eine Erleuchtung sein – ohne dass es dafür eine Ermahnung bräuchte, wie bei dem jungen Mann mit Handy, dem der Tag ins Gewissen redete.

Drei Perlen

TIPP

1. Vor dem Einschlafen bin ich der Software-Programmierer meines Kopfes: Was ich jetzt denke, mache ich künftig wahr.
2. Ich erinnere mich im Bett an meine besten Momente des Tages, das schenkt mir Kraft und Zuversicht.
3. Ich stelle mir vor, wie ich in schwächeren Momenten gern gehandelt hätte, das stärkt mich für die Zukunft.

Mini-Challenge mit Maxi-Wirkung

Welches »Versagen« aus meiner Vergangenheit belastet mich?

____

____

____

Und was würde ich anders machen, wenn ich noch mal die Chance hätte?

____

____

____

Heute Abend vor dem Einschlafen stelle ich mir die Szene mehrfach in ihrer Idealversion vor. Morgen früh notiere ich, inwieweit mich diese Fantasieübung mehr mit meiner Vergangenheit versöhnt.

Mein Erfahrungsbericht: ____________________________

____

____

____

Die Neuen im Dorf:
Wie Sie mehr guten Menschen begegnen

Eine Frau war neu ins Dorf gezogen. Sie ging zum Weisen und fragte: »Wie sind die Menschen hier? Werden sie mich gut behandeln?« Der Weise fragte: »Wie waren die Menschen in deinem letzten Ort?« Die Frau verzog ihr Gesicht. »Schrecklich waren die Menschen dort. Sie haben sich egoistisch und gierig verhalten. Deshalb zog ich weg.« Der Weise sah die Frau an, und eine Spur von Bedauern legte sich in seinen Blick. »Genau so, wie an deinem alten Ort, sind die Menschen auch hier.«

Ein paar Tage später kam ein Mann zum Weisen, ebenfalls frisch ins Dorf gezogen. Auch er wollte wissen, wie die Menschen hier sind. Der Weise fragte erneut: »Wie waren die Menschen an dem Ort, von dem du kommst?« Und der Mann sagte: »Es waren liebenswürdige Menschen, hilfsbereit und sozial. Ich habe sie sehr gemocht.« Der Weise sah den Mann an, und eine Spur von Freude legte sich in seinen Blick. »Genau so, wie an deinem alten Ort, sind die Menschen auch hier.«[15]

Jeder Gedanke in Ihrem Kopf ist eine Bestellung, und das Leben spielt den Kellner. Gehen Sie davon aus, von Idioten umgeben zu sein, und Sie werden nur noch auf Idioten stoßen. Zum Beispiel kenne ich einen Abteilungsleiter, der sich von »Schwachköpfen« umzingelt fühlt. Seine Welt ist bevölkert von Feinden, die nur eine Kunst beherrschen: ihm das Leben zu verderben.

Aber wer hat diese Leute eingestellt? Wer hat sich dafür entschieden, sie als Gegner wahrzunehmen? Wer ist so auf die Schwächen fixiert, dass er keine Stärken mehr sieht? Er selbst!

Wir schauen andere Menschen an, aber begegnen uns selbst. Die Art, wie wir schauen, bestimmt das Bild, das wir sehen.

Fragen Sie sich, wie Sie über die Menschen um sich herum denken, über Ihre Nachbarn, Ihre Arbeitskollegen, Ihre Vereinskollegen, Ihre Bekannten, Ihre Freunde, Ihre Familie, die ganze Gesellschaft. Gehen Sie davon aus, in einem guten Dorf der guten Menschen zu leben? Oder fühlen Sie sich von der Schlechtigkeit der Welt umzingelt?

Sie bekommen, was Sie bestellen! In jedem Menschen werden Sie etwas Schlechtes finden, wenn Sie danach suchen. Natürlich sind Sie von Lügnern umgeben, zwischen 25 und 200 Mal sagen Menschen pro Tag die Unwahrheit.[16] Aber wie oft am Tag sind die Menschen ehrlich? Und worauf wollen Sie sich konzentrieren?

In jedem Menschen werden Sie etwas Gutes finden, wenn Sie danach suchen, etwas Einmaliges, etwas Heldenhaftes. Jeder Mensch hat eine soziale Seite, jeder verfügt über Humor, jeder hat zwei Augen, die vor Begeisterung strahlen können. Jeder trägt ein Herz in der Brust, aus dem pure Liebe sprudeln kann. Jeder verfügt über Stärken, die Sie bestaunen, über Erkenntnisse, die Sie bereichern können. Jeder Mensch birgt Geheimnisse, die ihn spannend machen. Jeder Mensch ist ein Unikat, ein leuchtender Stern am Himmel des Lebens.

Tag für Tag können Sie sich neu entscheiden, von wem Sie umgeben sein wollen: von Menschen, die Sie für schlecht halten? Dann geht es Ihnen schlecht. Oder von Menschen, die Sie für gut halten? Dann geht es Ihnen gut.

> **»Jeder ist ein Genie! Aber wenn du einen Fisch danach beurteilst, ob er auf einen Baum klettern kann, wird er sein ganzes Leben glauben, dass er dumm ist.«**
>
> *Albert Einstein (zugeschrieben)*

Wenn Sie sich von charakterstarken Menschen umgeben fühlen, wächst Ihre Charakterstärke. Wenn Sie sich von spannenden Menschen umgeben fühlen, wird Ihr Leben spannender. Wenn Sie sich von humorvollen Menschen umgeben fühlen, haben Sie mehr zu lachen.

Ein schwedisches Forscherteam um Leif Strömwall ging der Frage nach, wer Lügen besser erkennen kann: Studierende oder Schwerkriminelle in einem Hochsicherheits-Gefängnis.[17] Auf wen tippen Sie? Und mit welcher Begründung?

Die Studenten zogen den Kürzeren, sie deckten nur 65 Prozent der Lügen auf. Die Schwerverbrecher, geübt im Tricksen, Täuschen und Lügen, kamen auf eine Quote von fast 90 Prozent. Wer selbst ein Lügner ist, nimmt Lügen selektiv wahr.

Übertragen Sie diesen Gedanken auf subjektivere Eindrücke:

- Was sieht ein hassender Mensch in der Welt? Er sieht den Hass!
- Was sieht ein Intriganter? Er sieht die Intrigen!
- Was sieht ein Untreuer? Er sieht die Untreue.

Es gibt beides um Sie herum, Licht und Schatten. Wahrnehmen, also für wahr nehmen, werden Sie das, was *in Ihnen* dominiert.

- Als liebevoller Mensch sehen Sie mehr Liebe. Dieses Gefühl kann Sie tragen.
- Als Menschenfreund sehen Sie mehr Menschenfreundlichkeit. Dieses Gefühl schenkt Ihnen Zuversicht.
- Als Loyaler sehen Sie mehr Loyalität. Dieses Gefühl schenkt Ihnen Sicherheit.

Verzichten Sie auf »Mussturbationen«. So nannte der kognitive Therapeut Albert Ellis ein irrationales Anspruchsdenken, das auf dem Wörtchen »muss« beruht.[18]

Wir fordern, worauf wir keinen Anspruch haben: »Er muss doch einsehen, dass ich eine klare Antwort brauche.« Muss er das wirklich? Nein, er kann sich dagegen entscheiden – was uns dann ins Unglück stürzt.

Entschärfen Sie Ihre Formulierungen, und Sie werden entspannter auf andere Menschen blicken:

- »Ich *bevorzuge* es, dass er mir klare Antworten gibt.«
- »Ich *wünsche*, dass sie mich ernst nimmt.«
- »Ich *favorisiere* Menschen, die ihr Wort halten.«
- »Ich *schätze es,* wenn Gesprächspartner gut zuhören.«

Wenn Sie so denken, befreit Sie das aus der irrationalen Zwangs-Haft. Nun ist es kein Unglück mehr, wenn jemand gegen Ihre Erwartungen verstößt, sondern Sie können damit souverän umgehen.

Jede neue Wahrnehmung läuft durch den alten Filter Ihres Menschenbildes. Prüfen Sie, wie Sie andere Menschen betrachten:

- Wie sehe ich die Menschen um mich herum, konzentriere ich mich auf ihre Stärken oder ihre Schwächen?
- Fällt es mir leicht, anderen Menschen Vertrauen zu schenken – oder leitet mich Misstrauen?
- Sehe ich jeden Menschen als jemanden, von dem ich lernen kann – oder traue ich meinen Mitmenschen wenig zu?
- Gehe ich davon aus, dass andere Menschen mich mögen – oder wittere ich ihre Feindschaft?

Es gilt die Geschichte des alten Indianerhäuptlings, der zu seinem Sohn sagte:[19] »In dir kämpfen zwei Wölfe miteinander. Einer steht für das Böse, und einer steht für das Gute.«

»Und welcher gewinnt?«

»Der, den du mehr fütterst, mein Sohn.«

Drei Perlen

TIPP

1. Die Welt um mich herum ist ein Spiegel; ich sehe darin mich selbst.
2. Wenn ich freundlich in die Welt schaue, ziehe ich Freundlichkeit an.
3. Jeder Mensch ist wunderbar, wenn ich das Wunderbare in ihm suche.

Mini-Challenge mit Maxi-Wirkung

Welcher Mensch geht mir gerade besonders auf den Keks, und wie verhalte ich mich ihm gegenüber?

____

____

____

Ich *entscheide* mich nun, ihn einen Tag lang freundschaftlich zu behandeln – inwiefern denke und handle ich dann anders? Was macht das mit mir, mit ihm, mit uns?

Meine Prognose: ______________________________

____

____

____

Mein Erfahrungsbericht: __________________________

____

____

____

Weltstar trifft Hausmeister: Wie Werte Ihr Erfolgsgeheimnis werden

Erste Star-Geschichte: Die ganze Stadt liegt dem Fußballtrainer Jürgen Klopp zu Füßen. Seit seinem Wechsel zu Borussia Dortmund (BVB) spielt der Club wieder flotten Angriffsfußball und begegnet Bayern München auf Augenhöhe. Zudem spricht Klopp die Sprache der Arbeiter, die Fans lieben ihn.

In dieser Zeit erzählt ihm ein BVB-Angestellter, seine Mutter werde demnächst 90 Jahre. Klopp fragt: »Soll ich dann nicht mal gratulieren kommen?« Ein Scherz, denkt der Angestellte. Doch Klopp meint es ernst. Er taucht bei der Geburtstagsfeier auf. Alle staunen Bauklötze über den prominenten Besucher der alten Dame.[20]

Zweite Star-Geschichte: Dirk Nowitzki, der beste deutsche Basketballer aller Zeiten, hat in einer neuen Halle trainiert. Auf der Heimfahrt bittet er, man möge ihn zurück zur Halle fahren, er habe etwas Wichtiges vergessen. Aber was ist so wichtig, dass ein Weltstar wie Nowitzki es sich nicht hinterherbringen lassen kann?

Die Antwort: Er hat dem Hausmeister der Halle vor seinem Training ein Selfie zugesagt und das beim Aufbrechen vergessen. Der Weltstar fährt zurück, um sein Wort gegenüber dem Hausmeister zu halten.

Ich bin sicher: Von hundert Fußballtrainern hätte nur einer den Besuch beim Geburtstag der Mutter angeboten. Dieser eine, Jürgen Klopp, wurde später mehrfach zum besten Clubtrainer der Welt gekürt. Ein Zufall?

Ich bin sicher: Von hundert Basketball-Profis wäre nur einer extra zurück zur Halle gefahren, um dem Hausmeister seinen Selfie-Wunsch zu erfüllen. Dieser eine, Dirk Nowitzki, wurde 2022 zum besten Europäer gewählt, der je in der amerikanischen Basketball-Liga NBA gespielt hat. Zufall? Nein, beide Entscheidungen spiegeln eine Haltung.

> **»Der Charakter offenbart sich nicht an den großen Taten; an Kleinigkeiten zeigt sich die Natur des Menschen.«**
>
> *Jean-Jacques Rousseau*

Es gibt zwei Arten von Ethik, denen Sie bei Entscheidungen folgen können:[21]

- *Die Image-Ethik* stellt die Frage: Wie sehen mich andere? Was kommt am besten an? Und was dient meinem Erfolg am meisten?
- *Die Charakter-Ethik* aber fragt sich: Wer bin ich? Was ist mir im Leben wichtig? Und welchen Werten will ich folgen?

Durchschnittlich erfolgreiche Menschen folgen der Image-Ethik. Sie »investieren« ihre Zeit, wie man Geld investiert: Alles, was sie geben, soll ihnen einen Ertrag bringen, einen äußeren Nutzen. Unter dieser Prämisse hätte Nowitzki sich fragen müssen: Was kann dieser Hausmeister tun, um mich und meine Karriere voranzubringen? Nichts! Und Klopp wäre mit Blick auf die Mutter des Angestellten zum gleichen Ergebnis gekommen.

Doch viele Super-Erfolgreiche, die dauerhaft an der Spitze bleiben, folgen der Charakter-Ethik und richten den Blick nach innen. Vielleicht lautet die Devise von Dirk Nowitzki:

Ich halte mich an mein Wort. Ohne Ausnahme. Das gebietet mein Selbstrespekt. Wenn ich sage, dass ich morgens um 6.00 Uhr mein Training beginne, bin ich um spätestens 6.00 Uhr in der Halle – und nicht um 6.01 Uhr, dann hätte ich mein Wort gebrochen. Wenn ich festlege, dass ich morgens 15 Kilometer jogge, jogge ich auch im Starkregen oder nach durchwachter Nacht, genau 15 Kilometer. Vereinbart ist vereinbart. Wer von mir eine Zusage bekommt, kann sich in jedem Fall darauf verlassen – ob er Starjournalist oder Schülerreporter ist, Clubeigentümer oder Hausmeister. Wie gesagt: Ich halte mich an mein Wort. Ohne Ausnahme.

Wer der Charakter-Ethik folgt, erfüllt nicht die Erwartungen anderer, sondern die eigenen. Sein Selbstrespekt gebietet es, den eigenen Werten zu folgen. Viele durchschnittliche Basketballer hätten vielleicht gedacht: »Ist ja nur ein Hausmeister, ist nicht so schlimm«.

Aber diese Basketballspieler würden womöglich auch sagen: »Ich bin ja nur eine Minute zu spät im Training – ist nicht so schlimm.« (Und beim nächsten Mal sind es fünf und beim übernächsten Mal zehn Minuten.) Oder: »Ich jogge bei Starkregen ein paar Kilometer weniger – ist nicht so schlimm.« (Und beim nächsten Mal fällt das Joggen aus.)

Die meisten durchschnittlichen Fußballtrainer hätten gedacht: »Ist ja nur die Mutter eines Angestellten – warum sollte ich mir Zeit für sie nehmen?« Aber diese Trainer würden womöglich auch sagen: »Ist ja nur ein Ersatzspieler – was soll ich mir Zeit für ihn nehmen?« (Und was, wenn es der Star von morgen ist?!) »Ist ja nur mein Co-Trainer – was soll ich ihm lange zuhören?« (Und was, wenn der Co-Trainer den entscheidenden Hinweis geben kann, wie das Finale zu gewinnen ist?!)

Werte sind keine Kleidungsstücke, die man wieder abstreifen kann, wenn das Wetter sich verändert. Werte sind unteilbar, sie entspringen Ihrem Charakter und müssen dauerhaft gelten:

- Entweder Sie sind verbindlich – und dann sind Sie es gegenüber jedermann. Oder Sie sind nicht verbindlich. Und dann kann sich niemand auf Ihr Wort verlassen, nicht einmal Sie selbst.
- Entweder Sie nehmen Menschen ernst – und dann nehmen Sie jeden ernst. Oder Sie nehmen Menschen nicht ernst. Und dann

muss jeder damit rechnen, dass er bei Ihnen auf taube Ohren stößt oder dass Sie ihn hängen lassen.
- Entweder Sie bringen zu Ende, was Sie anfangen – dann bringen Sie alles zu Ende. Oder Sie halten auf halbem Weg an. Dann kann es bei jedem Vorgang passieren, dass Sie die Sache hinschmeißen.

Der Psychologe Nathaniel Branden weist in seinem wunderbaren Buch *Die 6 Säulen des Selbstwertgefühls* darauf hin, dass wir unsere Selbstachtung angreifen, sobald wir gegen unsere Werte handeln[22]:

> *Wenn ich meinen Kindern Ehrlichkeit predige, selbst aber meine Freunde und Nachbarn belüge, wenn ich aufgebracht und empört reagiere, wenn andere ihre Verpflichtungen mir gegenüber nicht einhalten, meine eigenen Pflichten anderen gegenüber aber missachte, wenn ich selbst predige, Qualität sei alles, meinen Kunden aber wie selbstverständlich minderwertige Ware verkaufe (…) – dann kann es sein (…), dass ich alle möglichen rationalen Erklärungen finde, was aber bleibt, ist die Tatsache, dass ich damit meine Selbstachtung angreife, und diese Tatsache ist mit keiner noch so geschickten Erklärung wegzudiskutieren.*

Fragen Sie sich, inwieweit Sie schon der Charakter-Ethik folgen: Gelten Ihre Werte unabhängig davon, welchen Ertrag Sie sich versprechen? Kann sich jeder auf Ihr Wort verlassen, andere genauso wie Sie selbst? Sind Ihre Werte wie Leuchttürme, die Sie nie aus den Augen verlieren?

Falls ja, befinden Sie sich auf Erfolgskurs. In den kleinen Dingen spiegeln sich die großen. Wenn ich weiß, wie Sie den Hausmeister behandeln, weiß ich auch, wie weit Sie es auf dem Spielfeld Ihres Lebens bringen.

Drei Perlen

TIPP

1. Je verbindlicher ich bin, desto verbundener bin ich mit anderen Menschen.
2. Mit jedem Versprechen, das ich halte, halte ich meine Werte hoch.
3. Nur wenn sich jeder auf mich verlassen kann, kann ich selbst es auch.

Mini-Challenge mit Maxi-Wirkung

Wenn ich eines Tages sterbe, soll in meinem Nachruf idealerweise stehen:

»Am meisten vermissen wir diesen Menschen, weil er wie kein zweiter (…)«

____

____

____

Welche Kleinigkeit kann ich heute noch tun, damit andere eines Tages aus gutem Grund so auf mich zurückblicken?

____

____

____

Die Königin im Regen: So meiden Sie toxische Positivität

Die Königin schrieb einen Wettbewerb in positivem Denken aus. Der Sieger sollte mit tausend Dukaten belohnt werden. Es war ein Regentag, an dem die Bewerber vorsprachen, um ihr positives Denken zu beweisen. Die Königin fragte den Ersten: »Welches Wetter siehst du vor dem Fenster?« Der Bewerber sagte: »Die Sonne hat sich in ein Wolkenkleid gehüllt, verehrte Königin.« Die Königin ließ ihn abtreten. Die zweite Bewerberin, ebenfalls nach dem Wetter gefragt, sagte: »Ich sehe einen blauen Himmel, denn ich schaue durch die Wolken hindurch.« Die Königin ließ sie abtreten. Der dritte Bewerber meinte: »Ich sehe, dass morgen ein wunderschöner Tag auf uns wartet!« Die Königin ließ ihn abtreten.

Als Letzter war ein unscheinbarer junger Mann an der Reihe. Pfeifend trat er in den Raum. Auf die Frage nach dem Wetter meinte er: »Königin, Sie sehen doch, es regnet. Nehmen Sie einen Schirm mit, wenn Sie rausgehen.«

Die Königin nickte zufrieden und händigte ihm die tausend Dukaten aus.

Ich war 22 Jahre alt und Volontär, da tauchte Wolfgang (72), freier Zeichner unserer Redaktion, mit einer Hiobsbotschaft auf: »Ich muss sterben. Ich habe maximal noch zwei Monate. Es ist Krebs im Endstadium.«

Er kam gerade vom Arzt und sprach wie ein Automat, völlig emotionslos. Offenbar stand er unter Schock. Verzweifelt suchte ich nach Worten. Wie konnte ich Wolfgang trösten? Mehrere Sätze rasten durch meinen Kopf:

- »Wer weiß, Wolfgang, ob sich die Ärzte nicht irren – vielleicht lebst du doch noch viel länger.«
- »Hol dir doch eine zweite Meinung ein, eine solche Diagnose kann ja auch falsch sein.«
- »Lass den Kopf nicht hängen und mach das Beste aus jedem Tag, den du noch hast.«

Und während ich all das überlegte, ergriff mein Ausbilder, der über 20 Jahre ältere Richard, das Wort: »Wolfgang, wie schlimm muss das für dich sein! Du lebst doch so gern.« In diesem Moment brach unser Zeichner in Tränen aus, sein ganzer Körper bebte. Richard nahm ihn in den Arm. Lange standen die beiden so da.

Nach der Umarmung fragte Wolfgang: »Welche Aufträge habt ihr für mich?«

»Bist du sicher, dass du weiterarbeiten willst?«, wollte Richard wissen.

»Ja«, sagte Wolfgang, »wenn ich zeichne, geht es mir am besten. Ich werde zeichnen bis zuletzt.«

Daran hielt er sich. Zwei Monate später war er tot.

Ich bin froh, dass ich meine Antworten nur gedacht hatte.

Die Wirklichkeit schien mir so hart, dass ich sie mit toxischer Positivität überpinseln wollte. Wie die Bewerber der Königin die Augen vor dem Regen verschlossen, wollte ich die tödliche Krankheit nicht wahrhaben.

Damit hätte ich Wolfgang in einer entscheidenden Situation nicht ernst genommen und ihm das Gefühl vermittelt, er nehme alles zu tragisch.

Warum ist toxische Positivität so gefährlich? Weil sie die Wirklichkeit leugnet und die Gefühle eines Menschen wegwischen will:

- Dann ist es gar nicht so schlimm, wenn jemand bei der Arbeit jeden Tag durch die Hölle geht: »Sei froh, dass du überhaupt Arbeit hast.«
- Dann ist die Depression, unter der jemand leidet, nur ein Luxusproblem: »Freu dich doch, dass du körperlich gesund bist!«
- Und dann ist jemand, der mit einem Mobbing kämpft, einfach zu empfindlich: »Lass dich davon doch nicht ins Boxhorn jagen. Du darfst nicht alles persönlich nehmen!«

In der freien Wirtschaft greift die toxische Positivität um sich. Zum Beispiel bekamen die Mitarbeiter eines Baukonzerns für ein Großprojekt einen unrealistisch engen Termin gesetzt. Der Bauleiter meldete der Chefetage zurück: »Das ist nicht zu schaffen.« Er zählte die Probleme auf. Doch ein Top-Manager meinte: »Jetzt malen Sie doch nicht gleich den Teufel an die Wand. Wenn Sie einen guten Job machen, dann kriegen Sie diesen Termin *mit Leichtigkeit* hin.«

Der Bauleiter begriff, dass alle Probleme auf ihn zurückfallen würden. Also hielt er damit hinterm Berg. Die Bombe platzte erst kurz vor der geplanten Einweihung.

Denken Sie an den Flughafen Berlin-Brandenburg, der mit neun Jahren (!) Verspätung eröffnet wurde.[23] Sieben Eröffnungstermine waren vorher verschoben worden. Warum wohl?

Wertschätzende Führung würde sich für Unternehmen lohnen und zu Wertschöpfung führen, aber ist eine seltene Blüte.[24] Toxische Positivität jedoch breitet sich wie ein Unkraut aus und verschlimmert Probleme.

Wer seine Gefühle verdrängt, erhöht sein Risiko für körperliche Erkrankungen. Das weist eine Studie der Friedrich-Schiller-Universität in Jena nach.[25] Deren Namensgeber wusste:

> **»Die wahren Optimisten sind nicht überzeugt, dass alles gut gehen wird, aber sie sind überzeugt, dass nicht alles schiefgehen kann.«**
>
> *Friedrich Schiller*

Worin liegt der Unterschied zwischen gesundem Optimismus und toxischer Positivität? Ein Beispiel: Sie habe in einer Woche eine wichtige Prüfung, aber fühlen sich schlecht vorbereitet.

- *Toxische Positivität wäre:*
  »So ein Quatsch, ich bin bestens vorbereitet. Ich muss nur ruhig bleiben und diese verflixte Panik unter Kontrolle bekommen. Dann erziele ich ein prima Ergebnis.«
  Analyse: Sie tun nichts, um Ihr (mögliches) Problem zu lösen. Sie reden Ihre Situation schön, nehmen Ihre eigenen Bedenken nicht ernst und definieren Ihre Panik als Gegner, den es ruhigzustellen gilt. Doch je mehr Sie Gefühle und Bedenken knebeln wollen, desto lauter schreien sie in Ihrem Inneren auf.
- *Gesunder Optimismus wäre:*
  »Meine Sorgen meinen es gut, sie liefern mir einen wichtigen Hinweis. Ich möchte mich auf die Prüfung so gut wie möglich vorbereiten. Einige Bereiche beherrsche ich schon. Und ich habe noch eine Woche Zeit, den Rest zu lernen. Damit steigen meine Chancen auf eine erfolgreiche Prüfung.«
  Analyse: Sie nehmen Ihre eigenen Bedenken ernst. Sie betrachten die Lage optimistisch, ohne sie schönzufärben. Und Sie leiten eine Handlung aus Ihren Gedanken ab.

Toxische Positivität ignoriert den Alarm des Feuermelders: »Da brennt ja gar nichts!« Gesunder Optimismus prüft den Alarm und fragt sich: »Wie kann ich aus der Situation das Beste machen?« Das eröffnet Chancen.

Wer ein Problem lösen will, muss vorher anerkennen, dass es besteht – darin sehen Allen Newell und Herbert Simon, die Väter der Problemlöse-Psychologie, den ersten und wichtigsten Schritt, um ein Ziel definieren und ein Tal im Leben überwinden zu können.[26]

Alle Ihre Gefühle und Gedanken, die Sie akzeptieren, können nützlich sein. Es ist keine gute Idee, die einen als »positiv« willkommen zu heißen und die anderen als »negativ« zu verdammen; beides bedingt einander:

- Ist die Nacht schlechter als der Tag? Nein, sie macht den Tag erst sichtbar.
- Ist der Regen schlechter als die Sonne? Nein, er befruchtet die Erde und steigert unsere Freude an der Sonne.
- Ist Ihr Scheitern schlechter als Ihr Erfolg? Nein, jedes Stolpern auf dem Weg macht den Erfolg noch kostbarer für Sie.

Gesunder Optimismus besteht für mich darin, dass Sie alles in Ihrem Leben annehmen, das Erwünschte genauso wie das Unerwünschte. Erst wenn Sie akzeptieren, was ist, können Sie damit umgehen. Wer die Realität umarmt, wie Richard unseren Zeichner Wolfgang, kann sich mit ihr versöhnen.

Toxische Positivität leugnet den Regen vor dem Fenster. Gesunder Optimismus sieht ihn – und greift zum Schirm.

Drei Perlen

TIPP

1. Probleme sind wie Reifenpannen: Erst wenn ich erkenne, dass etwas nicht rundläuft, kann ich es verändern.
2. Eine Schwierigkeit, vor der ich zurückweiche, dehnt sich aus.
3. Eine Schwierigkeit, auf die ich zugehe, schwindet – und wird lösbar.

Mini-Challenge mit Maxi-Wirkung

Ich benenne ein Problem, das ich mir nur ungern eingestehe:

____

____

____

____

Ich akzeptiere jetzt, dass es existiert. Angenommen, ich wäre Coach und sollte dem Betroffenen Tipps zur Lösung dieses Problems geben. Was würde ich empfehlen? Und was geschieht, wenn ich diese Tipps selbst umsetze?

Meine Prognose: ______________________________

____

____

____

Mein Erfahrungsbericht: ______________________________

____

____

____

Der Arzt und die Torte: Warum Mitlaufen eine schlechte Idee ist

Eines Nachts wurde ein Arzt zu einem Bankkaufmann gerufen, der sich unter großen Schmerzen auf seinem Bett krümmte. Der Arzt maß den Puls und den Blutdruck. Er stellte fest, dass der Mann im Sterben lag, und fragte: »Haben Sie noch einen letzten Wunsch?« Und der Bankkaufmann flüsterte: »Ich würde so gern noch eine ganze Marzipantorte essen!«

Der Arzt rollte mit den Augen, weil er sich ausmalen konnte, wie sich eine solche Kalorienbombe auf den geschwächten Organismus auswirken würde. Aber da der Mann nichts mehr zu verlieren hatte, sagte er: »Ich werde Ihnen eine Marzipantorte besorgen lassen.«

So ließ der Arzt den Patienten im Kreise seine Angehörigen zurück. Am nächsten Tag klingelte sein Telefon, er rechnete mit der Todesnachricht. Umso verblüffter war er, als sich der Bankkaufmann selbst am Telefon meldete. »Mir geht es wieder ausgezeichnet, alles ist in Ordnung.« Der Arzt konnte es kaum glauben und fuhr sofort zu dem Mann. Tatsächlich: Der Puls, der Blutdruck, alles war wieder in Ordnung! Der Bankkaufmann sagte: »Es war die Marzipantorte. Ich habe sie komplett gegessen.«

Als Medizin, die den Patienten gerettet hat, vermerkte der Arzt in seinem Bericht: »Verschreibung einer Marzipantorte.«

Ein paar Tage später wurde er nachts zu einer Architektin gerufen, die ebenfalls mit dem Tod rang. Sie röchelte. Ihr Puls war schwach, ihr Blutdruck sackte ab. Sofort fühlte sich der Arzt an den Bankkaufmann erinnert. Er bestellte eine Marzipantorte. Der geschwächten Frau trug er auf, so viel wie möglich davon zu essen.

Doch schon nach dem zweiten Stück begann sie zu husten, erstickte und schloss für immer die Augen.

Beschämt schrieb der Arzt in den Totenschein als Todesursache: »Verschreibung einer Marzipantorte.«[27]

Vergleichen Sie sich mit anderen Menschen? Ärgern Sie sich, wenn Sie weniger als andere haben? Zum Beispiel weniger Glück, weniger Geld oder weniger Anerkennung? Oder ärgern Sie sich, wenn Sie mehr als andere haben? Aber nur mehr Ärger, mehr Krankheiten, mehr Beziehungsprobleme?

Vergessen Sie nie: Jeder Vergleich wertet Sie ab; denn Einmaliges ist unvergleichlich. Dieselbe Marzipantorte, die einem das Leben rettet, kann den anderen umbringen.

In jungen Jahren bekam ich einen neuen Arbeitskollegen, nennen wir ihn Markus. Er war ein lockerer Typ, der schnell mit andern ins Gespräch kam, ich beneidete ihn. Nach ein paar Monaten duzte er sich mit meinem Chef – im Gegensatz zu mir, obwohl ich unseren Chef schon mehrere Jahre kannte und mich gut mit ihm verstand. Jedes Mal, wenn Markus den Chef duzte, versetzte es mir einen Stich. Ich fühlte mich zurückgesetzt.

Jahre später fragte ich meinen Chef, mit dem ich inzwischen befreundet war, warum er sich mit Markus geduzt hatte, aber mit mir nicht? Seine Antwort werde ich nie vergessen: »Aus Respekt vor dir.«

Mein Chef, 30 Jahre älter und viel klüger als ich, hatte die Situation richtig eingeschätzt: Markus war ein Kumpeltyp, da bot sich das Duzen an. Aber bei einer introvertierten Persönlichkeit wie mir lag das »Du« nicht auf der Hand. Zumal ich es, ehe Markus aufgetaucht war, nie vermisst hatte. Es war dumm von mir, eine Marzipantorte zu wollen, nur weil er sie bekommen hatte.

> **»Wir sollen uns über das Unsrige freuen, ohne Vergleiche anzustellen; niemals wird glücklich sein,**

wer sich über einen Glücklicheren nicht beruhigen kann. Ich habe weniger, als ich gehofft hatte: Aber vielleicht habe ich mehr gehofft, als mir zustand.«

Seneca

Der letzte Gedanke ist genial: Wer annimmt, zu wenig vom Leben zu *bekommen,* ist ohnmächtig; aber wer annimmt, zu viel vom Leben zu *fordern,* kann das sofort verändern. Was fordern Sie von Ihrem Leben? Und wie wirkt sich dieser Anspruch auf Ihr Wohlbefinden aus?

Heute bin ich gefühlt der einzige YouTuber der Welt, der seine Zuschauer siezt und sich damit wohlfühlt. Ich möchte keine fremden Menschen in Videos duzen, während ich mich mit langjährigen Klienten und anderen Geschäftspartnern sieze; das käme mir geheuchelt vor und manipulativ.

Ich könnte sagen: Alle anderen duzen ihre Zuschauer, also muss ich das auch! Aber ich sage: Ich gehe meinen eigenen Weg. Was die anderen machen, ist mir egal.

Der Arzt ist in eine klassische Denkfalle getappt: Er hat eine Einzelerfahrung verallgemeinert. Neulich beriet ich einen Bewerber, der drei Absagen nacheinander bekommen und daraus den Schluss gezogen hatte: »Ich kriege nur Absagen, es hat keinen Zweck.«

Wann immer Sie sich bei solchen Pauschalurteilen ertappen, hilft ein Realitätscheck: »Ist das zu 100 Prozent wahr? Oder kann es auch andere Erklärungen geben?«

Durch diese Fragen kam der Bewerber darauf, dass er *eventuell* doch gute Chancen hatte. War es statistisch nicht wahrscheinlich, auf *nur* drei Bewerbungen auch drei Absagen zu bekommen? War auszuschließen, dass die Stellen intern schon vergeben waren? Konnte es sein, dass seine Qualitäten in einem anderen Job besser passten als in diesem? Solche Gedanken schenkten ihm neue Energie. Er bewarb sich weiter – schließlich mit Erfolg.

Wie ist das bei Ihnen: Ziehen Sie aus Misserfolgen manchmal zu generelle Schlüsse? Begrenzen Sie sich mit Wörtern wie »im-

mer«, »jedes Mal« oder »grundsätzlich«? Und schaffen Sie es dann, sich durch differenzierteres Denken aus dieser Denkfalle zu befreien?

Und wenn Sie feststellen, dass Ihr Verhalten von der Norm abweicht, freuen Sie sich dann? Sehen Sie das als Zeichen Ihrer Individualität? Lieben Sie es, kein Mensch von der Stange zu sein? Oder tappen Sie in die Falle und wollen wie die anderen sein?

Dabei ist Anpassung die gefährlichste Krankheit der Gegenwart, ein Sargnagel für die Individualität. Viele Menschen leiden darunter, ohne es zu realisieren:

- Sie rennen Geld und Karriere hinterher, weil die anderen es tun – aber führen deshalb ein armseliges Leben.
- Sie plappern Meinungen nach, die alle vertreten – aber schlucken runter, was sie wirklich denken.
- Sie bauen teure Häuser, um mit den Nachbarn mitzuhalten – aber ihre Seelen bleiben unbehaust.
- Sie passen sich an, ducken sich weg und versinken in derselben Durchschnittlichkeit wie die anderen – dabei könnten sie das Licht der Einmaligkeit aufleuchten lassen.

Seien Sie ein Unikat! Es ist ein Zeichen Ihrer Lebendigkeit, wenn Sie sich von anderen abheben. Tun Sie, was Ihnen gefällt. Verlassen Sie Trampelpfade. Machen Sie sich nicht länger gleich durch Vergleiche, sondern lassen Sie Ihre Einmaligkeit scheinen.

Kurz gesagt: Meiden Sie Marzipantorten – sie können tödlich sein für Ihre Individualität!

Drei Perlen TIPP

1. Was gut für mich ist, weiß keiner besser als ich selbst.
2. Meine eigenen Wege sind keine Trampelpfade, sie entstehen beim Gehen.

3. Ich vergleiche mich nicht mit anderen, sondern mit mir selbst: Wenn ich heute klüger als gestern bin, stimmt die Richtung.

Mini-Challenge mit Maxi-Wirkung

In welcher wichtigen Sache scheitere ich und gehe davon aus, dass der Fehler bei mir liegt? ______________________________

____

____

____

Angenommen, es ist gar nicht mein Fehler, sondern es gibt *andere* Erklärungen – welche könnten das sein?

Zum Beispiel: ______________________________

____

____

____

Ein Erpresser im Himmel: Wie Sie herausfinden, wer Sie wirklich sind

Nach ihrem Tod standen ein Bankräuber, ein Autoknacker und ein Erpresser gemeinsam an der Himmelspforte und baten um Einlass. Petrus, der Türsteher, fragte den Bankräuber: »Was warst du von Beruf?« Der Bankräuber sagte: »Ich war im Bankgeschäft.«

»Du warst Bankräuber«, sagte Petrus, »fahr zur Hölle.« Und der Bankräuber fuhr zur Hölle.

»Was warst du von Beruf?«, fragte er den Autoknacker. Der holte tief Luft und sagte: »Ich war im Kfz-Gewerbe tätig.«

»Du warst Autoknacker«, sagte Petrus, »fahr zur Hölle.« Und der Autoknacker fuhr zur Hölle.

»Und was hast du auf Erden gemacht?«, fragte er den Erpresser. Der zückte einen Revolver, hielt ihn Petrus an den Kopf und sagte: »Ich bin Erpresser. Du lässt mich jetzt hier rein!«

Er kam als Einziger in den Himmel.

Ein Hupen von der Straße ließ den Elektrotechniker Ludger (29) erstarren. Gerade noch hatten wir über seinen nächsten Karriereschritt gesprochen. Nun war er verstummt und glotzte auf den Feierabendverkehr. Ein Lkw rumpelte vorbei. Und nun heulte ein Martinshorn auf und tauchte den Herbstabend in ein blau-zuckendes Licht.

Ludger verzerrte sein Gesicht. »Ich halte diesen Lärm nicht aus! Seit ich in Hamburg wohne, habe ich keine ruhige Minute mehr. Meine Wohnung grenzt an eine laute Kreuzung. Die Hektik der Stadt überfordert mich.«

»Warum sind Sie als lärmempfindlicher Mensch in eine Großstadt gezogen, auch noch an eine laute Kreuzung?«, fragte ich. Er zuckte mit den Schultern.

Viele Menschen rennen in ein absehbares Unglück:

- Warum steigt jemand ins Management auf, obwohl ihn das Delegieren von Arbeit unglücklich macht?
- Warum wird jemand Lehrer, der nicht gern vor Menschen spricht?
- Warum hält jemand an einer unzuverlässigen Freundin fest, obwohl ihm nichts auf der Erde so wichtig wie Verlässlichkeit ist?
- Warum geht ein tiefsinniger Mensch eine Beziehung mit einem oberflächlichen ein, obwohl er sich dort verkannt fühlt?

Ich kenne keine prägnantere Antwort darauf als diese von Sokrates:

> *Ist es nicht offensichtlich, dass die Menschen am meisten Gutes dadurch erfahren, dass sie sich selber kennen, am meisten Schlechtes aber dadurch, dass sie sich selbst täuschen? Denn die, welche sich selber kennen, wissen, was für sie gut ist (...) Diejenigen aber, welche sich nicht selbst kennen (...), geraten ins Übel.*[28]

Wir denken, dass wir das schon aushalten: die Position im Management, das Wohnen in der Stadt, die oberflächliche Beziehung. Aber wer gegen seine Natur lebt, muss leiden. Schlechte Selbstkenntnis führt in die Irre. Dann liegt der Erfolg nur einen Schritt vor Ihnen, aber Sie verharren auf der Stelle.

Zum Beispiel sehen Sie eine ausgeschriebene Führungsposition und denken: »Zwei Nummern zu groß für mich!« Dabei hätten Sie es drauf! Oder Ihnen begegnet Ihr Traumpartner, die Chancen wären gut, aber Selbstzweifel hindern Sie am Flirten. Oder Sie könnten eine vielversprechende Selbstständigkeit starten, aber halten sich für zu »risikoscheu«. Oder Sie erlernen *kein* Instrument, weil Sie sich als »unmusikalisch« betrachten, doch Ihre Musikalität müsste nur wachgeküsst werden.

Nun könnten Sie fragen: »Kenne ich mich selbst denn nicht am besten?« Im Gegenteil, jeder von uns sieht sich selbst in einem Zerrspiegel, wie die Psychologin Emily Pronin von der Princeton University nachweist – sie spricht von der Introspektions-Illusion.[29]

Bei anderen nehmen wir solche Irrtümer direkt wahr: Da ist der Arbeitskollege, der sich für einen guten Erzähler hält, aber jede Runde zu Tode langweilt. Da ist die Freundin, die sich für »zu dick« hält, obwohl sie schlank wie eine Gazelle ist.

Zu anderen Menschen haben Sie *Abstand* und können deshalb eine objektive Außensicht einnehmen. Widersprüche im Verhalten anderer fallen Ihnen dadurch sofort auf. Zu sich selbst haben Sie keinen Abstand, deshalb ist Ihre Wahrnehmung verzerrt. Was, wenn Sie ein ausgezeichneter Erzähler sind, aber sich für einen schlechten halten?

Über dem Tempel der alten Griechen in Delphi stand der Satz: »Erkenne dich selbst!« Erst wenn Sie wissen, wer Sie sind, können Sie sich ein Leben einrichten, das Sie glücklich macht. Stellen Sie sich immer wieder Fragen wie:

- Wer bin ich, welche Stärken heben mich von anderen Menschen ab? Und wie kann ich diese Stärken noch häufiger mit Leben füllen?
- Was bewegt mich aus tiefster Seele, welche Mission verfolge ich in meinem Leben? Und wie kann ich dieser Mission noch mehr Energie widmen?
- In welchen Momenten blühe ich auf? Und wie kann ich solche Augenblicke noch öfter in mein Leben holen?
- Was unterscheidet meine besten Tage von den schlechtesten? Und wie kann ich die Zahl der guten Tage erhöhen?

- Welche Menschen und Orte schenken mir Energie? Und wie widme ich diesen Energiebringern noch mehr Zeit?

Das spannendste Forschungsobjekt dieser Erde trägt Ihren Namen! Beobachten Sie sich im Alltag, als wären Sie ein seltenes Tier:

- Führen Sie ein Tagesprotokoll mit Stimmungsbarometer (von 1 bis 10), um herauszufinden, wie und in welcher Laune Sie Ihre Zeit verbringen.
- Bitten Sie vertraute Menschen um Rückmeldungen: »Was nimmst du an mir wahr, was mir selbst womöglich entgeht?«
- Stellen Sie sich im Laufe des Tages immer wieder vor, Sie würden von einem Kamerateam begleitet – was bekämen die Zuschauer zu sehen?
- Stellen Sie sich immer wieder vor, Ihre Gedanken würden live im Radio übertragen – was bekäme das Publikum zu hören?
- Führen Sie jeden Abend ein Tagebuch, in dem Sie Ihre Eindrücke verarbeiten.

Auf diese Weise können Sie Ihrer Introspektions-Illusion entgegenwirken und sich selbst besser kennenlernen. Der Erpresser kam in den Himmel, weil er seine Stärke kannte und ausspielte. Der Bankräuber und der Autoknacker sind an sich selbst gescheitert. Wenn Sie wissen, wer Sie sind, werden Sie Wege einschlagen, die Sie erfüllen – oft neue Wege:

> **»Wer immer tut, was er schon kann, bleibt immer das, was er schon ist.«**
>
> *Henry Ford*

Ich habe mein Leben 2016 radikal verändert. Bis dahin bin ich als Redner und Seminarleiter durchs Land getingelt. Doch dann gestand ich mir ein: Diese Touren waren für mich Tortouren. Als introvertierter Mensch schätze ich meine Ruhe. Die Begegnungen mit

Menschenmassen kosten mich Energie. Aber wenn ich allein oder mit Vertrauten arbeite, stärkt mich das.

Also reduzierte ich die Zahl meiner öffentlichen Auftritte und startete eine Rednerkarriere im stillen Kämmerlein: Ich drehte zu Hause YouTube-Videos. Der Erfolg übertraf alle Erwartungen: Bis Mitte 2024 haben meine Videos rund 175 Millionen Klicks erzielt und etwa eine Dreiviertelmillion Abonnenten gewonnen.

Ist das nicht kurios? Ich ziehe mich von den Bühnen zurück. Und ich gewinne Millionen neuer Zuhörer. Weil ich einen Weg wählte, der wirklich zu mir passt. Und das führt zum Erfolg.

Ihre Selbstkenntnis ist ein Kompass, der Sie dorthin führt, wo Ihr Glück und Ihr Erfolg warten. Zur Not kommen Sie damit sogar in den Himmel – und an Petrus vorbei!

Drei Perlen

TIPP

1. Es lohnt sich, einen neuen Kontinent zu erforschen: mich selbst.
2. Meine Stärken sind Trümpfe: Je besser ich sie kenne, desto besser kann ich sie ausspielen.
3. Erfolg folgt *mir*, wenn ich eigene Wege gehe – aber rennt weg, wenn ich ihm folgen möchte.

Mini-Challenge mit Maxi-Wirkung

Ich bitte einen vertrauten Menschen, meine dominierenden Eigenschaften aufzuschreiben. Vorher gebe ich eine schriftliche Prognose ab, was er wohl nennt:

____

____

____

____

____

Ich vergleiche beides miteinander – und leite daraus ein erweitertes Selbstbild ab. Was verändert sich an meiner Selbstwahrnehmung? Welche neuen Türen öffnen sich für mich?

Mein Erfahrungsbericht: ____________________

____

____

____

Das trudelnde Flugzeug: Wie ein Wörtchen Ihr Leben rettet

Eine schreckliche Situation, zweitausend Meter über der Erde: Als einziger Passagier sitzen Sie in einem Kleinflugzeug, da sackt der Pilot neben Ihnen zusammen. Ein Herzinfarkt, er wird ohnmächtig und kann das Flugzeug nicht mehr steuern. Sie merken, wie die Maschine ins Trudeln gerät.

Es gibt nur eine Chance: Sie müssen das Steuer übernehmen. Entscheidend ist, ob Sie jetzt die Nerven bewahren und alles tun, was in Ihrer Macht steht. Werden Sie mithilfe der Anweisungen aus dem Tower landen können?

Alles hängt davon ab, was Sie jetzt denken. Die meisten Menschen würden sich die Frage stellen:

»Schaffe ich es, die Maschine ohne Absturz zu landen?«

Wenn Sie »ohne Absturz« sagen, woran denken Sie dann? Vor Ihren Augen leuchtet der Feuerball Ihres Absturzes auf! Verneinungen verwirren unser Gehirn.[30] Und immer, wenn Sie sich fragen, ob Sie etwas Schwieriges schaffen, ruft Ihr Unbewusstes: »Du *kannst* auch scheitern!« Vor jeder großen Herausforderung sollten Sie prüfen: Mit welcher Frage füttere ich meinen Geist? Ob Sie einen Erfolg landen oder abstürzen, hängt nicht zuletzt von Ihren heimlichen Fragen ab. Es gilt:

> **»Suche nicht nach Fehlern – suche nach Lösungen.«**
> *Henry Ford*

Verändern Sie Ihre Frage im Flugzeug minimal, und Ihre Überlebenschancen steigen enorm. Fragen Sie sich:

»Wie schaffe ich es, die Maschine zu landen?«

Wir Berater nennen das eine »hypnotische Frage«, denn das »Wie« suggeriert: Es *gibt* eine Möglichkeit![31] Und weil Sie daran glauben, werden Sie alles tun, diese Möglichkeit zu finden und zu nutzen. Die Katastrophe, der Absturz, kommt in der Frage nicht mehr vor.

Wenn Sie sich Ob-Fragen stellen, haben Sie sich noch *kein* Ziel gesetzt: »Ob ich dieses Buch wohl lese?« Hier dominiert der Zweifel. Gut möglich, dass Sie es nicht tun. Aber wenn Sie sich fragen, »Wie lese ich dieses Buch?«, sind Sie einen großen Schritt weiter. Jetzt setzen Sie voraus, dass Sie es lesen – und durch die Wie-Frage leiten Sie konkrete Ziele daraus ab, etwa wann und wie viele Seiten am Tag.

Ich staune immer wieder, wie viele Erwachsene noch dem Weihnachtsmann-Prinzip folgen: Sie wünschen sich etwas vom Leben – kommen aber nicht darauf, ein Ziel daraus abzuleiten und sich das Gewünschte selbst zu ermöglichen.

Dabei sind es Ziele, die Ihrem Leben eine Richtung geben. Zum Beispiel beriet ich neulich einen gestressten Außendienstler. Seine Gesundheit pfiff schon aus dem letzten Loch, seine Frau und seine beiden Kinder kannten ihn nur noch vom Hörensagen. Die ganze Woche reiste er durchs Land, 75 000 Kilometer im Jahr.

Er sagte: »Ich hoffe, dass ich bald wieder mehr Zeit für meine Familie habe und mich um meine Fitness kümmern kann.« Das war sein Wunsch an den Weihnachtsmann. Als Meta-Text schwang mit: *»Ich bin unsicher,* ob *das wirklich passiert. Denn ich kann nichts dazu beitragen, nur hoffen.«* Eine solche Haltung ist unreif und macht ohnmächtig.

Ich fragte: »*Wie* erreichen Sie es, dass Sie sich wieder mehr Zeit für Ihre Familie und Ihre Fitness nehmen?« Sofort begann er, Ideen zu entwickeln. Wie wäre es, weit entfernte Kunden nicht jedes Mal vor Ort, sondern zwischendurch auch online zu besuchen? Dann könnte er sogar von zu Hause arbeiten und mehr Zeit mit seiner Familie verbringen.

Eine einzige Wie-Frage – und schon dümpelte er nicht mehr auf dem Fluss des Lebens, sondern ergriff das Steuerrad und leitete konkrete Möglichkeiten und Ziele ab.

Welche Hoffnungen hegen Sie in Ihrem Leben? Welche Wünsche spuken durch Ihren Kopf? Und sind Sie schon dazu übergegangen, konkrete Ziele daraus zu formulieren und die Sache in die Hand zu nehmen?

Dass es sich lohnt, von Ob- auf Wie-Fragen umzuschalten, können Sie auch im Gespräch mit anderen erleben:

- Fragen Sie jemanden mit einem Beziehungsproblem, ob er seine Ehe noch retten kann, und er wird zweifeln. Aber fragen Sie ihn, *wie* er seine Ehe retten kann, und er wird über Möglichkeiten nachdenken.
- Fragen Sie jemanden, der unter massivem Übergewicht leidet, ob er schlank werden kann, und sein Geist wird blockieren. Aber fragen Sie ihn, *wie* er schlank werden kann – und er wechselt von der Problem- auf die Lösungsspur.
- Fragen Sie jemanden mit schwieriger Kindheit, ob er Frieden mit seiner Vergangenheit schließen kann, und Sie schauen in ein skeptisches Gesicht. Aber fragen Sie ihn, *wie* er diesen Frieden schließen kann – und auf einmal wird er Möglichkeiten erkennen.

Wo liegt der große Unterschied? Ihr Unbewusstes registriert, dass bei einer Ob-Frage der Zweifel mitschwingt, die Möglichkeit des Scheiterns.

Ein Seiltänzer, der sich fragt, ob er sein Gleichgewicht noch halten kann, ist in Gedanken schon am Boden zerschellt. Fragt er sich hingegen, wie er es halten kann, so besinnt er sich auf die Lösungen.

Ob-Fragen sind nicht konstruktiv. Die Frage »Erreiche ich im nächsten halben Jahr meine Beförderung?« deutet zwar ein Ziel an, aber jeder Impuls zum Handeln fehlt. Eine Wie-Frage dagegen lenkt Ihren Blick auf Lösungen und Handlungswege: »Wie erreiche ich im nächsten halben Jahr meine Beförderung?« Schon sehen Sie sich in der aktiven Rolle.

Aber es geht noch eine Stufe besser: Stellen Sie handlungsorientierte Fragen mit W-Wörtern am Anfang, die zupackende Formulierungen verwenden – damit Sie in Gedanken schon sehen, wie Sie die Ärmel hochkrempeln, etwas unternehmen, bewegen, anschieben, wie Sie die Initiative ergreifen.

Achten Sie bei der Formulierung der Fragen darauf, zu betonen, dass es um die ersten Schritte geht, die dennoch sicher etwas bewirken. So halten Sie die psychologische Hürde niedrig und verhindern die sofortige Überforderung. Hier ein paar Vorschläge für Formulierungen:

- »Welche *ersten Schritte* kann ich in *Angriff nehmen*, um die Prüfung *sicher* zu bestehen?
  (Versteckte Überzeugungen: 1. Ich werde die Prüfung bestehen. 2. Ich bin in einer proaktiven Rolle, nehme etwas in Angriff. 3. Den ersten Schritten werden weitere folgen, sonst wären es keine ersten Schritte. 4. Ich kann souverän agieren und bestehe die Prüfung »sicher«.)
- »Welche *erste Kleinigkeit* kann ich *unternehmen*, um mich *garantiert* besser zu organisieren?
  (Versteckte Überzeugungen: 1. Ich kann mich besser organisieren. 2. Ich bin »Unternehmer«, schiebe etwas an. 3. Schon eine Kleinigkeit bewirkt etwas. 4. Weitere »Kleinigkeiten« werden folgen. 5. Mein Vorhaben klappt garantiert.)

Jede Frage, die Sie sich (unbewusst) stellen, transportiert eine Maxime, nach der Sie handeln werden. Und genau darin liegt der Unterschied:

- *»Schaffe ich es, mich besser zu organisieren?«*
  Antwort Ihres Unbewussten: »Wahrscheinlich nicht, ich habe es ja schon ein paar Mal versucht, aber bin jedes Mal zurück ins alte Muster gefallen.«
- *»Welche erste Kleinigkeit kann ich unternehmen, um mich garantiert besser zu organisieren?«*
  Antwort Ihres Unbewussten: »Nun, eine Kleinigkeit kriege ich schon hin. Vielleicht stößt dieser erste Schritt den Rest an. Zum Beispiel könnte ich mir morgens aufschreiben, was ich bis zum Abend erreicht haben will – und abends prüfe ich dann, ob es gelungen ist oder was ich für den nächsten Tag daraus lernen kann. Und außerdem (...)«

Fragen Sie sich, *wie* Sie etwas schaffen. Sehen Sie sich in der aktiven Rolle und denken Sie über erste Schritte nach. Dann werden Sie das Flugzeug Ihres Lebens auch in kritischen Situationen sicher landen können.

Drei Perlen **TIPP**

1. Ich frage mich nicht mehr, ob ich etwas schaffe, sondern *wie*; das programmiert meinen Geist positiv.
2. Ich verwende Formulierungen, die mich ins Handeln bringen: »Was kann ich *anpacken*, damit ich (...) schaffe?«
3. Ich formuliere Fragen, die auf den ersten Schritt zielen: »Was kann ich *als Erstes* anpacken, damit ich (...) sicher erreiche?«

Mini-Challenge mit Maxi-Wirkung

Meine drei großen Hoffnungen im Leben sind:

1. ______________________________
____
____

2. ______________________________
____
____

3. ______________________________
____
____

Folgende konkrete Wie-Fragen mit Aktiv-Formulierungen leite ich daraus ab:

1. ______________________________
____
____

2. ______________________________
____
____

3. ______________________________
____
____

Der Junge und die Sterne: Warum jede gute Tat Ihnen dient

Ein kleiner Junge sieht am Strand, dass die Strömung Tausende Seesterne an Land gespült hat. Diese Sterne gehen am Ufer ein, das weiß er von seinen Eltern. Also bückt er sich und wirft einen Seestern nach dem anderen zurück ins Meer. Ein älterer Spaziergänger schaut dem Jungen eine Weile zu und lacht. »Junge, schau doch mal den Strand entlang: Es wurden Tausende Seesterne an Land gespült. Du wirst nicht alle retten können!«

Der Junge überlegt einen Moment, greift einen neuen Seestern, holt aus und sagt zu dem Mann, während er den Stern zurück ins Wasser wirft: »Aber diesen hier kann ich retten.« Und so macht er weiter.[32]

In dieser Geschichte steckt eine große Weisheit.

Es geht nicht darum, dass Sie absolute Erfolge erzielen, die Welt retten, Rekorde brechen oder Gipfel des Erfolges stürmen. Es geht darum, dass Sie tun, was in Ihrer Macht steht!

- Wenn in Ihrem Konzern miserable Laune herrscht, etwa durch Sparmaßnahmen, können Sie nicht die gesamte Belegschaft aus den Klauen eines schlechten Managements befreien. Aber Sie können die Menschen um Sie herum mit Ihrer Wertschätzung beschenken und mit Ihrer Heiterkeit anstecken. Machen Sie nur einem Menschen seinen Tag schöner – und Sie haben einen Seestern gerettet.
- Wenn Sie durch eine Großstadt gehen und sehen, wie Menschen im Müll wühlen oder bettelnd auf der Straße leben, können Sie

diese Armut nicht beseitigen. Aber laden Sie einen dieser Menschen in eine Bäckerei auf ein Frühstück ein und behandeln Sie ihn wie einen König – und Sie haben einen Seestern gerettet.

- Wenn ein befreundeter Mensch stirbt, können Sie seinen Tod nicht rückgängig machen. Aber beschreiben Sie den Angehörigen in einem liebevollen Brief, warum der Verstorbene für Sie ein Herzensmensch war und wie Sie sein Andenken wahren werden – und Sie haben einen Seestern gerettet.
- Wenn Sie auf Müll in der Natur stoßen, können Sie vielleicht nicht alles beseitigen. Aber greifen Sie das, was Sie tragen können, zum Beispiel ein paar Dosen, und bringen Sie es in die nächste Mülltonne – und Sie haben einen Seestern gerettet.
- Wenn Sie mit einem großen Plan scheitern und Ihr Selbstvertrauen am Boden liegt, können Sie diese Niederlage nicht rückgängig machen. Aber erinnern Sie sich an all die schönen Augenblicke Ihres Lebens und daran, dass Sie ein einmaliger Mensch sind, unabhängig davon, ob Sie gerade erfolgreich sind oder nicht – und Sie haben einen Seestern gerettet.

Vor über zehn Jahren, es war kurz nach Weihnachten, stand ich in der Kassenschlange eines Supermarktes in Niedersachsen an. Mehrere Menschen waren vor mir dran, alle mit vollen Einkaufswagen. Gerade hatte eine junge Frau ihre Waren vom Kassenband zurück in den Wagen geladen. Nun zückte sie ihr Portemonnaie und reichte der Kassiererin ein paar Scheine. Diese zählte das Geld und schüttelte den Kopf.

Die junge Kundin wühlte in ihrem Portemonnaie herum. Doch offenbar fand sie nicht, was sie suchte. Langsam kam Ungeduld in der Warteschlange auf. Das Gesicht der Kassiererin verfinsterte sich. »Können Sie nicht vor dem Einkauf klären, ob Sie genug Geld dabeihaben?« Zustimmendes Gemurmel aus der Kassenschlange.

Ich trat nach vorne, fragte nach der Höhe des fehlenden Betrages und übernahm ihn. Es waren gut fünf Euro. Lag es nicht auf der Hand, dieser jungen Frau aus ihrer Notlage zu helfen? Ich glaube, jeder in der Schlange mit den vollen Einkaufswagen hätte das gekonnt. Aber keiner von den anderen kam auf diese Idee.

Dabei ist Selbstlosigkeit nicht selbstlos: Wenn Sie anderen helfen, helfen Sie sich selbst. Für eine Studie schenkten die US-Psychologen Ed O'Brien und Samantha Kassirer den Teilnehmern an fünf Wochentagen jeweils fünf Dollar.[33] Sie sollten das Geld täglich ausgeben. Die einen machten sich selbst eine Freude damit. Die anderen beschenkten Mitmenschen, etwa durch Trinkgelder und Spenden. Jeden Abend schätzten die Teilnehmer ihre Zufriedenheit ein.

Das Ergebnis war eindeutig: Wer das Geld für sich selbst ausgab, dessen Zufriedenheit nahm von Tag zu Tag ab. Wer das Geld aber weitergab, freute sich jeden Tag neu; seine Zufriedenheit blieb auf einem hohen Niveau. Gute Taten erzeugen gute Laune.

> **»Wir können uns in nur 14 Tagen von unseren Depressionen befreien, wenn wir uns nur jeden Tag überlegen, wie wir anderen helfen können.«**
>
> *Alfred Adler*

Wer Glück stiftet, kann dieses Parfüm nicht versprühen, ohne selbst einige Tropfen davon abzubekommen. Wenn Sie für eine gute Sache spenden, wenn Sie einen Nachbarn beschenken, wenn Sie einer Kollegin bei der Arbeit unter die Arme greifen, wenn Sie einen traurigen Menschen aufheitern oder ein Kind beim Lernen unterstützen, hilft das nicht zuletzt Ihnen selbst.

Würde ich mich nach über zehn Jahren noch daran erinnern, wenn ich in dem Supermarkt fünf Euro mehr für meinen Einkauf ausgegeben hätte? Nie im Leben! Aber die fünf verschenkten Euro zaubern mir jetzt, während ich das schreibe, immer noch ein Lächeln ins Gesicht.

Denken Sie an den Jungen am Strand: Es kommt nicht darauf an, alle Seesterne zu retten. Mit jedem einzelnen retten Sie eine Welt und erhöhen Ihr eigenes Glück. Halten Sie Ihre Augen offen, schon heute werden Ihnen Seesterne in Not begegnen.

Drei Perlen

TIPP

1. Mit jeder noch so kleinen guten Tat, die ich vollbringe, mache ich die Welt zu einem besseren Ort.
2. Nur wenn ich das Unmögliche versuche, kann ich das Mögliche erreichen.
3. Wenn ich den Tag eines Menschen rette, rette ich damit die Welt.

Mini-Challenge mit Maxi-Wirkung

Ich lege ein »Pfadfinder-Tagebuch« an, in dem ich täglich meine guten Taten vermerke. Ich schreibe ab heute auf, welchem Menschen ich geholfen habe und inwiefern das auch mir selber guttat.

Meine erste gute Tat: ______________________________

____

____

____

Die bösen Ampeln: Wie das Leben Ihr Freund wird

Es war wie verhext! Ich musste mich beeilen, um pünktlich bei meinem Coaching-Termin zu sein, doch kam ich nicht voran. Aus der Ferne sah ich grüne Ampeln. Aber sobald mein Auto sich näherte, sprangen sie auf Rot. Immer wieder. Die ganze Stadt hatte sich gegen mich verschworen.

Genervt bog ich in eine Seitenstraße, um abzukürzen. Doch die Stadt schlug zurück: Jetzt tauchte ein Fahrschul-Auto vor mir auf. Es fuhr so langsam, dass jeder Rollator-Fahrer dagegen ein Formel-1-Pilot gewesen wäre. Mist. Danach wollte ich mich wieder in die Hauptstraße einfädeln. Aber alle Autofahrer der Stadt waren sich einig, meinen Zeitplan zu zerstören; keiner ließ mich zurück in die Spur. Und als ich es endlich doch geschafft hatte, stand ich sofort in einem kilometerlangen Stau. Na prima!

Kennen Sie dieses Gefühl? Dass Sie einen ganzen Tag lang vom Pech verfolgt werden? Dass sich ein Ärgernis ans andere reiht? Und dass Sie abends, ehe Sie sich ins Bett legen, noch den Rauchmelder prüfen, weil Ihnen ein Zimmerbrand in dieser Nacht mehr als wahrscheinlich scheint?

Jeder von uns leidet manchmal unter Paranoia. Reden Sie sich ein, die Welt führt Böses gegen Sie im Schilde, und Ihr Leben wird zum Horrorfilm. Dann lauert jeder Baum am Straßenrand darauf, bei Sturm Ihr Auto zu zermalmen. Ihr Chef lobt Sie nur, um neue Überstunden aus Ihnen herauszuquetschen. Und warum lacht eigentlich der Typ, der Ihnen auf dem Flur entgegenkommt? Der lächelt Sie doch nicht an, der macht sich lustig über Sie!

Paranoia bedeutet, dass sich die Welt gegen Sie verschworen hat.

Ich empfehle Ihnen das Gegenteil: die Pronoia. So nennen Psychologen eine Lebenshaltung, die vom Besten ausgeht:[34]

Alles, was auf der Welt geschieht, soll mir dienen. Das Leben führt Gutes mit mir im Schilde, die anderen Menschen auch. Wer so denkt, wird rasch erkennen, wie viel Erfreuliches ihn umgibt.

Wenn ich mir Pronoia verordne, freue ich mich über jeden Baum am Wegesrand: Das ist mein persönlicher Leibwächter, er spendet mir Schatten und reinigt die Luft für mich. Die Sonne ist wieder mal früh aufgestanden, um mich zu begrüßen, herzlichen Dank! Die Nachrichten im Radio handeln nur deshalb von Krieg und Terror, um mich an die Privilegien meines eigenen Lebens zu erinnern – was für ein wertvoller Hinweis!

Ich steige in mein Auto, und gleich die erste Ampel empfängt mich mit Grün, auch die zweite. Die dritte Ampel gönnt mir eine kurze Pause, damit ich die wichtigsten Ziele meines Tages durchgehen kann. Hinter mir hupt ein Autofahrer, um mich daran zu erinnern, dass ich heute besonders gelassen bleiben möchte. Mit jedem Hupen schafft er es durch sein abschreckendes Beispiel, dass ich innerlich ruhiger werde.

Die Parkplätze um das Bürohaus sind besetzt, offenbar soll ich die Chance bekommen, morgens schon ein wenig Sport zu betreiben. Dankbar stelle ich mein Auto in einer 750 Meter weit entfernten Nebenstraße ab und trabe freudig auf das Bürogebäude zu.

Heute berate ich eine Managerin, die ihren Führungsstil verbessern möchte. Ich stelle fest, dass ich ihren Lebenslauf nicht dabeihabe. Aha, mein Gedächtnis soll die Gelegenheit bekommen, sich zu bewähren. Freudig schreibe ich mir jene Eckdaten auf ein Blatt Papier, die ich mir gemerkt habe. Bestimmt weiß sie es zu schätzen, dass ich so viel über sie im Kopf habe (…)

»Gib jedem Tag die Chance, der schönste deines Lebens zu werden.«
Mark Twain

Der große Gestalttherapeut Fritz Perls kam zu der Erkenntnis: Der einzige Weg, die Welt zu verändern, besteht darin, unseren Blick auf die Welt zu verändern. Denn was Sie in der Welt sehen, ist keine objektive Wirklichkeit, sondern das Ergebnis Ihrer Erwartungen und Ihres Blickwinkels. Als Geschöpf sind Sie Schöpfer Ihrer Welt – durch die Art, wie Sie denken.[35]

Übernehmen Sie die Verantwortung für das, was Sie sehen – und Sie können es gestalten. Testen Sie Pronoia *heute noch*: Gehen Sie davon aus, dass alles, was in Ihrem Leben geschieht, einen höheren Zweck verfolgt und Ihnen dienen soll:

- Jeder Mensch, dem Sie begegnen, will Ihnen etwas Wichtiges beibringen – was genau?
- Jedes Problem, vor dem Sie stehen, will Ihre Lösungskompetenz schulen – welche genau?
- Jeder Gedanke an schlimme Dinge der Vergangenheit will Sie an die Vorzüge Ihrer Gegenwart erinnern – wie sehen diese Vorzüge aus?
- Jeder Mensch, der Ihre Grenzen verletzt, will Ihre Abgrenzungsfähigkeiten trainieren – inwiefern fällt Ihnen das immer leichter?

Pronoia ist ein Zustand, in dem Sie die Welt als Ihren Freund betrachten und in allem, was Ihnen begegnet, diese Freundlichkeit suchen. Wer Pronoia hat, fühlt sich getragen vom Leben, beschützt vom Universum und umgeben von Menschen, die es gut mit ihm meinen.

Je mehr Gutes Sie der Welt zutrauen, desto mehr Gutes werden Sie wahrnehmen. Je mehr Unterstützung Sie vom Leben erwarten, desto mehr Unterstützung werden Sie erfahren.

Wie wirksam Pronoia ist, beweist der Rosenthal-Effekt.[36] Stellen Sie sich vor, Sie übernehmen als Lehrer oder Lehrerin eine neue Klasse. Von Forschern bekommen Sie die Namen einiger Schüler genannt, die kurz vor einem intellektuellen Schub stehen. Es handelt sich um ein Fünftel Ihrer Klasse.

Was Sie nicht wissen: Diese Behauptung ist eine Lüge, die Schüler wurden willkürlich ausgewählt. Logisch wäre es also, dass ihre Leistung sich ähnlich wie die des Durchschnitts entwickelt. Aber wie wirkt es sich aus, dass Sie diese Gruppe durch die Pronoia-Brille sehen?

Ist es möglich, dass Ihre positive Erwartung eine positive Wirklichkeit manifestiert? Und ob! Was Sie erwarten, tritt ein, *weil* Sie es erwarten.

In diesem Experiment der Psychologen Robert Rosenthal und Leonore Jacobsen konnten 45 Prozent der ausgewählten Kinder ihren Intelligenzquotienten in einem Jahr um 20 Punkte oder mehr verbessern, 20 Prozent sogar um 30 oder mehr. Wer davor einen leicht überdurchschnittlichen IQ von 110 hatte, galt danach mit 130 oder 140 als hochbegabt. Aufwärts ging's auch mit den Noten. Weil die Kinder als begabt angesprochen wurden, entwickelten sie Begabung.

Aus diesem Experiment können Sie wichtige Schlüsse für Ihr Leben ableiten:

- Gehen Sie davon aus, dass Ihr Herzensmensch Sie heiß und innig liebt – und Sie erhöhen die Wahrscheinlichkeit, aufrichtig geliebt zu werden.
- Gehen Sie davon aus, dass Ihre Führungskraft großzügig ist und Ihre Qualitäten schätzt – und Sie erhöhen die Wahrscheinlichkeit, dass sie Ihr Gehalt erhöht und Ihre Leistung anerkennt.
- Gehen Sie davon aus, dass Ihr Verhandlungspartner ehrlich zu Ihnen ist – und Sie erhöhen die Wahrscheinlichkeit, dass er die Wahrheit sagt.

Was Ihnen in der Welt begegnet, ist nicht zuletzt ein Resultat Ihrer Erwartungen. Glauben Sie mir: Seit ich Pronoia habe, sehe ich mehr grüne Ampeln in der Stadt als je zuvor.

Drei Perlen

TIPP

1. Ich höre auf, gegen mein Leben zu kämpfen – es ist stärker als ich!
2. Ich lass mich von meinem Leben tragen; alles, was geschieht, dient mir.
3. Je mehr Gutes ich erwarte, desto mehr Gutes nehme ich wahr.

Mini-Challenge mit Maxi-Wirkung

Ich verschreibe mir für folgenden Tag Pronoia, ____________(Datum), und beobachte: Inwiefern denke und handele ich dann anders? Wer um mich herum bemerkt diesen Unterschied zuerst – und woran genau? Und wie geht es mir am Abend des Pronoia-Tages, verglichen mit anderen Tagen?

Meine Prognose: ______________________________

____

____

____

Mein Erfahrungsbericht: ______________________________

____

____

____

Die Frau in der Höhle: So sprengen Sie Ihr Limit

Es lebte mal eine Frau in einer dunklen Höhle. Jahrein, jahraus sah sie nichts als die Dunkelheit. Sie trank Wasser, das von der Höhlendecke tropfte, und aß Moos, das am Höhlenboden wuchs. Vor unzähligen Jahren hatte sie sich in der Höhle verirrt und den Ausgang nie mehr gefunden. Das war so lange her, dass sie sich kaum noch an ihr altes Leben erinnern konnte.

Eines Tages stießen Höhlenforscher bei einer Expedition zufällig auf die abgemagerte Frau und nahmen sie mit. Im Krankenhaus des nächsten Ortes sollte sie aufgepäppelt werden. Doch von Stunde zu Stunde ging es ihr schlechter. Ihre Augen wollte sie nicht öffnen – das Licht blendete sie. Ihr Essen wollte sie nicht anrühren – schon Brotgeruch verursachte ihr Übelkeit. Und die Geräusche um sie herum, das Klappern des Geschirrwagens auf dem Flur und das Geplapper der Mitpatienten, schienen ihr den Schädel fast zu sprengen.

Als der Chefarzt abends noch einmal nach seiner Patientin schauen wollte, war sie verschwunden. Man suchte die ganze Stadt ab. Keiner fand die Frau. Die Presse schrieb von einem Drama: »Erst verschollen, dann verschwunden!«

Jetzt teste ich Ihre Menschenkenntnis: Wo hätten Sie nach dieser Frau gesucht? Welcher Ort hat sich für sie als der sicherste der Welt angefühlt?

Die Frau ist zurück in ihre Höhle gegangen! Nicht, weil diese Höhle ein schöner Ort war. Aber es war für sie ein vertrauter Ort.

Jeder von uns neigt zu diesem Verhalten: Wenn sich uns eine neue Chance bietet – ein neuer Job, eine neue Partnerschaft, eine Weiterbildung, eine finanzielle Gelegenheit, ein wichtiges Amt, eine intellektuelle Herausforderung –, dann fühlen wir uns im ersten Moment von dem Neuen geblendet. Und wir ziehen uns in die alte Höhle zurück.

Ein Zustand, den wir kennen, erscheint uns intuitiv einladender als einer, den wir noch nicht kennen:

- Wer über Jahre einsam ist, neigt dazu, sich aus neuen Kontakten wieder zurückzuziehen – und kehrt zurück in die vertraute Höhle seiner Einsamkeit.
- Wer über Jahre arm ist, neigt dazu, sein frisch erworbenes Geld zu verprassen – und kehrt zurück in die vertraute Höhle der Armut.
- Wer über Jahre arbeitslos war, neigt dazu, einen neuen Job zu verspielen – und kehrt zurück in die vertraute Höhle seiner Arbeitslosigkeit.
- Und wer über Jahre unglücklich ist, neigt dazu, ein frisches Glück wieder loszulassen – und kehrt zurück in die vertraute Höhle seines Unglücks.

Diese Bequemlichkeit hat uns die Evolution als Überlebensprinzip eingeimpft: Bleib in deiner Höhle, dort bist du sicher! Bloß nichts riskieren, bloß keine unnötige Energie verschwenden! Dieses Verhalten ist töricht. Wir könnten in einen besseren Zustand eintreten, uns weiterentwickeln. Nur bräuchte es die Ausdauer, uns mit diesem noch fremden Zustand anzufreunden.

Jeder von uns hat ein heimliches Limit im Kopf – ein Maß an Glück und Erfolg, das er sich zugesteht, ein *Upper Limit.*[37] Aber was passiert, wenn Ihr Erfolg darüber hinausgeht? Was passiert, wenn Sie mehr Wohlstand erlangen? Dann tut Ihre Psyche etwas Schreckliches: Sie treibt Sie dazu, wieder zu verlieren, was Sie mit Mühe ergattert haben. Dann verstößt Ihr Unbewusstes gegen einen guten Rat:

»Verbringe nicht die Zeit mit dem Suchen des Hindernisses, vielleicht ist keines da.«

Franz Kafka

Mein Klient Udo, ein selbstständiger Dachdecker-Meister, hat sich viele Jahre abgestrampelt, um finanziell unabhängig zu werden. Durch ein geschicktes Immobiliengeschäft ist ihm das schließlich geglückt. Auf einmal verfügte er über einen siebenstelligen Betrag. Aber dieser Reichtum deckte sich nicht mit dem Selbstbild, das Udo seit seiner Kindheit eingeübt hatte: Er kam aus einer armen Familie und sah sich als jemanden, der ständig mit Geldproblemen zu kämpfen hatte.

Jahrelang hatte er sich mit Krediten über Wasser gehalten. Jahrelang erlebte er jeden Gang zum Geldautomaten als Zitterpartie: Würde der Automat noch Geld ausspucken oder seine Scheckkarte einbehalten? Jahrelang lebte er in der Furcht, mit seinem kleinen Betrieb pleitezugehen und unter der Brücke zu landen.

Jetzt saß Udo auf einem großen Vermögen. Aber seine alte Höhle zog ihn an. Er begann, mit seinem Geld zu spielen. Er ging riskante Termingeschäfte an der Börse ein – und verlor Geld. Er beteiligte sich an zweifelhaften Start-up-Firmen – und verlor Geld. Er saß nächtelang am Roulette-Tisch – und verlor Geld.

Es dauerte zwei Jahre, bis seine Scheckkarte wieder vom Automaten eingezogen wurde. Er war zurück in seiner alten Höhle.

Nachträglich wurde ihm klar, was geschehen war: Der Reichtum hatte nicht seinem Selbstbild entsprochen. Es fühlte sich an wie ein verrutschter Hemdkragen. Und so rückte er ihn wieder auf die gewohnte Position, in die Armut, zurück.

Wir bekommen das, von dem wir *heimlich* denken, es verdient zu haben. Wer befördert wird, aber das für unverdient hält, wird sich durch sein Verhalten rasch wieder aus der Position katapultieren.

Wer geliebt wird, aber das für unverdient hält, wird sich diese Liebe rasch wieder verscherzen. Und wer sich vom Alkohol abwendet, aber ein Leben ohne für unverdient hält, klammert sich rasch wieder an der Flasche fest.

Finden Sie Ihr eigenes *Upper Limit* heraus, damit Sie Ihren Erfolg nie mehr sabotieren:

- Welches Maß an Glück steht Ihnen im Leben zu? Und wo fängt »übertriebenes Glück« an?
- Wie viel Besitz haben Sie verdient? Und was geht »über Ihre Verhältnisse« hinaus?
- Wie viel Liebe steht Ihnen zu? Und ab wann wird Ihnen Zuneigung unheimlich?
- Wie viel Geld im Monat dürfen Sie verdienen? Und was wäre »unanständig viel«?
- Wie ernst dürfen Sie Ihre eigenen Bedürfnisse nehmen? Und ab wann fühlen Sie sich egoistisch?
- Welcher berufliche Erfolg verträgt sich mit Ihrem Selbstbild? Und ab wann beginnt für Sie die Maßlosigkeit?

Jedes innere Limit, das Sie erkennen und sprengen, öffnet Ihnen Wege in ein freieres und glücklicheres Leben. Wie wäre es, wenn Sie künftig denken würden:

Ich habe alles verdient, was ich im Leben erreiche.
Die Sterne am Himmel sind dazu da, dass ich nach ihnen greife.
Die Welt will ihre Fülle mit mir teilen.
Es wäre vermessen von mir, ihre Geschenke nicht *anzunehmen.*
Die Liebe ist grenzenlos.
Ich nehme diese Liebe an, das macht die Welt liebevoller.
Der Erfolg ist grenzenlos.
Ich nehme diesen Erfolg an, das mehrt den Erfolg der Welt.
Das Glück ist grenzenlos.
Ich nehme dieses Glück an, das macht die Welt glücklicher.

Ich bin grenzenlos.
Ich nehme mich selber an, um jeden Tag zu wachsen.

Wenn Sie so denken, können Sie Ihre Höhle *dauerhaft* hinter sich lassen.

Drei Perlen **TIPP**

1. Eine vertraute Höhle (oder Hölle) fühlt sich sicherer als ein Himmel an, den ich noch nicht kenne.
2. Geht ein Erfolg über das Maß hinaus, das ich mir zugestehe, werde ich ihn selbst zerstören.
3. Ich befreie mich aus meinen Upper Limits: Alles, was ich erreichen kann, habe ich verdient!

Mini-Challenge mit Maxi-Wirkung

Wann habe ich durch mein Verhalten eine glückliche Situation meines Lebens zerstört?

____

____

____

Inwieweit kann es sein, dass ich mir so viel Gutes (unbewusst) nicht gegönnt habe? Und was kann ich daraus lernen, um künftig meinen Erfolg zu genießen und zu wahren?

Meine Lehre: ___________________________________

____

____

____

Das versteckte Handy:
Wie Sie ungünstige Gewohnheiten stoppen

Mein Klient Markus (37), ein IT-Fachmann, war verzweifelt. »Ich kann es einfach nicht lassen. Immer wieder greife ich zum Smartphone. Alles andere kommt dann zu kurz.«

»Haben Sie schon mal probiert, Ihr Handy in einen anderen Raum zu legen?«, fragte ich.

»Na klar«, sagte er, »aber dann rede ich mir ein, jetzt muss ich ganz dringend etwas auf dem Handy schauen oder tun – und schon habe ich es wieder in der Hand.«

»Oder haben Sie schon mal probiert, Ihr Handy für eine bestimmte Zeit zu sperren?«

»Allerdings, aber diese Sperren hebe ich dann immer wieder vorzeitig auf.«

Markus sprach nicht über sein Verhalten bei der Arbeit, sondern in seiner Freizeit.

Ich wusste: Wenn ich ihm jetzt vorschlüge, sein Smartphone im Garten zu verbuddeln, würde er es nach drei Minuten wieder ausgraben. Was also könnte ich ihm raten?

Er hatte mir erzählt, wie sehr auch seine Frau unter seiner ungebremsten Handynutzung litt, deshalb fragte ich: »Wie wäre es, wenn Sie das Handy Ihrer Frau gäben mit dem Auftrag, es zu verstecken und Ihnen unter allen Umständen erst zur vereinbarten Zeit wieder auszuhändigen?«

Beim ersten Mal bat Markus seine Frau, ihm das Handy für zwei Stunden vorzuenthalten. Schon nach einer halben Stunde flehte er seine Frau an, ihm das Handy doch jetzt schon wieder auszuhändigen, er müsse ganz dringend … Doch sie blieb hart. Und er machte die Erfahrung, dass die Welt sich weiterdrehte, obwohl er nicht an sein Smartphone kam. Die Methode hat sich so sehr bewährt, dass seine Frau mittlerweile bis zu sechs Stunden sein Handy verwahrt.

Nach ein paar Wochen räumte Markus ein, durch diese Methode deutlich entspannter zu sein. Auch die Beziehung zu seiner Frau hatte sich verbessert.

Schlechte Gewohnheiten laufen wie das Atmen ab, unbewusst, aber regelmäßig:

- Wer sich schlecht ernährt, greift zu Süßigkeiten, ohne sich dessen bewusst zu sein. Das schlechte Gewissen setzt erst nach dem Essen ein.
- Wer zu negativem Denken neigt, malt sich Katastrophen aus, bis seine Laune zusammenbricht – erst dann erkennt er seine finsteren Gedanken.
- Wer in einer Beziehung dauernd nörgelt, hinterfragt seine kritischen Äußerungen erst, wenn ihm mal wieder das Fegefeuer eines Beziehungsstreits um die Ohren braust.
- Und wer in jedem zweiten Satz das Wort »eigentlich« sagt, bemerkt seine schlechte Gewohnheit erst, wenn ihn keiner mehr ernst nimmt.

»Die Konfrontation mit neuen und komplizierten Dingen erfordert Bewusstsein, Aufmerksamkeit und Konzentration – das Gehirn strebt darum danach, alles zu routinisieren«, sagt der Hirnforscher Gerhard Roth.[38] Was oft passiert, soll nebenbei passieren. Ich muss gehen können, ohne darüber nachzudenken, wie ich einen Fuß vor den anderen setze. Diese Routine ist hilfreich, sie erlaubt meinem Gehirn, sich um Wichtigeres zu kümmern. Zum Beispiel warnt es mich auf dem Gehsteig vor einem unaufmerksamen Radfahrer. Vorsichtshalber springe ich einen Schritt zur Seite.

Derselbe Mechanismus lässt ungünstige Gewohnheiten unter dem Radar meines Bewusstseins fliegen. Je öfter ich »eigentlich« sage, über meine Partnerin nörgele oder Süßigkeiten nasche, desto weniger bemerke ich es. Das Gehirn schaltet auf Autopilot.

> **»Eine Angewohnheit kann man nicht aus dem Fenster werfen. Man muss sie die Treppe hinunter prügeln, Stufe für Stufe.«**
>
> *Mark Twain*

Als Grundschüler habe ich meine Fingernägel abgekaut. Es geschah unbewusst: im Unterricht, beim Fernsehen, vor dem Einschlafen. Immer wieder versuchte ich, das Kauen abzustellen. Manchmal hielt ich eine Weile durch. Aber dann ertappte ich mich erneut dabei.

Wenn *Sie* eine schlechte Gewohnheit haben, ist das nicht gefährlich. Aber wenn die Gewohnheit *Sie hat*, dann sitzen Sie in der Falle. Wie können Sie sich befreien? Nur eines hilft: Bewusstheit. Holen Sie die unsichtbare Gewohnheit zurück aufs Radar!

Der erste Versuch bestand darin, dass meine Eltern mich wachrüttelten. Wenn ich zu kauen begann, riefen sie: »Stopp!« Dieses laute Signalwort ließ mich hochschrecken. Ich stellte das Kauen ein. Zu Hause klappte das prima. An anderen Orten, etwa in der Schule, gab es Rückfälle.

Die Rettung kam aus der Apotheke: ein durchsichtiger Nagellack mit Bitterstoffen. Ich strich meine Nägel damit ein. Jedes Mal, wenn ich an meinen Nägeln kaute, biss mir – pfui! – der Bitterstoff in den Gaumen. Das riss mich aus der Trance meiner Gewohnheit, dann sagte ich zu mir: »Du kaust gerade Fingernägel. Das willst du doch nicht.«

Als ich den Bitterstoff nach drei Monaten nicht mehr auftrug, wirkte der Ekelfaktor nach: Sobald die Fingernägel meinen Mund berührten, schreckte ich zurück. Nägelkauen war nur noch eklig, ich ließ es sein.

Diese drei Strategien helfen Ihnen, Ihre schlechten Gewohnheiten zurück ins Bewusstsein zu holen und sie loszuwerden:

Strategie 1: Machen Sie sich die schlechte Gewohnheit so schwer wie möglich.
Wenn Sie keine Süßigkeiten mehr naschen wollen, sorgen Sie dafür, dass Sie keine in der Wohnung haben. Oder nehmen Sie zur Arbeit ein Paket mit gesunder Ernährung mit, aber führen Sie weder Geld noch eine Scheckkarte mit sich, damit Sie nicht in Versuchung geraten.

Wenn Sie zu viel Fernsehen schauen, platzieren Sie die Fernbedienung auf dem höchsten Schrank der Wohnung, den Sie nur mit einer Trittleiter erreichen.

Und wenn Sie dauernd »eigentlich« sagen, bitten Sie alle Menschen um sich herum, bei diesem Wort sofort Alarm zu schlagen. Damit wird es Ihnen unmöglich, der Gewohnheit nachzugeben, ohne sich dessen bewusst zu sein.
Strategie 2: Verknüpfen Sie die schlechte Gewohnheit mit etwas Negativem
Streichen Sie Ihre Süßigkeiten mit Bitterlack aus der Apotheke ein. Oder gießen Sie altes Bratfett darüber. Sie werden staunen, wie oft Sie sich bei Naschversuchen ertappen. Jedes Mal kommt es zu einem bösen Erwachen, zu einem ekligen Geschmack im Mund. Wenn Sie zwei bis drei Monate durchhalten, werden Sie den gleichen Punkt wie ich beim Nägelkauen erreichen. Oder verpflichten Sie sich, dass Sie jedes Mal, wenn Sie »eigentlich« sagen, so viele Liegestütze machen, bis sie völlig erschöpft auf die Erde sinken. So wird Ihre schlechte Gewohnheit mit einer Erfahrung verknüpft, die für Sie unangenehm ist.
Strategie 3: Setzen Sie sich unter öffentlichen Druck.

Sagen Sie allen Menschen um sich herum, welche schlechte Gewohnheit Sie aufgeben. Wenn Sie keinen Alkohol mehr trinken wollen, dann lassen Sie das jeden wissen. Das setzt Sie unter Zugzwang. Der Hirnforscher Gerhard Roth empfiehlt, dass Sie sich zu Ihrer neuen Gewohnheit verabreden.[39] Wenn Sie regelmäßig joggen wollen: Bitten Sie eine Freundin, dass sie mitmacht und Sie frühmorgens abholt. Aus dieser Nummer kommen Sie nicht mehr raus; das hilft Ihrem Willen auf die Sprünge.
Manchmal braucht es Bitterstoffe, damit wir in ein süßeres und besseres Leben abbiegen können.

Drei Perlen — TIPP

1. Schlechte Gewohnheiten sind blinde Passagiere: Ich muss sie entdecken, um sie loswerden zu können.
2. Je schwerer ich mir eine Gewohnheit mache, desto leichter wird es, sie abzulegen.
3. Ich verknüpfe die Gewohnheit mit etwas Ekligem oder Anstrengendem; ein hoher Preis schreckt mich ab.

Mini-Challenge mit Maxi-Wirkung

Welche schlechte Gewohnheit will ich loswerden, aber schaffe es bislang nicht? Auf einer Skala von 1 (minimal) bis 10 (maximal): Wie schwer mache ich mir diese Gewohnheit: _____

Was kann ich unternehmen, um mir die Gewohnheit ein, zwei oder drei Punkte zu erschweren?

Meine Notizen: ______________________________

____

____

Der brutale Presslufthammer: Wie Sie mehr Dankbarkeit in Ihr Leben holen

Die Nacht endet mit einem Knall: Direkt unterm Zimmerfenster des Hotels knattert ein Presslufthammer los und schreckt zwei junge Männer aus ihrem Schlaf. Der eine ist Wolfgang Niedecken, Sänger von BAP, der andere Julian Schnabel, später ein bekannter Maler und Regisseur in den USA.[40]

Die beiden Freunde reagieren unterschiedlich: Niedecken ist sauer, dass sich die Baustelle ausgerechnet unter ihrem Fenster befindet. Julian Schnabel entgegnet: Wir haben den richtigen Beruf ausgewählt! Was für ein Glück, ausschlafen zu dürfen, während andere ihre Schwerstarbeit schon im Morgengrauen beginnen müssen.

Wie hätten Sie reagiert? Ich fühlte mich ertappt, als ich diese Szene in der Autobiografie von Niedecken las.

Seither frage ich mich immer, wenn mich eine Situation ärgert: Wofür kann ich dankbar sein? Welches Geschenk verbirgt sich hinter dem Ärgernis?

Hier ein paar Beispiele, die Sie auf Ihr Leben übertragen können:

- Ich stehe an einem Gleis des Hamburger Hauptbahnhofes und ärgere mich, dass der Zug 20 Minuten zu spät eintrifft. In Gedanken schimpfe ich auf die Bahn.
  Doch dann lege ich den Schalter um: »Wie toll, dass du dir eine so teure Zugfahrt leisten kannst. Und ein echtes Glück, dass du ein

vorausschauender Organisator bist und immer einen Zug Puffer einplanst.« Und schon überkommt mich tiefe Dankbarkeit.

- Ich ärgere mich, weil mich im Feierabendverkehr ein anderer Autofahrer grundlos anhupt. Ich schimpfe vor mich hin, wie rücksichtslos die Menschen doch sind. Und bin kurz davor zurückzuhupen.
  Doch dann lege ich den Schalter um: »Erinnerst du dich noch an den jungen Mann, der damals angehalten hat, als du auf der A 23 zwischen Hamburg und Pinneberg eine Autopanne hattest – und der es irgendwie hinbekam, deinen uralten Fiesta wieder zum Laufen zu bringen?« Und schon überkommt mich tiefe Dankbarkeit.
- Ich ärgere mich beim Schreiben dieses Buches, weil ich seit einer Viertelstunde vor einem leeren Bildschirm sitze und vergeblich auf einen Geistesblitz warte.
  Doch dann lege ich den Schalter um: »Was für ein Privileg, dass du Bücher schreiben darfst und damit so viele Menschen erreichst. Und wie beruhigend, dass dir bislang noch immer etwas eingefallen ist.« Und schon überkommt mich tiefe Dankbarkeit.

Was glücklich macht, sind nicht Ereignisse, sondern die Haltung, die wir dazu einnehmen.

> **»Nicht die Glücklichen sind dankbar. Es sind die Dankbaren, die glücklich sind.«**
>
> *Francis Bacon*

Es lohnt sich, über diesen Satz nachzudenken. Oft haben wir das Gefühl, dass der Dankbarkeit ein Glück vorangehen muss. Wir sind dankbar, wenn wir eine Gehaltserhöhung oder eine Beförderung bekommen; dankbar, wenn unser Flirtversuch erwidert wird; dankbar, wenn wir im Lotto ein stattliches Sümmchen gewinnen; dankbar, wenn in unserem Urlaub rund um die Uhr die Sonne scheint; oder dankbar, wenn uns jemand ein Kompliment macht.

Diese Dankbarkeit ist an eine Bedingung geknüpft. Ich werde zum Gläubiger, und das Leben ist mir etwas schuldig. Ich bin glücklich, wenn in meinem Urlaub die Sonne scheint. Und wenn nicht, bin ich unglücklich. Ich bin glücklich, wenn die anderen mich auf Händen tragen. Und wenn nicht, bin ich unglücklich.

Ein dankbarer Mensch aber, wie Bacon ihn meint, wird im Urlaub *bei jedem Wetter* glücklich sein. Seinen Job kann er genießen, *ohne* dass sein Gehalt erhöht wird, seine Verliebtheit, ohne dass sie erwidert wird. Er fordert nichts vom Leben, sondern ist dankbar für das, was er hat.

Wahres Glück kommt von innen. Martin Seligman, der Pionier der Positiven Psychologie, hat Dankbarkeit als Grundpfeiler eines glücklichen Lebens ausgemacht.[41] Wir alle sind reich beschenkt. Aber erst die Frage, für was wir dankbar sein können, macht das Unsichtbare sichtbar.

Probieren Sie es aus: Denken Sie jetzt an einen Menschen, dem Sie etwas zu verdanken haben:

- Vielleicht hat dieser Mensch Ihnen in einer schwierigen Situation geholfen (wie mir der junge Mann auf der Autobahn)?
- Vielleicht hat dieser Mensch an Sie geglaubt, als Sie selbst voll der Zweifel waren?
- Vielleicht schenkte (oder schenkt) Ihnen dieser Mensch besondere Zuneigung oder Liebe?
- Vielleicht hat dieser Mensch in Ihnen ein Talent oder eine Leidenschaft geweckt, die Ihr Leben prägt?
- Vielleicht hat dieser Mensch, als Sie noch ein Baby waren, dafür gesorgt, dass Sie sicher aufwachsen und Ihre heutige Persönlichkeit entwickeln konnten?

Haben Sie sich für einen Menschen entschieden? Dann denken Sie jetzt an eine Situation mit ihm, für die Sie dankbar sind. Wo genau spielt diese Szene? Wie sieht es dort aus? Wie riecht es? Welche Geräusche sind zu hören? Begeben Sie sich ganz in diesen Moment.

Und nun malen Sie sich diesen Menschen aus, dem Sie so dankbar sind. Wie sieht er aus? Wie klingt seine Stimme? Und was genau tut er, wofür Sie ihm so dankbar sind? Lassen Sie das Bild dieses Menschen so lange vor Ihrem inneren Auge entstehen, bis Sie seine Nähe spüren können. Genießen Sie das Gefühl der tiefen Dankbarkeit. Was macht es mit Ihnen? Inwiefern lächeln Sie, und geht es Ihnen augenblicklich besser?

Je mehr es Ihnen gelingt, Dankbarkeit in Ihren Alltag zu integrieren, desto glücklicher werden Sie sein. Schreiben Sie jeden Abend ein Dankbarkeits-Tagebuch. Halten Sie fest, wofür Sie an diesem Tag dankbar sind. Es müssen keine Großereignisse sein. Vielleicht haben Sie gut geschlafen. Oder Ihr Lieblingssong lief im Radio. Oder Sie haben einen hübschen Vogel beobachtet. Oder jemand hat Ihnen einen kleinen Gefallen getan.

Die US-Psychologen Robert Emmons und Michael McCullough haben nachgewiesen:[42] Wer ein solches Dankbarkeits-Tagebuch führt, wird optimistischer, empfindet mehr Lebensfreude und muss seltener zum Arzt.

Er entspannt seine Muskeln, treibt mehr Sport und leidet seltener unter körperlichen Beschwerden wie Kopf- oder Bauchschmerzen.

Andere Studien weisen nach, dass Sie durch Dankbarkeit Entzündungen in Ihrem Körper vermindern, den Blutdruck um 25 Prozent senken und Ihr Risiko auf einen Herzinfarkt minimieren können.[43]

Angenommen, es gäbe ein Medikament, das all diese Vorteile bietet. Es ist umsonst zu haben, immer zur Hand und frei von Nebenwirkungen – würden Sie es regelmäßig nehmen? Falls ja, frage ich Sie: Nehmen Sie jeden Tag (eine Haltung der) Dankbarkeit ein? Ist die Dosis groß genug, um Sie glücklich zu machen?

Nachlegen lohnt immer. Spätestens morgen früh, wenn Sie aufwachen – mit oder ohne Presslufthammer vorm Fenster.

Drei Perlen **TIPP**

1. Eine Dankbarkeit, die ich an Bedingungen knüpfe, ist keine mehr.
2. Meine Dankbarkeit ist keine Reaktion auf Glück, sondern seine Voraussetzung.
3. Dankbarkeit schlägt jedes Medikament. Es lohnt sich, dass ich sie in hoher Dosis genieße.

Mini-Challenge mit Maxi-Wirkung

An welchen Menschen schreibe ich diese Tage einen Dankesbrief?

____

Wofür bedanke ich mich? Wie geht es mir, während ich diesen Brief schreibe? Welche wertvollen Gefühle werden dadurch erzeugt?

Meine Prognose: ________________________

____

____

____

Mein Erfahrungsbericht: ____________________

____

____

____

Die hellwachen Japaner:
Wie Sie nur noch tun, was Sie wirklich wollen

Ein Schlafwandler kletterte jede Nacht aus dem Fenster seines Hauses und lief eine Runde übers Dach. Die Sache war so gefährlich, dass seine Frau es nicht länger ertragen konnte und ihn zu einer Therapeutin schickte. Die Psychologin hörte sich die Sache an und fragte:

»Und wo liegt Ihr Problem?«

»Haben Sie mir nicht zugehört? Ich schlafwandle auf einem Dach!«

»Aber das ist nicht Ihr Problem«, sagte die Psychologin. »Ihr Problem wäre es, dort aufzuwachen.«

Immer wieder kommt es zu schweren Zugunglücken. Lokführer übersehen Signale, rasen zu schnell oder fahren vom Bahnsteig ab, während noch Gäste einsteigen. Menschen werden überrollt, Schranken durchbrochen, Züge entgleisen. Aber wie kann es gelingen, die Konzentration der Zugführer zu erhöhen und die Quote der Unfälle zu senken?

Die Antwort kommt aus Japan, dort ist Zugfahren besonders sicher – dank einer Methode, die das Bewusstsein der Mitarbeiter schärft.

Zugunfälle passieren oft wie Schlafwandeln: Jemand handelt unbewusst. Ein Lokführer fährt zu schnell in eine Kurve, ohne es zu merken. Doch was auf dem Dach gefährlich wäre, kann ihn

retten: Er muss seinen Automatismus unterbrechen und aufwachen!

Die Wachrüttel-Methode der Japaner heißt »Pointing and Calling«, Zeigen und Benennen.[44] Damit kann die Fehlerquote um bis zu 85 Prozent gesenkt werden. Die Lokführer und alle Mitarbeiter am Bahnsteig benennen im Selbstgespräch, was sie gerade tun – und verdeutlichen es durch Fingerzeige.

Zum Beispiel zeigt der Lokführer auf ein Signal: »Sehe das Stoppsignal.« Dann zeigt er auf den Tacho: »Fahre mit 25 Stundenkilometern in den Bahnhof ein. Bremse jetzt.« Er zeigt auf die Uhr am Bahnsteig: »Bin pünktlich um 15.16 Uhr angekommen.« Er zeigt auf den Signalgeber auf dem Bahnsteig: »Warte auf das Weiterfahr-Signal des Kollegen.«

Und bevor die Türen wieder schließen, deutet der Schaffner in beide Zugrichtungen und ruft: »Türen klar!« Dann erst löst er den Schließmechanismus aus. Japan-Neulinge staunen noch über dieses Bahnsteig-Theater, doch Einheimische haben sich längst gewöhnt an *Shisa Kanko*, so der japanische Begriff fürs Zeigen und Benennen.[45]

Jeder dritte Unfall wird durch diese Methode vermieden, inzwischen kommt sie in Unternehmen rund um den Globus zum Einsatz. Wer Vorgänge ausspricht, hebt sie ins Bewusstsein. Zum Beispiel wird dem bis dahin gedankenversunkenen Lokführer *bewusst,* dass er auf ein Stoppsignal zufährt und bremsen muss.

Nutzen Sie diese Methode. Zeigen Sie mit dem Finger auf das, was Sie gerade tun wollen, sprechen Sie es laut aus – und sagen Sie dann, ob Sie mit diesem Vorgehen einverstanden sind oder nicht.

- Deuten Sie auf den Teller vor sich: »Ich habe ein Stück Kuchen gegessen und bin gerade dabei, mir das zweite auf den Teller zu legen. Aber ich will abnehmen, darum lasse ich das besser.«
- Deuten Sie auf den Tacho Ihres Autos: »Ich fahre mit 75 Stundenkilometern durch die Stadt, obwohl nur 50 erlaubt sind, weil

ich spät dran bin. Doch ich will keinen Unfall und auch nicht meinen Führerschein riskieren, darum gehe ich jetzt vom Gas.«

- Deuten Sie auf die Akte vor sich: »Ich habe mich drei Minuten mit dem Vorgang befasst und bin gerade dabei, die Akte zum zweiten Mal auf die Seite zu legen und aufzuschieben. Jedoch will ich die Sache jetzt endlich anpacken – darum bleibe ich am Ball.«
- Deuten Sie auf Ihr Smartphone: »Ich bin gerade dabei, meine Nachrichten abzurufen, was ich in der letzten halben Stunde mindestens schon fünfmal getan habe. Aber ich habe mir vorgenommen, mich vom Handy nicht mehr ablenken zu lassen – darum schalte ich es für die nächste Stunde aus.«
- Deuten Sie auf die Tablettenpackung neben Ihrem Bett: »Ich greife gerade zu den Schlaftabletten und will das dritte Mal diese Woche eine nehmen. Dabei habe ich mir vorgenommen, ohne Tabletten einzuschlafen. Darum lege ich die Packung wieder zurück in den Nachttisch.«

> **»Der schlimmste aller Fehler ist, sich keines solchen bewusst zu sein.«**
>
> *Thomas Carlyle*

Eine schlechte Gewohnheit, der Sie schweigend frönen, kann unter dem Radar Ihres Bewusstseins fliegen. Sobald Sie aber aussprechen, was Sie tun, springt dieses Radar an. Jetzt können Sie entscheiden: Will ich so handeln? Nützt es mir? Oder will ich es nicht, weil es mir schadet? So werden Sie zum Lokführer Ihres Lebens.

Genauso wichtig ist es, dass Sie sich Ihre Gedanken bewusst machen. Eine Endlosschleife von Worten und Bildern begleitet Sie durch Ihren Tag. Diese Schleife bestimmt, wie gut oder schlecht Sie sich fühlen. Sobald Sie diesen Gedankenfilm wahrnehmen, können Sie ihn beeinflussen. Ich empfehle Ihnen die Reporter-Methode.

Dabei stellen Sie sich Ihren Kopf wie ein Fußballfeld vor. Jeder Ihrer Gedanken ist ein Spieler. Kommentieren Sie das Match fürs Radiopublikum! Erzählen Sie, was auf dem Platz passiert.

Der Vorteil dieser Methode ist, dass Sie sich bewusst auf Ihr Denken konzentrieren und mit einer gesunden Distanz *von außen* schauen, also dissoziiert. Sie beobachten, was in Ihrem Kopf passiert, wie ein Fußballreporter den Rasen beobachtet. Geben Sie Ihren Gefühlen einen Namen und beschreiben Sie, wie sie wirken. Und Sie kommentieren es, laut (wenn Sie alleine sind) oder leise (wenn Sie unter anderen Menschen sind).

Zum Beispiel kann Ihr Kommentar so klingen:

»Und gerade läuft auf meinem Kopfrasen ein neuer Gedanke auf, er wurde gar nicht eingewechselt von mir, er stürmt einfach aufs Spielfeld. Es ist der Gedanke daran, was passiert, wenn ich morgen bei der Verhandlung versage. Dieser Spieler heißt Versagensangst. Ich sehe jetzt ein Bild von Menschen, die mich entsetzt anstarren. Ich sehe meinen Chef vor mir, der maßlos enttäuscht ist. Und ich sehe mich stammelnd an einem Verhandlungstisch.«

Jede heimliche Angst, die Sie ans Licht holen, verliert ihren Schrecken. Ein Gefühl zu erkennen und differenziert zu benennen, ist die Basis der kognitiven Verhaltenstherapie.[46] Wenn ich denke, ich fühle mich schlecht, was hilft mir dann? Keine Ahnung. Wenn ich aber erkenne, worin *genau* mein schlechtes Gefühl besteht, zum Beispiel aus »Langeweile«, dann fallen mir Gegenrezepte ein. Wer realisiert, mit welchen Gefühlen er es zu tun hat, ist ihnen nicht mehr ausgeliefert, sondern kann sie steuern und gestalten.

Darum ordnen Sie als Reporter im nächsten Schritt das Geschehen ein. Ist das wirklich realistisch, was Sie da denken? Oder schießt Ihre Versagensangst übers Ziel hinaus? Zum Beispiel könnten Sie laut kommentieren:

Wahr ist, dass ich vielleicht kein großer Verhandlungskünstler bin. Aber bislang habe ich immer noch ordentliche Ergebnisse erzielt. Und alles spricht dafür, dass ich es auch diesmal schaffe. Es wäre also eine gute Entscheidung, diesen Gedanken wieder auszuwechseln, er bringt das Spiel durcheinander. Stattdessen lasse ich jetzt meine Zuversicht auflaufen.

Ihre Reportage sollte auf eine Entscheidung hinauslaufen: Lassen Sie den Gedanken bewusst im Spiel? Oder wechseln sie ihn aus? Es ist eine fantasievolle Methode, Sie werden staunen, wie viele Gedanken jeden Tag durch Ihren Kopf laufen, und Freude daran haben, sie zu sortieren.

Am Ende winkt Ihnen ein ähnlicher Erfolg wie der japanischen Bahn: Wenn Sie Ihre Gedanken im Blick behalten, statt nur Schlafwandler zu sein, dann senken Sie die Unfallquote in Ihrem Leben.

Drei Perlen — TIPP

1. Schlechte Gewohnheiten fliegen unter dem Radar des Bewusstseins: Indem ich ausspreche, was ich tue, werden sie sichtbar.
2. Ein unerkannter Gedanke steuert mich – einen erkannten kann *ich* steuern.
3. Ich bin der Trainer und entscheide, welche Gedanken ich ins Spiel hole und welche ich auswechsle.

Mini-Challenge mit Maxi-Wirkung

Welches Gefühl belastet mich im Moment?

____

____

____

____

Wie kann ich dieses Gefühl noch differenzierter benennen, was genau ist es?

____

____

____

Ich stelle mir vor, dieses Gefühl ist ein Mensch, und ich kann mit ihm sprechen: Welche Angebote mache ich ihm? Worum bitte ich ihn? Und inwieweit hilft mir dieser Dialog, souveräner mit dem Gefühl umzugehen?

Mein Erfahrungsbericht: ______________________________

____

____

____

Der Flug der Elchjäger: Wie Sie dazulernen, statt abzustürzen

Vier Männer gehen in Alaska auf die Elchjagd, wie jedes Jahr. Ein Wasserflugzeug trägt sie in ihr Revier. Die Männer jagen erfolgreich: Jeder schießt einen Elch. Stolz und schwitzend kehren sie mit ihrer Beute zum Wasserflugzeug zurück. Der Pilot fragt: »Und was habt ihr mit den Elchen vor?«

»Wie binden jeweils zwei oben auf die Schwimmer.«

»Unmöglich«, entgegnet der Pilot, »dann wird unser Flugzeug viel zu schwer.«

»Wir haben Erfahrung damit. Wir machen das nämlich jedes Jahr so.«

Der Pilot ist nicht begeistert, aber lässt sich auf die Sache ein. Die Elche werden oben auf die Schwimmer gebunden. Dann startet das Flugzeug, aber schafft es kaum, die Wasseroberfläche zu verlassen. Es schrammt über die ersten Baumwipfel hinweg. 500 Meter weiter stürzt das Flugzeug ab.

Die Insassen rappeln sich aus dem Flugzeug, alle haben Platzwunden. Der Pilot ruft vorwurfsvoll: »Ich habe es euch doch gesagt, dass die Elche zu schwer sind!«

»Was willst du eigentlich«, entgegnet einer der Männer, »dieses Jahr sind wir 100 Meter weiter gekommen als all die Jahre zuvor.«[47]

Wir Menschen sind Wiederholungstäter. Wir schlagen Wege ein, weil wir sie kennen, auch wenn es Irrwege sind. Wie oft wiederholen Sie schlechte Gewohnheiten, ohne sich dessen bewusst zu sein? Fragen Sie sich zum Beispiel:

- Wie starte ich in meinen Tag? Folge ich der Fernsteuerung meiner Gewohnheit – oder will ich meine Tage so beginnen?
- Wie ernähre ich mich? Führe ich ein altes Programm fort – oder will ich mich so ernähren?
- Wie reagiere ich auf Kritik? Springen in mir Automatismen an – oder will ich so reagieren?
- Wie denke ich über mich selbst? Beschimpfe ich mich oft, ohne es wirklich zu wollen – oder gehe ich liebevoll mit mir um, als wäre ich mein eigener Freund?

Es ist wichtig, dass Sie eine ehrliche Bilanz ziehen. Was funktioniert in Ihrem Leben? Und was funktioniert nicht? Was passt zu dem Menschen, der Sie heute sind? Und was gehört in die Vergangenheit? Welche Schritte nützen Ihnen und bringen Sie Ihren großen Zielen näher? Und womit schaden Sie sich selbst und bremsen sich aus?

> **»Die reinste Form des Wahnsinns ist es, alles beim Alten zu lassen und gleichzeitig zu hoffen, dass sich etwas ändert.«**
>
> *Albert Einstein*

Stellen Sie Ihr gewohntes Verhalten infrage:

- Wenn Sie jeden Morgen hektisch in Ihren Tag starten, dann probieren Sie, früher aufzustehen und sich mehr Zeit zu nehmen. Machen Sie Gymnastik, meditieren Sie, gönnen Sie sich ein gesundes und ausführliches Frühstück. Hören Sie Ihre Lieblingsmusik, singen Sie mit, tanzen Sie aus der Tür. Und dann fragen Sie sich: Welcher Start in den Tag schenkt mir mehr Energie?
- Wenn Sie dazu neigen, Kritik persönlich zu nehmen, sagen Sie sich: »Was für ein Vertrauensbeweis! Da ist jemand bereit, mir Unangenehmes zu sagen. Dafür bin ich dankbar. Falls die Kri-

tik angemessen ist, lerne ich daraus. Falls nicht, habe ich keine Nachteile.«

- Oder vielleicht ertappen Sie sich bei negativen Selbstgesprächen: »Wie konnte ich nur so dumm sein! Was für ein idiotischer Fehler!« Dann können Sie sich einen neuen Ton angewöhnen: »Ich hab das Recht, Fehler zu machen. Aus meinen Fehlern kann ich lernen. Ich bin auch dann ein kostbarer Mensch, wenn mal etwas schiefgeht. Gerade jetzt brauche ich meine eigene Rückendeckung.«

Achten Sie bei Veränderungen darauf, dass Sie in kein irrationales Alles-oder-nichts-Denken verfallen.[48] Zum Beispiel nehmen Sie sich vor, eine Woche lang früh aufzustehen und achtsam in Ihren Tag zu starten. Doch nun verschlafen Sie schon am Montag. Das Alles-oder-nichts-Denken flüstert jetzt: »Dein Plan ist gescheitert! Jetzt kannst du den Rest der Woche auch noch ausschlafen.«

Differenziertes Denken bringt Sie weiter: »Die Woche besteht aus sieben Tagen. An einem davon habe ich jetzt verschlafen – sechs Tage kann ich noch für meinen Plan nutzen.« Analysieren Sie, was schiefgelaufen ist, und lernen Sie daraus.

Gelegentliche Rückschläge sind kein Grund, die Flinte ins Korn zu werfen – sondern nur ein Grund, künftig besser zu zielen.

Die australische Palliativ-Krankenschwester Bronnie Ware hat ein berührendes Buch geschrieben über *5 Dinge, die Sterbende am meisten bereuen*.[49] Eines fiel mir beim Lesen auf: Es sind *keine* neuen Erkenntnisse, die den Menschen auf dem Sterbebett kommen; dasselbe war ihnen schon in jüngeren Jahren klar. Aber was taten sie, wenn sie auf dem Holzweg waren? Sie drehten nicht um – sie gingen weiter.

Ein Beispiel ist Grace, eine herzensgute Frau, deren Mann ein Tyrann war. Schon immer hat sie gespürt, dass diese Ehe wie ein Gefängnis war, gespürt, dass sie hätte ausbrechen müssen. Doch die

Angst vor dem, was andere dazu sagen könnten, hielt sie davon ab. Und so gewann ihr Glück niemals die Flughöhe, die es verdient gehabt hätte. Kurz vor ihrem Tod fragte sie sich:

> *Warum habe ich nicht einfach getan, was ich wollte? Warum habe ich ihm erlaubt, mir ständig Vorschriften zu machen? Warum war ich nicht stark genug.*[50]

Gehen Sie Bronnie Wares Liste mit den fünf Dingen, die Sterbende am meisten bereuen, einmal durch und fragen Sie sich bei jedem Punkt: Wie steht es damit in meinem Leben? Und falls ich auf dem Holzweg bin, will ich einfach weitergehen? Oder doch besser umdrehen?

Versäumnis 1: Ich wünschte, ich hätte den Mut gehabt, mir selbst treu zu bleiben, statt so zu leben, wie andere es von mir erwarten.
Versäumnis 2: Ich wünschte, ich hätte nicht so viel gearbeitet.
Versäumnis 3: Ich wünschte, ich hätte den Mut gehabt, meinen Gefühlen Ausdruck zu verleihen.
Versäumnis 4: Ich wünschte, ich hätte den Kontakt zu meinen Freunden gehalten.
Versäumnis 5: Ich wünschte, ich hätte mir mehr Freude gegönnt.[51]

Beobachten Sie das Wasserflugzeug Ihres Lebens genau: Wann verliert es an Flughöhe? Wann streift es die Bäume? Wann droht ein Absturz? Meist liegt es an der Ladung, die Sie in Ihrem Kopf transportieren, Ihren Gedanken. Werfen Sie ab, was Ihnen schadet, etwa dass Sie die Erwartungen anderer zu wichtig nehmen. Und beladen Sie Ihr Flugzeug so, dass Sie stolz auf sich sein können, in jedem Augenblick Ihres Lebens. Und erst recht eines Tages auf dem Sterbebett.

Drei Perlen

TIPP

1. Statt in ein Unglück zu laufen, das ich schon kenne, riskiere ich den Schritt ins Unbekannte.
2. Nur wenn ich das Risiko einer Veränderung eingehe, komme ich in den Genuss ihrer Chancen.
3. Nicht ich muss meinen Gewohnheiten dienen – sondern ab jetzt dienen sie mir!

Mini-Challenge mit Maxi-Wirkung

Welche alte Gewohnheit belastet mich?

____

____

____

Welche Alternative würde ich einem Freund empfehlen, der sich so verhält?________________________Und was gelingt in meinem Leben besser und leichter, wenn ich dieses neue Verhalten selbst umsetze?

Meine Prognose: ______________________________

____

____

____

Mein Erfahrungsbericht: __________________________

____

____

____

Der rasende Millionär: Warum Beleidigungen Sie nicht beleidigen

Es war einmal ein Millionär, der kaufte sich einen schnellen Flitzer, aber konnte ihn in der Stadt nicht ausfahren. Also fuhr er aufs Land und gab Gas. Mit 140 Sachen raste er an Maisfeldern und Bauernhöfen vorbei. Am Straßenrand sah er einen Bauern stehen. Der Mann gestikulierte wild, als er an ihm vorbeischoss, und brüllte: »Sau.«

Empört warf der Millionär einen Blick in den Rückspiegel. Sollte er umdrehen und diesem Rüpel seine Meinung geigen? In diesem Moment krachte es fürchterlich. Sein Auto war in ein Hindernis gerast und wurde von der Fahrbahn geschleudert. Glas splitterte, der Flitzer überschlug sich und landete mitten auf einem Feld.

Der Bauer murmelte: »Jetzt habe ich ihn extra vor der Sau auf der Straße gewarnt. Aber was tut der Kerl? Gibt weiter Gas!«

Überlegen Sie einmal, wie oft Sie Dinge persönlich nehmen, die gar nicht so gemeint sind:

- Wenn Ihre Nachbarin Sie auf der Straße nicht grüßt, müssen Sie das nicht gleich als Kriegserklärung betrachten – vielleicht hat sie vor sich hin geträumt und Sie einfach übersehen.
- Wenn Ihr Chef Sie vor versammelter Mannschaft angeht, muss das kein Zeichen der Geringschätzung sein – vielleicht hat seine schlechte Laune Sie mit derselben Willkür getroffen wie der Blitz einen Baum. Oder er richtet die Kritik an Sie, weil er besonders viel von Ihnen hält und an Sie den höchsten Anspruch hat.

- Wenn Ihre Freundin seit Wochen nichts mehr von sich hören lässt und nicht auf Ihre Kurznachrichten reagiert, muss das nicht das Ende der Freundschaft bedeuten – vielleicht steckt sie gerade in einer persönlichen Krise und braucht alle Energie für sich selbst.
- Wenn Sie auf Ihre Bewerbung seit drei Wochen keine Reaktion bekommen haben, muss das keine Absage sein – womöglich ist die Personalerin krank geworden und die Firma erstickt in einem hausgemachten Chaos.
- Und wenn der Mensch, mit dem Sie so gern eine Beziehung hätten, Ihnen einen Korb gibt, muss das nicht gegen Ihre Attraktivität sprechen – sondern kann ein Zeichen dafür sein, dass der andere noch nicht bereit ist, etwa weil er eine gescheiterte Beziehung verarbeiten muss.

Ende der 1980er-Jahre habe ich meinen ersten Artikel an eine große Zeitschrift geschickt. Ich war noch Schüler, hatte ihn auf meiner Schreibmaschine getippt und per Brief auf den Weg gebracht.

Meine Hoffnungen wuchsen in den Himmel. Jeden Abend stürmte ich zum Briefkasten und rechnete mit einer Antwort. Nichts kam. Drei Wochen lang.

Da gab ich auf und sagte zu mir: »Hast du ernsthaft gedacht, dass eine angesehene Zeitschrift den Artikel eines 18-jährigen Schülers veröffentlicht? Du Träumer, du Spinner! Die ganze Redaktion hat sich totgelacht über dein unbeholfenes Geschreibe!« Meine Stimmung sackte in den Keller.

Eine Woche später schrieb mir der Chefredakteur, er komme gerade aus dem Urlaub zurück und sei von meinem Beitrag begeistert. Er versprach, ihn in der nächsten Ausgabe zu bringen. Diese Zusage ließ mich durch mein Ein-Zimmer-Apartment tanzen. Warum hatte ich meine Hoffnungen so schnell begraben, warum nicht ausdauernder an meinen Erfolg geglaubt? Meine negativen Fantasien waren mit mir durchgegangen. Man soll den Tag nicht vor dem Abend beschimpfen!

Sie haben immer die Wahl, was Sie auf sich beziehen. Sehen Sie davon ab, im Kaffeesatz der Welt negative Urteile über sich selbst zu lesen, Therapeuten bezeichnen dieses irrationale Denken als »Wahrsagerei«.[52]

Womit füllen Sie die Gedankenblasen der anderen? Mit Ihren eigenen Zweifeln! Rufen Sie sich zur Ordnung, fragen Sie immer wieder: Woher weiß ich das eigentlich so sicher? Inwiefern könnte es ganz anders sein?

Seien Sie innerlich so groß, dass niemand Sie erniedrigen kann. Das Leben ist keine TÜV-Prüfung, bei der andere Ihnen die Plakette erteilen; dieses Urteil fällen nur Sie selbst. Wayne Dyer schreibt in seinem Buch *Du bist, was du denkst*:

> *Was dich angreift, schwächt dich nur. Sich angegriffen zu fühlen, erzeugt dieselbe destruktive Energie, die dich ursprünglich geärgert hat – also überwinde dein Ego und verbleibe in Frieden.*[53]

In jedem Menschen gibt es zwei Instanzen: sein Ego und sein Selbst. Unser Ego hängt ab vom Urteil der Außenwelt. Wenn es gelobt wird, blüht es auf. Wenn es kritisiert wird, schrumpft es zusammen. Ein Ego vergleicht sich. Ein Ego wittert Angriffe. Ein Ego vertraut anderen nicht, weil es sich selbst nicht vertraut. Negatives bezieht es auf sich.

Unser Selbst aber ruht in sich. Es ragt über den Rand der Zeit hinaus und ist verbunden mit der ewigen Weisheit der Welt. Unser Selbst spürt, was für uns richtig und falsch ist. Unser Selbst stellt keine Fragen, weil es die Antworten in sich trägt. Unser Selbst vertraut anderen, weil es sich selbst vertraut. Unser Selbst verleiht uns Selbst-Sicherheit.

Die wichtigste Aufgabe in Ihrem Leben besteht darin, sich zu erinnern, wer Sie sind.[54] Alles, was Sie brauchen, ist in Ihnen angelegt. Lassen Sie los, was Sie nicht sind. Dann bleibt Ihr Selbst übrig, die Einheit mit der Welt. Es tut so gut, das Trennende zu überwinden und bei sich selber anzukommen.

> **»Vergiss die Idee, jemand zu werden –**
> **du bist schon ein Meisterstück.**
> **Du kannst nicht verbessert werden.**
> **Du musst es nur erkennen, realisieren.«**
> *Osho*

Wer sein Selbst entdeckt, kann seine *Selbst*-Achtung niemals mehr verlieren. Nicht umsonst heißt es »*Selbst*-Wert«. Sie selbst bestimmen darüber, niemand sonst.

Eine Frau klagte ihrem Therapeuten: »Ich fühle mich völlig wertlos, mein Chef trampelt dauernd auf mir herum.« Da griff der Therapeut in die Brieftasche, ließ einen 50-Euro-Schein auf den Boden fallen und trampelte auf dem Schein herum, bis er schmutzig und zerknittert war. Er hob ihn auf und hielt ihn der Frau hin: »Was ist dieser Schein jetzt noch wert?«

»Immer noch 50 Euro«, sagte die Frau. Da wurde ihr klar, dass sie ihren Selbstwert nicht von ihrem Chef abhängig machen durfte. Sie löste sich von ihrem Ego – und nahm Kontakt zu ihrem Selbst auf.[55]

Denken Sie an die Geschichte des rasenden Millionärs: Manchmal ist es gut, den Ruf »Sau« nicht als Beschimpfung, sondern als freundlichen Warnhinweis zu verstehen.

Drei Perlen **TIPP**

1. Die meisten »Kränkungen« sind Missverständnisse: Ich deute die Welt zu negativ.
2. Mein Selbstwert hat nichts mit dem Urteil anderer zu tun, nur mit meinem eigenen.

3. Wenn ich in Ordnung bin, bleibe ich es auch dann, wenn mich einer »Idiot« nennt. Die Beleidigung macht mich nicht idiotischer.

Mini-Challenge mit Maxi-Wirkung

Über welches Verhalten eines anderen habe ich mich zuletzt so richtig geärgert?

Was genau ist passiert, wenn ich mir nur die Fakten anschaue?

____

____

____

Wie habe ich dieses Verhalten gedeutet? Welche positivere Interpretation wäre möglich gewesen? Und welche der beiden Deutungsmöglichkeiten nützt mir in Zukunft mehr?

Alte Deutung: ________________________________

____

____

____

Neue Deutung: ________________________________

____

____

____

Der undichte Krug:
Wie Sie von Ihrem Versagen profitieren

Ein Mann trug jeden Tag zwei Krüge einen steilen, sandigen Wüstenhang hinab, um aus einem Brunnen Wasser zu holen. Im Schweiße seines Angesichts schleppte er die vollen Krüge wieder den Hang hinauf. Beim schnellen Abstellen bekam einer der Krüge einen Riss. Fortan verlor er jedes Mal, wenn der Mann den Berg hinaufging, sein komplettes Wasser.

Der undichte Krug war deprimiert, er sagte zu dem dichten Krug: »Du bringst dein ganzes Wasser nach oben. Ich aber laufe aus, ich bin nutzlos.«

Der dichte Krug erwiderte: »Alles im Leben erfüllt seinen Zweck. Sicher ist es gut, dass du ausläufst.«

»Hör auf zu scherzen!«, erwiderte der undichte Krug. »Ein Krug ist da, um Wasser zu halten. Wer es verliert, ist nichts mehr wert.«

Derweil trug der Mann die beiden Krüge wieder einmal den Berg hinauf. Und plötzlich drehte er sich um und sagte: »Wunderbar, was hier alles gewachsen ist.« Zu seiner Überraschung sah der undichte Krug, dass in der Wüste ein herrlicher Streifen aus Gras und Blumen erblüht war, eine Spur des Lebens vom Brunnen bis hinauf auf den Berg.

Die beiden Krüge staunten. »Das ist dem Wasser zu verdanken, das du verloren hast«, sagte der dichte Krug.

Fortan verlor der undichte Krug sein Wasser mit Stolz.[56]

Diese alte Hindu-Sage spiegelt unser Leben. Manchmal laufen die Dinge nicht so, wie wir es uns vornehmen. Wir begehen Fehler, zeigen Schwächen, laufen in die Irre und verfehlen unsere Ziele. Das ist normal, wir sind keine Maschinen. Machen Sie es wie der Krug, wenn mal etwas in Ihrem Leben schiefgeht: Fragen Sie sich, worin der heimliche Nutzen liegen könnte.

> **»Ein Mensch schaut in die Zeit zurück**
> **und sieht: Sein Unglück war sein Glück.«**
> *Eugen Roth*

Viele Beispiele bestätigen diesen klugen Vers:

- Einer der begabtesten Fußballer Deutschlands muss mit 27 Jahren wegen eines Knorpelschadens seine Karriere beenden.[57] Noch im selben Jahr wird er Manager seines wirtschaftlich angeschlagenen Vereins. Uli Hoeneß lässt den Umsatz Bayern Münchens vom niedrigen zweistelligen Millionen-D-Mark-Bereich auf über 500 Millionen Euro explodieren. Sein Verein gewinnt unter ihm alles, was nur zu gewinnen ist. Sein frühes Karriere-Ende erweist sich als Glücksfall.
- 2012 werde ich aus meiner Mietwohnung geworfen. Ohne Vorwarnung kündigt mein Vermieter wegen Eigenbedarf. Es ist ein Schock. Ich suche, aber finde keine neue Mietwohnung. Nur deshalb kaufe ich ein Haus. Eine hervorragende Entscheidung. Nie habe ich mich wohler gefühlt als in den eigenen vier Wänden.
- Ein Klient von mir, ein arbeitsloser Volkswirt, bekommt auf all seine Bewerbungen nur Absagen. Er ist verzweifelt. Schließlich gründet er mit einem Freund ein eigenes Unternehmen. Die beiden werden sehr erfolgreich. Die Absagen auf seine Bewerbung haben das ermöglicht.
- Im Winter 1941 liegt Karin, ein schwedisches Mädchen, krank im Bett, und ihre Mutter kümmert sich um sie. Obwohl es sehr viel anderes zu tun gibt, nimmt sie sich Zeit und muntert ihre Tochter auf – indem sie eine Geschichte für sie erfindet.[58] Das ist die Geburtsstunde von Pippi Langstrumpf, dem späteren Kinderbuch-Welterfolg. Die Mutter heißt Astrid Lindgren.

Wir streben nach schnellen Erfolgen. Wir wollen die Welt nach unserer Pfeife tanzen lassen. Was wir planen, soll aufgehen. Was wir haben wollen, soll uns zufliegen. Aber kann es nicht sein, dass der Reiz des Lebens gerade in der Begegnung mit dem Unverfügbaren besteht? Der Soziologe Harmut Rosa, aufgewachsen in meiner Schwarzwälder Nachbarschaft, schreibt in seinem brillanten Buch *Unverfügbarkeit*:

> *Eine Welt, die vollständig gewusst, geplant und beherrscht wäre, wäre eine tote Welt.*[59]

Fürs Leben gelte dasselbe wie für Fußballspiele: Interessant daran sei, dass wir nicht wissen, wie es ausgeht. Man könne den Erfolg beeinflussen, aber nie erzwingen.

Wir wissen nie, wie es ausgeht! Was Sie für einen Unfall halten, kann sich auf den zweiten Blick als Glücksfall erweisen. Fragen Sie sich immer, wenn Ihre Pläne im Leben nicht aufgehen: Wozu ist es gut? Was kann ich daraus lernen? Inwiefern wachse ich daran?

> **»Der Unterschied zwischen dem Narren und dem Klugen besteht nicht darin, dass der Kluge keine Fehler macht, sondern vielmehr darin, dass der Kluge aus seinen Fehlern lernt, anstatt sich vorzuhalten, wie dumm er doch sei.«**
>
> *Arnold A. und Clifford N. Lazarus*

Stellen Sie sich Ihr Leben als einen Menschen vor. Mit wem wollen Sie es zu tun haben? Mit einem Sadisten, der Sie gern schädigt? Dann werden Sie sich als Opfer und Ihre Leiden als sinnlos definieren, etwa wenn Ihre Beziehung zerbricht:

Da würgt mir das Leben schon wieder eins rein! Es darf nicht wahr sein, dass ausgerechnet ich verlassen werde. Als hätte ich nicht schon genug am Hals. Von Beziehungen habe ich jetzt erst mal die Schnauze voll!

Oder Sie stellen sich das Leben als einen weisen Mentor vor, der Ihnen jeden Tag neue Lektionen erteilt. Jede davon soll Sie voranbringen, auch die schmerzhaften. In diesem Fall fühlen Sie sich inspiriert und werden sich fragen:

Inwieweit kann ich an dieser Trennung wachsen? Welcher Anteil in mir fühlt sich vielleicht sogar befreit? Was spricht dafür, dass wir zusammengeblieben wären, wenn wir uns beiderseitig aufrichtig geliebt hätten? Von welchen Illusionen kann mich diese Trennung heilen? Welche Chancen ergeben sich für mich aus ihr? Was lerne ich für meine künftige Partnerwahl? Und was werde ich in einer neuen Beziehung anders machen?

Das bedeutet nicht, dass Sie den Tag der Trennung zum Feiertag verklären und sofort über die Vorteile jubilieren sollten. Das wäre toxische Positivität.[60] Ich finde es wichtig, dass Sie den Schmerz zulassen, die Tränen, die Wut, die Verzweiflung. Trommeln Sie auf eine Matratze ein, schreien Sie hinaus in die Nacht, heulen Sie Ihr Kissen so nass, bis Sie es auswringen können. Erst wenn Sie sich die Zeit gegeben haben, auf den Grund des Schmerzes zu tauchen, werden Sie bereit für eine Veränderung sein. Dann bringen Sie Perlen der Erkenntnis mit an die Oberfläche, die Ihr künftiges Leben bereichern.

Wenn die Sonne untergeht, geht der Mond auf. Ein undichter Krug sorgt für Wachstum in Ihrem Leben.

Drei Perlen **TIPP**

1. Was mir heute als Unglück erscheint, kann sich morgen als Glücksfall erweisen.
2. Jedes Scheitern ist mein Freund und sagt zu mir: »Hey, es gibt bessere Wege, such dir einen!«
3. Niederlagen sind die beste Motivation für künftige Siege.

Mini-Challenge mit Maxi-Wirkung

Aus welchem Rückschlag habe ich wichtige Lehren gezogen? Was genau habe ich gelernt? Und welche Gipfel konnte (oder kann) ich nur erreichen, weil ich durch dieses Tal gegangen bin?

Der Rückschlag war ______________________________

____

____

____

und hat mich gestärkt durch (…) ______________________________

____

____

____

Der Manager im Moos: Wie die Natur Ihnen Kraft ohne Ende schenkt

Ein Manager kam zum Weisen in den Wald und erzählte: »Ich bin mit meiner Kraft am Ende. Ich muss auftanken, sonst kippe ich noch um.«

Schweigend betrachtete der Weise den blassen Mann, der nervös von einem Bein aufs andere trat. In den Bäumen zwitscherten die Vögel. Die Sonne schob ihre Strahlenfinger durchs Blätterdach und ließ den Morgentau glitzern.

»Du musst an einen Ort, der größer ist als deine Sorgen«, sagte der Weise.

»Und wo finde ich diesen Ort?«, fragte der Manager.

»Setz dich hier auf den Moosboden. Und dann schau dich um in der Welt.«

Der Manager setzte sich, zückte sein Smartphone und begann nach Reisezielen in aller Welt zu suchen. Erst schaute er sich Europa an, dann andere Kontinente. Doch immer wieder schüttelte er den Kopf.

Der Weise sagte: »Schließ die Augen und hör auf die Vögel – sie werden dir zwitschern, wo du dich am besten erholen kannst.«

Der Manager legte sein Handy ins Moos und hörte den Vögeln zu. Nach fünf Minuten sagte er: »Ich verstehe ihre Botschaft nicht.«

»Dann hör der Quelle zu, die hinter dir sprudelt«, sagte der Weise. Der Manager lauschte zehn Minuten und sagte dann: »Ich kann die Quelle nicht verstehen.«

»Atme die Antwort doch ein«, sagte der Weise, »du wirst sie im Geruch aus Moos, Harz und Kräutern finden.«

Der Manager saß still im Moos und atmete tief ein und aus. Nach einer halben Stunde sagte er: »Leider habe ich die Antwort beim Atmen nicht verstanden.«

»Wie fühlst du dich jetzt?«, fragte der Weise.

»Irgendwie besser.« Der Manager stand auf, klopfte sich Tannennadeln von der Hose und sagte: »Aber nun sag mir, Weiser: Wohin muss ich reisen? Wo ist der Ort, an dem ich mich perfekt erholen kann?«

»Du bist schon dort«, sagte der Weise, »aber dein Geist muss erst noch ankommen.«

Wo sind Menschen am glücklichsten? Über eine Smartphone-App fragten zwei Forscher die Teilnehmer ihrer Studie zu zufälligen Zeitpunkten, wie wohl sie sich gerade fühlten.[61] Zugleich wurde ihr Standort per GPS geortet.

Was glauben Sie: Wo war das Glück der Menschen am größten? Im Wohnzimmer? In der Fußgängerzone? Im Kino? Auf dem Sportplatz? In der Kneipe? In der Diskothek? In der Badewanne? In der Konzerthalle? In der Sauna? Unter der Dusche? Auf der Autobahn? Am Arbeitsplatz? In ihren Betten?

Am glücklichsten waren die Menschen in der Natur. Wer sich an einem natürlichen Ort aufhielt, ob Wald oder See, Meer oder Berg, Wiese oder Bach, kam automatisch in gute Stimmung. Dagegen schien eine Umgebung aus Beton das Glück einzumauern.

Gehen Sie öfter ins Grüne. Nutzen Sie jede Gelegenheit, um in der Natur zu spazieren, zu walken, zu joggen, zu schwimmen, zu radeln, zu lesen, zu dösen, zu träumen oder einfach nur durchzuatmen. Lassen Sie sich frischen Wind um die Nase wehen. Genießen Sie den Sonnenschein oder den Regen auf Ihrer Haut. Der Wind säuselt Ihnen immer die richtigen Botschaften ins Ohr.

Ich selbst wurde in der Natur des Hochschwarzwalds groß, wenige Meter von einem Bergbach entfernt, und bin ein Naturmensch geblieben. Ich liebe es, durch einen Wald zu spazieren, durch einen

Fluss zu waten oder mit meinem Boot über einen See im Morgennebel zu gleiten. Alle Sorgen, die mir vorher noch groß schienen, schrumpfen unter dem freien Himmel zusammen.

Die Vögel zwitschern mich in eine große innere Ruhe, der Wind pustet mir alle Zweifel aus dem Kopf. Ein Zitronenfalter schwingt sich auf, schon wird mein Denken bunter und fantasievoller.

Und jeder Sonnenstrahl, der meine Nase kitzelt, wärmt mich bis ins Herz. In der Natur bin ich mit der Erde verwurzelt wie der älteste Baum. Der Boden trägt mich, der Himmel beschützt mich. Ich muss nichts tun, ich darf mich treiben lassen. Ich ergebe Sinn, weil ich bin. Wie die Ameise. Wie der Käfer. Wie der Waschbär, der gerade ins Gebüsch huscht. Ich fühle mich pudelwohl.

Schon der Anblick von Natur kann heilen, das haben kalifornische Forscher nachgewiesen. Sie ließen krebskranke Schmerzpatienten ein Video schauen, in dem Ozeane brandeten, Bäche sprudelten, Wasserfälle tosten. Nach dem Film waren Stresshormone wie Kortison und Adrenalin um 20 bis 30 Prozent gesunken.[62]

> **»Wir sind so gerne in der freien Natur, weil diese keine Meinung über uns hat.«**
>
> *Friedrich Nietzsche*

Das ist ein spannender Gedanke: Sobald wir unter Menschen sind, sind wir Meinungen ausgesetzt: Jede Arbeit, die Sie im Job verrichten, kann Ihre Führungskraft verzücken oder erzürnen. Jedes Lied, das Sie auf der Straße pfeifen, können Passanten gut oder schlecht finden. Und jeder Kommentar, den Sie im Internet schreiben, kann zu Beifall oder zu einem Shitstorm führen.

Pausenlos sitzen andere über Sie zu Gericht. In der Natur ist das anders. Dort quatscht Ihnen niemand dazwischen:

- Dem Wald ist es egal, ob Sie gerade Vorstandschef der Deutschen Bank geworden sind oder als Hilfsarbeiter gefeuert.
- Dem Fluss ist es egal, ob Sie Designerkleidung tragen oder im alten T-Shirt und in löchrigen Socken durch die Gegend laufen.
- Die Wolke am Himmel kümmert es nicht, ob Sie frisch verliebt oder frisch verlassen sind.
- Und den Specht werden Sie mit einem Millionenvermögen nicht beeindrucken, aber mit Millionenschulden auch nicht schocken.

Die Natur nimmt Sie an, wie Sie jetzt gerade sind. Und je länger Sie sich in der Natur aufhalten, desto mehr wird sich dieses Gefühl auf Sie übertragen: Sie werden spüren, dass Sie gut sind, wie Sie jetzt gerade sind; spüren, wie der Strom des ewigen Lebens auch durch Ihre Adern strömt; spüren, wie sich die Schönheit der Welt in Ihren Augen spiegelt.

Die Fülle der Natur ist beglückend. Es gibt mehr Luft, als Sie atmen, mehr Wasser, als Sie trinken, und mehr Schönheit, als Ihre Augen erfassen können. Alles in der Natur ist perfekt. Und Sie, als Teil dieser Natur, sind auch perfekt.

Den besten Erholungsort der Welt finden Sie *nicht* auf dem Handy, wo der Manager ihn gesucht hat – Sie finden ihn im nächsten Wald.

Drei Perlen **TIPP**

1. An keinem Ort bin ich so glücklich wie in der Natur. Unter freiem Himmel geht es mir himmlisch.
2. Die Natur macht vor, was mir so guttut: Sie akzeptiert mich, wie ich jetzt gerade bin.
3. Der Überfluss der Natur weist mich auf meinen inneren Reichtum hin: Liebe, Fantasie, Gelassenheit – alles in mir ist grenzenlos.

Mini-Challenge mit Maxi-Wirkung

Ich entscheide mich dafür, *noch heute* zusätzliche Zeit in der Natur zu verbringen (und sei es nur ein kurzer Spaziergang unterm Sternenhimmel!). Inwiefern belebt und inspiriert es mich, in der Natur zu sein? Was ist danach anders als davor?

Mein Erfahrungsbericht: ______________________________

____

____

____

Der Bär und die Todesliste:
Warum Sie immer nachfragen sollten

Im Wald breitet sich Angst aus, die Tiere flüstern sich: »Der Bär hat eine Todesliste!«[63] Aber wer steht auf dieser Liste? Der Hirsch nimmt sich ein Herz und geht zum Bären. »Sag einmal, Bär: Steht mein Name auf deiner Liste?«

»Ja«, sagt der Bär, »du bist einer der Kandidaten.«

Panisch galoppiert der Hirsch davon. Ein paar Tage später liegt er tot auf einer Lichtung.

Die anderen Tiere werden schreckensbleich. Kopflos irren sie zwischen den Bäumen umher. Es gibt nur noch ein Gesprächsthema: die Todesliste des Bären.

Der Fuchs hält die Ungewissheit nicht mehr aus. Er schnürt zum Bären und will wissen, ob er auf der Liste steht. »Jawohl, mein Freund«, antwortet der Bär, »du bist hier gelistet.«

Dem Fuchs bleibt fast die Luft weg. Wie in Trance schleppt er sich zu seinem Bau. Am nächsten Tag wird er tot aufgefunden.

Die Tiere des Waldes sind kurz vor dem Durchdrehen. Das Wildschwein schlägt vor, alle sollten fliehen. Aber wer weiß, ob die Todesliste nicht über den Wald hinaus gilt?

Nur der Hase ist mutig genug, noch zum Bären zu hüpfen. »Servus, Bär. Steht mein Name auf deiner Liste.«

»Ja, Hase, du stehst dort.«

»Kannst du mich streichen?«, fragt der Hase.

»Na klar«, antwortet der Bär.

Ich kann mich an den Tag erinnern, an dem ich mein Todesurteil entdeckte. Es war Anfang der 2000er-Jahre, ich arbeitete als mittlerer Manager für einen Lifestyle-Konzern. Damals nutzte ich jede freie Minute, um joggen zu gehen. Nach einem Lauf entdeckte ich etwas Beunruhigendes: Oberhalb meiner Achillesferse wölbte sich ein Geschwulst, etwa doppelt so groß wie eine Erbse.

Mehrere meiner Angehörigen sind in frühen Jahren an Krebs verstorben. Für mich stand fest, dass es ein bösartiger Tumor war. Was sollte es denn sonst sein? Nun war auch *ich* auf die Liste des Todes gerückt!

Ich ließ den Kopf hängen. Ich musste mich aus dem Haus schleppen und zu allem aufrappeln. Ich ging noch laufen, aber in Wirklichkeit lief ich nur vor meinem Tod weg. Ich ging noch zur Arbeit, aber in Wirklichkeit arbeitete ich nur gegen meine Todesangst an. Meine Gedankenblase war ein einziger Tumor. So ging das über Wochen.

Meine Freundin war es, die mich zum Bären schickte: »Du gehst jetzt zum Arzt und klärst, was Sache ist.« Ergebnis: Es war eine harmlose Verhärtung. »Ein Tumor ist immer weich«, sagte der Arzt.

Wir neigen zum »Katastrophisieren«.[64] Wir rollen den Schneeball kleiner Sorgen so lange im Kopf, bis er die Realität unter sich begräbt. Zum Beispiel wollen Sie sich in Ihr Online-Banking-System einwählen, doch kommen nicht rein. Nach dem zweiten vergeblichen Versuch malen Sie sich aus, Hacker haben Ihre Zugangsdaten geknackt. Fünf Minuten später sind Sie sicher, dass Ihr komplettes Geld abgeräumt wurde. Nach zehn Minuten sehen Sie sich unter einer Brücke schlafen, weil Sie Ihre Miete nicht mehr bezahlen können. Dabei hatte Ihre Bank nur ein kurzes Serverproblem!

Es hilft, wenn Sie Ihr Denken in kritischen Situationen hinterfragen: Was weiß ich? Was vermute ich? Und was ist wilde Spekulation? Viele Menschen sehen Dramen, wo keine sind. Nur deshalb gehen sie davon aus, auf der Liste eines Bären zu stehen:

- »Ich glaube, ich fliege in der Probezeit wieder raus. Mein Chef kann nichts mit mir anfangen. Das habe ich im Gefühl.«
- »Er liebt mich nicht mehr. Sonst würde er mehr Zeit mit mir verbringen. Er ist nur noch auf seine Arbeit fixiert.«
- »Die Kundin hat ein Problem mit meinem Angebot. Ich habe es vor fünf Tagen abgeschickt und noch immer nichts gehört.«
- »Mein Nachbar kann mich nicht leiden. Er setzt immer ein hämisches Grinsen auf, wenn ich ihm über den Weg laufe.«
- »Ich brauch mich auf den Job nicht bewerben. Mit meiner Qualifikation habe ich nicht den Hauch einer Chance.«
- »Meine langjährige Freundin will nichts mehr von mir wissen. Ich habe sie zweimal angeschrieben, aber sie reagiert nicht mehr.«

Die Evolution hat uns mit einem selektiven Blick für Gefahren ausgestattet. Überlebenswichtig war es, den Wanderstock des Fremden als mögliche Keule zu erkennen und rechtzeitig in Deckung zu gehen. Je mehr Gefahren einer sah, desto größer seine Überlebenschancen. Es schadete nicht, einmal zu oft in Deckung zu gehen – aber einmal zu wenig konnte tödlich sein.

Heute ist das Leben kein Überlebenskampf mehr; die Zahl der Mordopfer liegt in Deutschland pro Jahr bei etwa 250.[65] Dem stehen über vier bis fünf Millionen Depressions- und Angstkranke gegenüber.[66]

Der größte Feind unserer Lebensqualität sind Sorgen und Ängste geworden. Oft gehen sie auf Missverständnisse zurück. Eine Studie der kalifornischen Universität Berkeley stieß auf ein Kuriosum: Wenn zwei Menschen an einen Pinguin denken, liegt die Wahrscheinlichkeit nur bei zwölf Prozent, dass sie das Gleiche sehen.[67] Der eine denkt an einen ausgewachsenen Pinguin, der andere an ein Pinguin-Küken, wieder andere haben einen Stoff-Pinguin vor Augen, einen Aufkleber oder eine Comic-Figur. Bis zu dreißig Vorstellungs-Varianten tauchten in den Köpfen auf.

Wenn wir uns schon einen »Pinguin« so unterschiedlich vorstellen, wie groß sind die Abweichungen dann erst bei abstrakten Begriffen wie »Zuverlässigkeit« oder »Freundschaft«, »Zufriedenheit« oder »Liebe«? Setzen Sie nichts voraus. Gleichen Sie Ihre Sicht der Dinge mit der des anderen ab.

> **»Man gewinnt immer, wenn man erfährt, was andere von uns denken.«**
> *Johann Wolfgang von Goethe*

Es lohnt sich, vom negativen Spekulieren zum konstruktiven Nachfragen überzugehen:

- Ist Ihr Chef wirklich unzufrieden mit Ihnen? Fragen Sie ihn, wie er Ihre Arbeit findet. Was gefällt ihm am besten? Und wo sieht er noch Verbesserungspotenzial? Dann wissen Sie, woran Sie sind.
- Kühlt die Liebe Ihres Partners wirklich ab? Fragen Sie nach, wie es ihm in der Beziehung mit Ihnen geht. Welche seiner Wünsche werden erfüllt? Welche sind noch offen? Und was können Sie beide tun, um Ihr Zusammenleben noch erfüllender zu gestalten?
- Haben Sie wirklich keine Chancen, einen Job, eine Wohnung, ein Stipendium oder was auch immer zu bekommen? Sprechen Sie die Verantwortlichen an, fragen Sie, wie Ihre Chancen stehen und was Sie tun können, um diese zu verbessern? Vielleicht sind Sie der einzige Mensch, der diese Frage stellt – und durch die Antwort einen Wettbewerbsvorteil erhält.
- Schweigt Ihre langjährige Freundin, weil sie den Kontakt zu Ihnen abgeschrieben hat? Greifen Sie zum Telefon und fragen Sie nach, was los ist und ob es einen Weg gibt, den Kontakt wieder aufzufrischen.

Mit den meisten »bösen Absichten«, die wir anderen unterstellen, verhält es sich wie mit dem Scheinriesen Tur Tur aus der Jim-Knopf-

Geschichte[68]: Je näher wir ihnen kommen, desto mehr schrumpfen sie. Am Ende lösen sie sich auf.

Viele negative Gedanken, die wir in den Köpfen anderer vermuten, sind unsere eigenen. Ich bin unsicher, ob meine Arbeit etwas taugt – deshalb nehme ich an, mein Chef sieht mich kritisch. Ich bin unsicher, ob ich die Liebe meiner Partnerin verdiene – deshalb unterstelle ich ihr mangelnde Liebe. In meinem Selbstbewusstsein klafft ein Loch. Und der Chef soll es stopfen, indem er mich am laufenden Band lobt. Meine Partnerin soll es stopfen, indem sie mir am laufenden Band ihre Liebe bestätigt. Geschieht das nicht, werde ich unsicher und denke das Schlimmste. Dabei übersehen wir, wer für den Selbstrespekt zuständig ist:

> **»Es ist nicht deine Aufgabe, mich zu mögen – es ist meine!«**
>
> *Byron Katie*

Richten Sie den Blick nach innen statt auf den anderen. Die Beraterin Byron Katie empfiehlt dazu ein höchst wirksames Instrument: die Umkehrung.[69] Gehen Sie davon aus, das Gegenteil Ihrer Annahme könnte wahr sein, und bilden Sie drei Alternativen. Ich mache es Ihnen vor mit dem Satz »Sie sollte wieder Kontakt mit mir aufnehmen!«, daraus wird dann:

1. *Ich sollte Kontakt mit mir aufnehmen.*
   Kann es sein, dass ich bei der Freundin eine Bestätigung suche, die ich mir selbst verweigere? Fülle ich mit diesem Außenkontakt eine innere Leere? Und kommt, wenn ich ganz tief in mich horche, vielleicht heraus, dass *ich* mich der Freundin nicht mehr eng verbunden fühle?
2. *Ich sollte Kontakt mit ihr aufnehmen.*
   Warum sehe ich die Initiative eigentlich bei ihr? Was spricht dagegen, es erneut zu probieren? Bin ich es mir selbst nicht schuldig, die Sache aktiv zu klären, statt beim Warten zu leiden?

3. *Sie sollte keinen Kontakt mit mir aufnehmen.*
Hat sich die Freundschaft vielleicht überholt? Wäre es mir lieber, dass sie sich von mir abwendet, als mir Freundschaft vorzuspielen? Inwiefern macht es mich frei für neue Kontakte, wenn dieser jetzt einschläft?

Die Wahrheit, die Sie in der Welt suchen, findet sich in Ihnen selbst. Wenn Sie mit sich im Reinen sind, bereinigen sich Ihre Probleme mit anderen. Eine Sorge ist das, was Sie sich »machen«, ein Produkt aus eigener Herstellung.

Meist stehen Sie nicht auf der Liste des Bären. Wenn doch, kann er Sie streichen!

Drei Perlen — TIPP

1. Mein Gehirn ist eine empfindliche Alarmanlage: Es schlägt oft bei Gefahren an, die keine sind.
2. Ich kann meine Sorgen behalten, oder ich kläre Missverständnisse auf. Was ist mir lieber?
3. Gegen Befürchtungen hilft eine einfache Medizin: Ich frage nach, was davon tatsächlich zutrifft!

Mini-Challenge mit Maxi-Wirkung

Welche Befürchtung setzt mir im Moment am meisten zu?

____

____

____

____

____

Und woraus besteht diese Befürchtung in Prozent:

Fakten _____%, Spekulation _____%?

Wen kann ich ansprechen, wo recherchieren, um mehr Fakten herauszufinden? Und inwiefern schrumpft meine Befürchtung dadurch zusammen?

Mein Erfahrungsbericht: ______________________________

____

____

____

Die bescheidene Biologin:
Warum Ihr Erfolg mehr als nur Zufall ist

»Wie kam es dazu, dass Sie befördert wurden?«, wollte ich von der jungen Biologin wissen.

»Das war nichts als Glück«, antwortete sie.

»Und was genau meinen Sie mit Glück?«

»Meine Vorgesetzte mag mich. Die Sympathie zwischen uns stimmt.«

»Das heißt, Sie sind nicht für Ihre Arbeitsleistung befördert worden, sondern nur für Ihren Sympathiewert?«

Sie überlegte einen Moment. »In gewisser Weise schon.«

»Also haben Sie Ihre Beförderung eigentlich nicht verdient.«

Sie zögerte. »Sagen wir: Andere hätten es genauso verdient gehabt wie ich.«

»Ihre Chefin macht also einen schlechten Job?«

»Nein«, sagte sie sofort, »wie kommen Sie darauf?«

»Eine gute Chefin würde niemals jemanden befördern, nur weil er sympathisch ist.«

»Das hat sie ja auch nicht«, sagte meine Klientin. »Ein wenig Arbeitsleistung kam sicher hinzu.«

»Angenommen, ich würde Ihre Chefin fragen, warum sie Sie befördert hat – was würde sie wohl antworten?«

Nun, durch die Brille der Vorgesetzten schauend, ging meine Klientin endlich dazu über, ihre eigene Leistung auf den Punkt zu bringen und zu würdigen.

Ich sage Ihnen gleich, worauf ich hinauswill. Denken Sie vorher an die drei größten Erfolge Ihres Lebens. Notieren Sie, was Ihnen zuerst in den Sinn kommt:

Mein größter Erfolg im Privatleben: ______________________

____

____

____

Mein größter Erfolg im Berufsleben: ______________________

____

____

____

Mein größter (Aus-)Bildungs-Erfolg: ______________________

____

____

____

Und jetzt halten Sie bitte in Prozentpunkten fest, welchen Anteil an diesen Erfolgen Sie sich selbst und welchen Sie äußeren Umständen zuschreiben, sodass Sie jeweils auf 100 % kommen:

Mein größter Erfolg im Privatleben: ____% meine Leistung.
Mein größter Erfolg im Privatleben: ____% Glück, Schicksal, gute Unterstützung.
Mein größter Erfolg im Berufsleben: ____% meine Leistung.
Mein größter Erfolg im Berufsleben: ____% Glück, Schicksal, gute Unterstützung.
Mein wichtigster Entwicklungsschritt: ____% meine Leistung.
Mein wichtigster Entwicklungsschritt: ____% Glück, Schicksal, gute Unterstützung.

Wie Menschen ihren Erfolg oder Misserfolg erklären, wird in der Psychologie als »Attribution« bezeichnet. Sehen Sie sich als Glückspilz? Oder geht der Erfolg auf Ihre Leistung zurück, haben Sie ihn wirklich verdient?

Es gibt vier Dimensionen, wie Sie einen Erfolg oder Misserfolg in Ihrem Leben bewerten können, auch in Kombination:[70]

- *internal* (Sie suchen die Ursachen bei sich)
- *external* (Sie suchen die Ursachen in der Außenwelt)
- *stabil* (Sie gehen davon aus, dass es immer so ist)
- *variabel* (Sie sehen auch andere Möglichkeiten)

Schauen wir uns eine interne und eine externe Einordnung an, zunächst bezogen auf einen Misserfolg:

- *internal:* Sie können die Ursache für einen Misserfolg bei sich selbst suchen. Zum Beispiel sagen Sie nach einer missratenen Präsentation: »Ich habe auf der Bühne versagt.«
- *external:* Sie suchen die Ursache in der Außenwelt: »Das Publikum war unkonzentriert, deshalb wurde schlecht zugehört.«

Und nun betrachten wir eine stabile und eine variable Beurteilung, jeweils internal und external:

- *stabil internal:* »Jedes Mal langweile ich die Menschen mit meinen Präsentationen.« Sie gehen davon aus, dass es immer so ist.
- *Variabel internal:* »Dieses Thema lag mir nicht.« Sie gehen davon aus, dass es bei einem anderen Thema besser laufen könnte.
- *stabil external:* »Die Leute mögen mir nie zuhören.« Sie gehen generell davon aus, auf taube Ohren zu stoßen.
- *variabel internal:* »Mein Thema hat die Leute nicht angesprochen.« Sie gehen davon aus, dass ein anderes Thema die Leute mehr begeistern könnte.

Bei negativen Selbstzuschreibungen ist eine stabile Attribution gefährlich, weil jede Wahrnehmung durch diesen Filter verzerrt wird. Gehen Sie davon aus, dass Sie schlecht präsentieren – und Sie nehmen in einem Raum voller aufmerksamer Zuhörer nur die eine Person wahr, die in der letzten Nacht kaum geschlafen hat und deshalb kurz gähnt. War ja klar, dass Sie wieder alle langweilen! Gehen Sie davon aus, dass Sie nicht attraktiv sind – und Sie werden sogar die Avancen eines höchst attraktiven Menschen nicht als Gegenbeweis, sondern als Geste des Mitleids bewerten.

Unser Gehirn ist riesengroß, verglichen mit Tieren, aber groß ist auch die daraus resultierende Selbstanklage.

> **»Der Mensch ist das einzige Lebewesen, das von sich eine schlechte Meinung hat.«**
>
> *George Bernard Shaw*

Notieren Sie, welche stabilen internen Zuschreibungen Sie ausbremsen:

- Womit falle ich *stets* auf die Nase? ______________________
  ____
  ____
  ____

- Was konnte ich noch *nie*? ______________________
  ____
  ____
  ____

- Wobei passieren mir *immer* Fehler? ______________________
  ____
  ____
  ____

Ersetzen Sie diese stabil negativen Selbstzuschreibungen durch variable. Denken Sie über Ausnahmen nach. Überlegen Sie, unter welchen Voraussetzungen es besser läuft als sonst. Bringen Sie die starre Selbstzuschreibung in Bewegung.

Wer zum Beispiel von sich sagt, dass er miserabel in Small Talk ist, könnte daraus formen: »Small Talk fällt mir schwer, sofern ich nicht das richtige Thema finde.«

Merken Sie den Unterschied? In der ersten Variante sind Sie ein hoffnungsloser Fall und werden sich auch so verhalten. Aber in der zweiten Variante haben Sie die Chance, das Blatt zu wenden. Formulieren Sie Ihre obigen Selbstzuschreibungen variabel und beobachten Sie, welche neuen Möglichkeiten sich daraus ergeben.

Und jetzt zurück zu Ihren größten Erfolgen vom Anfang des Textes: Wie viel Prozent davon haben Sie Ihrer Leistung zugeschrieben (internale Attribution)? Selbstbewusste Menschen kommen in der Regel auf 80 Prozent oder mehr – Sie auch? Oder fahren Sie im Tiefstapler vor?

Aber ist manches im Leben nicht wirklich pures Glück? Zum Beispiel ruft Sie am Arbeitsplatz ein Headhunter an und offeriert Ihnen einen tollen Job. Das Gehalt ist so hoch, dass Sie mit den Ohren wackeln. Vielleicht denken Sie: »Was für ein Zufall, dass der Kerl ausgerechnet mich anruft und seinen Geldregen auf mich herabprasseln lässt.« Das wäre eine externale Attribution. Oder Sie sagen: »Wow! Ich muss mich verdammt gut positioniert haben, dass dieser Anruf ausgerechnet bei mir einging.« Das wäre eine internale Attribution.

Fällt Ihnen auf, wie irrational die externale Attribution ist? Ein Headhunter ruft nicht blind eine Nummer an, sondern entscheidet sich für Sie aufgrund Ihrer Qualifikation. Was Sie für Zufall halten, geht oft auf Sie zurück:

- Wenn sich auf der Straße ein Flirt ergibt, ist das niemals nur ein Zufall – das hat bestimmt auch mit Ihrer Ausstrahlung zu tun.
- Wenn Sie einen Job bekommen, weil Sie ein alter Bekannter empfiehlt, ist das kein Zufall – dann ist der alte Bekannte von Ihnen so überzeugt, dass er mit seinem guten Namen für Sie bürgt.
- Und wenn Sie auf einer Party einem Verleger begegnen und er Ihr

Manuskript lesen möchte, das jahrelang unentdeckt in der Schublade schlummerte – dann ist das kein Zufall, sondern Sie haben sich die richtige Party ausgesucht und Ihren Gesprächspartner offenbar so beeindruckt, dass er Ihnen ein gutes Buch zutraut.

Ersetzen Sie diese Beispiele durch all das Gute, was Ihnen im Leben scheinbar zufällig passiert ist. Erkennen und würdigen Sie Ihren Anteil daran. Immer, wenn Sonne in Ihr Leben fiel, sind Sie selbst aus dem Schatten getreten.

Am Ende sah auch die junge Biologin ein, dass der Grund für ihre Beförderung nicht in erster Linie Sympathie war – sondern ihre überdurchschnittliche Leistung.

Drei Perlen TIPP

1. Keiner meiner Erfolge ist Zufall: Wenn mich das Glück besucht, habe *ich* es angezogen.
2. Es gibt keine Fehler, die mir »immer« passieren – nur solche, die ich *noch* nicht korrigiert habe.
3. Damit mir Sterntaler ins Hemd fallen, muss ich an der richtigen Stelle stehen.

Mini-Challenge mit Maxi-Wirkung

Wann hatte ich in meinem Leben unverdientes Glück?

____

____

____

____

Angenommen, dieses Glück war eben doch verdient – was habe ich dazu beigetragen? Durch welche Haltung oder welches Handeln habe ich dieses Glück womöglich angezogen?

Meine Notizen: ____________________

____

____

____

Der Unfall der Nonne: Warum Unglück Sie voranbringt

Eine Nonne hatte einen schweren Unfall. Sie kam mit ihrem Auto von der Straße ab, prallte gegen einen Baum und wurde schwer verletzt ins Krankenhaus eingeliefert. Die Ärzte versetzten sie für mehrere Tage in ein künstliches Koma. Als die Nonne wieder zu sich kam, litt sie unter großen Schmerzen. Doch zur Verwunderung der Ärzte lächelte sie und begann zu beten:

> *Ich danke dir, dass ich diesen Unfall überlebt habe.*
> *Ich danke dir, dass ich nicht noch schneller gefahren bin.*
> *Ich danke dir, dass keine Ordensschwestern bei mir im Auto waren.*
> *Ich danke dir für all die Jahre, in denen ich mit meinem Auto sicher ans Ziel kam.*
> *Ich danke dir, dass ich keinen anderen Menschen verletzt habe.*
> *Ich danke dir, dass mein Auto gut versichert war.*
> *Ich danke dir, dass ich meinen Glauben jetzt vertiefen kann.*
> *Und ich danke dir, dass mein Schmerz von Tag zu Tag abnehmen wird und ich das Wunder meiner Heilung erleben darf.*[71]

Mit 17 Jahren hatte ich einen schweren Fahrradunfall. Ich wäre fast auf der Straße verblutet. Mit Tatütata kam ich ins Krankenhaus. Dort wurde ein doppelter Schädelbasisbruch diagnostiziert. Die Ärzte flickten stundenlang an meinem Kopf herum. Ich weiß noch genau: Wenige Tage zuvor hatte ich die Abschlussprüfung in meiner Realschule absolviert. Wäre der Unfall eine Woche früher passiert, hätte ich ein Schuljahr wiederholen müssen. Dieser Gedanke tröstete mich in meinem Unglück.

Wochenlang lag ich im Krankenhaus und trug eine vernarbte Stirn davon. Dafür bekam ich ein neues Leben geschenkt. Bis dahin hatte ich ziellos vor mich hingelebt. Doch jetzt rief mir eine innere Stimme zu: »Nutz die knappe Zeit auf der Welt: Mach mehr aus dir!« Ich spürte:

> **»Wenn Leben überhaupt einen Sinn hat, muss auch Leiden einen Sinn haben. Es kommt nicht darauf an, was man leidet, sondern wie man es auf sich nimmt.«**
>
> *Viktor Frankl*

Ich entschloss mich, eine weiterführende Schule zu besuchen. Dort begegnete mir eine Lehrerin, die mein weiteres Leben prägte: Frau Dr. Montag. Sie unterrichtete Rechtskunde. Für sie war ich nicht irgendein Schüler, sondern ein ganz besonderer. Sie liebte es, wie ich formulierte, sie sah in mir einen Wortakrobaten, ein Schreibtalent.

Und Frau Dr. Montag gab mir einen neuen Namen, sie rief mich *immer* als »der große Wehrle« auf. Vor der ganzen Klasse. Glauben Sie mir, das hat mein Leben verändert. Bis dahin schwankte mein Selbstbewusstsein. In der siebten Klasse war ich sitzen geblieben. Noch immer fuhren meine Noten Achterbahn.

Aber wie hätte ich Frau Dr. Montag enttäuschen können? Weil sie mich als groß ansprach, wurde ich größer. Ich kniete mich ins Lernen rein. Ich nahm die Schule endlich ernst. Und ich schrieb in Rechtskunde die klassenbesten Arbeiten, das war ich dem Namen »großer Wehrle« schuldig! Der Erfolg sprang auf andere Fächer über. Ich entdeckte mein Talent fürs Schreiben, meine intellektuelle Ader.

Ohne den Fahrradunfall hätte ich keine weiterführende Schule besucht. Ohne diese Schule wäre mir Frau Dr. Montag nie begegnet. Und ohne diese Begegnung wäre ich niemals Buchautor geworden, niemals Berater – ich wäre nicht der Mensch, der ich heute bin.

Ich bin überzeugt, dass es im Leben keine Zufälle gibt. Was passiert, passiert aus gutem Grund. Wer das *Los* seines Lebens annimmt, erlebt nichts Sinn*loses* mehr.

Mit dieser Meinung stehe ich nicht allein da. Der Ökonom und Zufallsforscher Christian Busch sagt:

> *Der Zufall ist oft der entscheidende Faktor, die Kraft, die den größten Unterschied für unsere Zukunft ausmacht.*[72]

Busch konstatiert, wir nähmen das Unerwartete zu oft als Feind wahr, statt das Potenzial darin zu erkennen. In seinem Buch *Erfolgsfaktor Zufall* erzählt er eine Beispielgeschichte, in der es darum geht, wie aus einem Zufall etwas Großartiges entstehen kann:[73]

Im Winter 1905 passiert dem elfjährigen Frank Epperson in San Francisco ein Missgeschick: Er vergisst seine selbst gemachte Limo aus Sodapulver und Wasser auf der Veranda, der Rührstab steckt noch darin. Am nächsten Morgen findet er sein Getränk hart gefroren wieder. Mit dem Rührstab gelingt es ihm, das Gefrorene rauszuziehen. Er schleckt daran.

Achtzehn Jahre später meldet Frank Epperson ein Patent an – auf Wassereis. Seine Erfindung startet einen Siegeszug rund um den Globus, erobert die Herzen aller Kinder und macht ihn reich.

Suchen Sie in allem, was passiert, einen Sinn – und Sie werden ihn finden. Wer jedoch meint, das Leben stelle ihm ständig ein Bein, sieht sich auch darin bestätigt – und übersieht die Goldader, in die seine Nase beim Fallen stößt.

Wie wäre es, alles anzunehmen, was Ihnen das Leben liefert, die Schläge genauso wie die Streicheleinheiten? Wenn Sie aufhören, gegen Ihr Schicksal anzukämpfen, spielt es plötzlich in Ihrem Team.

- Wie viele Kinder aus armen Elternhäusern profitieren von ihrer Herkunft und kämpfen sich *nur deshalb* nach oben. Wie viele von ihnen sind nicht trotz, sondern *dank* ihrer Herkunft Boxweltmeister, Olympiasieger, Unternehmensgründer oder Spitzenpolitiker geworden? Ein Beispiel ist der Ex-Bundeskanzler Gerhard Schröder, der in einer Baracke aufwuchs, als Sohn eines mehrfach inhaftierten Straftäters[74] (siehe Seite 207).
- Wie viele Menschen, die gesundheitliche Rückschläge erleiden mussten, entwickeln *nur deshalb* eine besonders starke Persönlichkeit und wissen die Sonnentage mehr als andere zu schätzen? Mein schwerer Fahrradunfall hat mir gezeigt, dass ich die Kraft habe, wieder auf die Beine zu kommen, das hat mir bei anderen Rückschlägen im Leben geholfen.
- Wie viele Menschen, die gemobbt wurden, bringen aus dieser Zeit einen großen Gerechtigkeitssinn mit oder den Wunsch, andere Menschen glücklich zu machen und zu inspirieren? Gemobbt wurden unter anderem spätere Prominente wie die Sängerin Lady Gaga und der US-Präsident Barack Obama, die Schauspielerin Kate Winslet und das Top-Model Gisele Bündchen.[75] Hätten sie ohne Mobbing ihre großen Karrieren gemacht? Ich glaube, eher nicht.

Bodo Schäfer schreibt in seinem Buch *Die Gesetze der Gewinner*:[76]

> *Unsere Knochen müssen belastet werden, sonst werden sie schwach. Innerhalb weniger Tage würden sie sogar brechen. Das wissen wir von Astronauten, die sich für einige Zeit in der Schwerelosigkeit aufgehalten haben. Auch wir benötigen Rückschläge, um stark zu werden.*

Die Nonne wusste genau, warum sie dankbar für ihren Unfall war. Und ich bin es nachträglich für meinen.

Drei Perlen — TIPP

1. Alles, was in meinem Leben passiert, ergibt Sinn – wenn ich ihm Sinn gebe.
2. Es gibt einen Weg, der allein für mich bestimmt ist, nur muss ich ihn gehen.
3. Scheinbare Zufälle sind Wegweiser, die mir Orientierung schenken.

Mini-Challenge mit Maxi-Wirkung

Ich denke an einen Umstand in meinem Leben, mit dem ich hadere. Was hätte ich mir anders gewünscht?

____

____

____

Und jetzt überlege ich: Welche große Chance ergibt sich daraus? Welche Qualitäten kann ich womöglich nur durch diesen Umstand entwickeln? Was verändert sich, wenn ich die gefrorene Limonade als Wassereis erkenne? Diese Haltung teste ich einen Tag lang.

Mein Erfahrungsbericht: ____________________

____

____

____

Die kluge Sonne: Warum Sie ohne Krafteinsatz mehr erreichen

Der Wind und die Sonne gerieten in einen Streit. Der Wind sagte: »Ich bin stärker als du, Sonne. Wenn ich will, kann ich diesem Wanderer da in Nullkommanichts seinen Mantel ausziehen.«

Die Sonne sagte: »Das glaube ich nicht, du überschätzt dich.«

»Wir werden ja sehen«, sagte der Wind. Und er ließ einen Sturm übers Land brausen, der den Wanderer fast umwarf. Der Wanderer stemmte sich gegen den Wind. Er knöpfte seinen Mantel zu, zog den Kragen nach oben und legte die Arme um seinen frierenden Oberkörper. Je heftiger der Wind blies, desto mehr hielt er seinen Mantel fest. Schließlich musste der Wind aufgeben.

»Jetzt bin ich dran«, sagte die Sonne. Und sie schickte ihre warmen Strahlen zu dem Wanderer, die ihm ein Lächeln aufs Gesicht zauberten. Sofort knöpfte er seinen Mantel auf. Die Sonne schien noch etwas stärker. Da hielt er an, legte den Mantel ab und setzte sich auf eine Bank am Wegesrand.[77]

Was passiert, wenn Sie einen Menschen zu etwas zwingen wollen?

- Sagen Sie Ihrem Diskussionsgegner, warum er seine Meinung aufgeben muss – und er wird seine Meinung verteidigen.
- Sagen Sie Ihrer Chefin, warum Sie miserabel bezahlt sind – und sie wird Ihr jetziges Gehalt verteidigen.
- Fordern Sie Ihren Partner auf, Ihnen nicht hinterherzuspionieren – und er spioniert mehr als je zuvor.

- Fordern Sie einen verstockten Menschen auf, endlich spontaner zu sein – und er bringt kein Wort mehr raus.

Ein alter Mann saß friedlich auf seinem Schaukelstuhl im Garten. Eine Gruppe Halbstarker tauchte vor seinem Zaun auf, und sie bewarfen ihn mit Johannisbeeren, die dort wuchsen. Seine Frau beobachtete das Schauspiel und rief: »Hört auf damit! Sonst bekommt ihr Ärger!« Die Jugendlichen lachten und warfen weiter mit den Beeren. Die nächsten Tage kamen sie wieder – obwohl die Frau ihnen stets ins Gewissen redete.

Schließlich hielt der Alte seine Frau zurück und sagte zu den Jugendlichen: »Ich möchte mich bei euch bedanken. Es ist schrecklich langweilig in meinem Garten. Aber ihr beschert mir eine willkommene Abwechslung. Zumal ich die Beeren, die ihr mir zuwerft, abends mit großem Genuss esse. Vielen, vielen Dank!« Er trat lächelnd an den Zaun und sagte: »Bitte kommt morgen wieder. Ich würde euch sonst vermissen!«

Die Jugendlichen sind nie wieder aufgekreuzt.

In der Psychologie nennt man das »Reaktanz«.[78] Was Menschen *sollen*, wollen sie nicht mehr. Wenn Sie das verstehen, wird Ihr Leben leichter.

Zum Beispiel habe ich eine Betriebswirtin beraten, die mit ihrer Bürokollegin zerstritten war. Die beiden wechselten kein Wort mehr miteinander. Nicht nur die Stimmung, auch der Arbeitsfluss litt darunter. In der vorangegangenen Sitzung hatte ich versucht, eine diplomatische Lösung anzuregen, doch damit nur ihren Widerstand verstärkt. Sie zog ihren Mantelkragen nach oben.

Nun schickte ich Sonnenstrahlen und verbündete mich mit dem Widerstand: »Ich sehe schon, diese Kollegin ist Ihre Todfeindin. Und ich kann gut verstehen, dass Sie nie im Leben mehr ein Wort mit ihr reden wollen.«

Die Betriebswirtin wurde nachdenklich. »Der Begriff ›Todfeindin‹ geht mir doch ein bisschen weit.«

»Aber es ist doch Ihre Todfeindin. Sie bekämpfen sich gegenseitig.«

»Das schon. Aber im Grund leiden wir ja auch darunter.«

»Aber Sie sind doch ganz sicher, dass Sie mit ihr nie wieder ein Wort wechseln wollen.«

»Ich weiß nicht, ob ich das nie wieder will. Im Moment hängt der Haussegen schief. Aber vielleicht ändert sich das auch wieder.«

Als Wind hatte ich keine Chance, sie von ihrem Standpunkt zu holen. Aber als Sonne! Am Ende zog sie ihren Mantel freiwillig aus und machte einen Vorschlag, wie sie sich mit der Kollegin versöhnen könnte.

> **»Man kann einen Menschen nichts lehren, man kann ihm nur helfen, es in sich selbst zu entdecken.«**
>
> *Galileo Galilei*

Psychologen verwenden gern die »paradoxe Verschreibung«, um Menschen aus ungünstigen Verhaltensmustern zu befreien.[79] Zum Beispiel fordern sie einen schüchternen Menschen auf: »Seien Sie heute so schüchtern, dass Sie kein Wort rausbringen, niemandem in die Augen schauen und von allen bemitleidet werden.«

Nun passiert etwas Kurioses: Weil der Schüchterne zur Schüchternheit aufgefordert wird, fällt ihm die Schüchternheit plötzlich schwer. Es erscheint ihm lächerlich, so schüchtern zu sein. Er öffnet sich. Unbewusst gehen Blockaden oft auf eine frühe Trotzreaktion zurück. Zum Beispiel hielt jemand als Kind seine Schüchternheit umso mehr fest, je mehr ihm seine Eltern diesen Mantel entreißen wollten.

Aber wenn er diesen Mantel tragen *darf*, wird ihm warm ums Herz, und er legt ihn freiwillig ab. Diese Methode können Sie auf subtile Weise im Alltag anwenden:

- Je mehr Sie den Standpunkt Ihres Gesprächspartners anerkennen und würdigen, desto eher wird er bereit sein, ihn zu räumen. Dagegen würde Widerspruch nur Widerstand auslösen.
- Je weniger Sie einen Menschen bedrängen, den Sie als Freund oder Liebespartner gewinnen wollen, desto attraktiver wirken Sie. Dagegen weicht er zurück, wenn Sie ihn an sich heranziehen oder klammern.
- Je weniger Sie sich über die Provokation eines anderen ärgern und sich diese verbitten, desto eher wird er diese Provokation einstellen. Dagegen wirft er weiter seine Johannisbeeren, wenn Sie ihn auffordern, das unbedingt zu unterlassen.
- Je mehr Sie im Verkauf auch die Nachteile Ihres Produktes erwähnen und dem Kunden die Freiheit einräumen, es *nicht* zu kaufen, desto kaufbereiter wird Ihr Kunde sein. Dagegen würde ihn ein einziger Lobgesang auf das Produkt eher skeptisch machen.

Diese Methode eignet sich auch fürs Selbst-Coaching. Fordern Sie sich auf, in einer Beziehung unbedingt einen Streit vom Zaun zu brechen – und das Streiten wird Ihnen schwerer fallen als je zuvor.

Drei Perlen **TIPP**

1. Wenn ich jemanden dränge, meinem Willen zu folgen, stemmt er sich dagegen.
2. Wenn ich jemandem sage, dass er von meinem Willen abweichen darf, folgt er ihm oft freiwillig.
3. Wenn ich mich auffordere, ein Chaos zu hinterlassen, wird mein Ordnungssinn geschärft durch diese »paradoxe Verschreibung«.

Mini-Challenge mit Maxi-Wirkung

Welchen Menschen möchte ich schon lange von etwas überzeugen, aber scheitere daran? Auf einer Skala von eins (minimal) bis zehn (maximal): Wie viel Druck übe ich auf ihn aus:

____

Was werde ich tun, um diesen Druck um mehrere Punkte zu reduzieren? Wie verhalte ich mich dann? Und inwiefern erreiche ich mehr?

Mein Vorsatz: ____________________

____

____

____

Mein Erfahrungsbericht: ____________________

____

____

____

Der geflüchtete Zimmermann: Wie Ihnen ein echter Neuanfang gelingt

Bei einem Urlaub in der kanadischen Provinz Ontario habe ich Hermann kennengelernt, einen Zimmermann aus Bochum. Für einen deutschen Naturreise-Veranstalter sollte er Hütten auf einer Insel im Lake of the Woods renovieren. Aber öfter als zum Hammer griff Hermann zur Schnapsflasche. In einer mondlosen Nacht gesellte er sich am Seeufer zu mir. Ich konnte ihn riechen, ehe er da war, seine Alkoholfahne ging ihm voraus.

Zum Plätschern der Wellen erzählte er mir seine Geschichte. In Deutschland hatte ihn seine Ehefrau mit seinem besten Freund betrogen. Danach habe er zu viel getrunken, seinen Job verloren und es zu Hause nicht mehr ausgehalten. Deshalb sei er vor drei Jahren nach Kanada ausgewandert, um hier neu anzufangen.

Was für ein »Neuanfang«! Neben mir saß ein unglücklicher Mann, der seine Sorgen im Alkohol ertränken wollte, aber die konnten schwimmen. Das Land hatte er gewechselt, aber seine Probleme mitgenommen:

> **»Er, der unzufrieden ist an einem Ort, wird selten glücklicher an einem anderen Ort.«**
>
> *Äsop*

Ja, wir können die Orte wechseln, an denen wir leben; wir können die Menschen auswechseln, mit denen wir zusammen sind; wir können den Beruf wechseln, den wir ausüben; und wir können die Kleidung wechseln, die wir tragen. Aber all das sind Äußerlichkeiten. Was wir mitnehmen, ist unsere Haltung, die Welt in unserem Kopf.

Viele Menschen fallen auf diese Illusion rein. Sie sitzen unglücklich in ihrem Büro und denken sich: »Wenn ich jetzt auf einer Palmeninsel säße, wäre ich glücklich!« Oder sie sind frustriert von ihrer Beziehung und malen sich einen Traumpartner aus, mit dem sie auf einer Wolke durchs Leben schweben. Das Glück ist immer dort, wo sie gerade nicht sind.

Wahres Glück aber kommt von innen. Jeder Ort, an dem Sie sind, kann ein Ort des Glücks sein – wenn Sie sich dafür entscheiden, ein glücklicher Mensch zu sein.

Es stimmt nicht, dass Sie in der Welt sind: Die Welt ist in Ihnen. Ihre Haltung ist wichtiger als die äußeren Umstände.

Was meine ich damit? Hier drei Beispiele:

- Reich sind Sie *nicht*, wenn Ihr Konto wegen Überfüllung schließen muss oder Sie in einer dicken Villa residieren. Reich sind Sie, wenn Sie zufrieden auf Ihr Leben blicken und jeden neuen Tag als Geschenk betrachten.
- Beliebt sind Sie *nicht*, wenn andere Menschen Sie loben, Sie umschwärmen und Ihnen Gutes nachsagen. Beliebt sind Sie, wenn Sie sich selbst vollkommen akzeptieren und freundschaftlich behandeln.
- Erfolgreich sind Sie *nicht*, wenn Sie auf einem Chefsessel sitzen, Mitarbeiter kommandieren und mit einem Millionen-Budget hantieren. Erfolgreich sind Sie, wenn Sie das Gefühl haben, in Ihrem Leben etwas Sinnvolles zu tun.

Wer seinen Erfolg von der Visitenkarte ablesen will, verliert sich selbst. Eine Mission ist wichtiger als eine Position. Ein Kind zu erziehen, kann ein größerer Erfolg sein, als einen Konzern zu leiten – sofern Sie sich diesen Erfolg zugestehen.

Was brauchen Sie für Ihr Glück? Fünf Erkenntnisse der modernen psychologischen Forschung helfen weiter:

1. *Glücklicher als Besitz machen Sie Erlebnisse.*
   Wenn Sie zum Beispiel 150 Euro für materielle Güter ausgeben, etwa für Kleidung oder Schmuck, haben Sie weniger davon, als wenn Sie damit fein essen gehen, eine kleine Party veranstalten, einen Hubschrauber-Flug unternehmen oder auf Kurzreise gehen.[80] Stecken Sie Ihr Geld in eigene Erlebnisse – und Ihr Glück wird boomen.
2. *Gemeinschafts-Erlebnisse beglücken Sie besonders.*
   Es ist schön, wenn Sie einen Apfelkuchen backen, dabei erleben Sie Ihre Selbstwirksamkeit. Es ist schön, wenn Sie einen Apfelkuchen essen, dabei schüttet Ihr Körper Dopamin aus und erhöht Ihr Wohlbefinden. Aber am schönsten ist es, wenn Sie Ihren Kuchen zusammen mit Menschen essen, die Ihnen am Herzen liegen. Das verleiht Ihrer Arbeit Sinn, macht Ihr Essen zum Erlebnis und stärkt Ihr Zugehörigkeitsgefühl. Wer Freunde hat und sozial eingebunden ist, führt ein besseres Leben. Und wer in einer festen Beziehung lebt, steigert seine Lebenserwartung laut Studien um bis zu neun Jahre.[81] Es lohnt sich, wenn Sie sich um Ihre Freundschaften kümmern und eine erfüllende Liebesbeziehung pflegen.
3. *Bewegung schlägt jede Medizin.*
   Wenn Sie sich bewegen oder Sport machen, verbessern Sie sofort Ihre Stimmung und stärken Ihre Gesundheit. 30 Minuten Jogging pro Woche heben Ihre Stimmung ähnlich gut wie ein Antidepressivum.[82] Studien weisen nach: Wer sich 15 Minuten am Tag bewegt, senkt sein Sterberisiko um 14 Prozent. Wer auf 50 Minuten kommt, halbiert es gar. Sport verjüngt die Körperzellen und stärkt Ihren Organismus. Ihr Körper produziert natürliche Glücksdrogen wie Dopamin, Serotonin und Noradrenalin. Ihr Belohnungssystem springt an, der Stress fällt ab. Wenn Sie sich bewegen, bewegt sich Ihr Glück – nach oben!
4. *Was Sie beglückt, hängt vom Alter ab.*
   Als jüngerer Mensch suchen Sie für Ihr Glück eher außergewöhnliche Erlebnisse, zum Beispiel gehen Sie auf Abenteuerreise. In späteren Jahren können Sie sich mehr an alltäglichen Erlebnis-

sen erfreuen – etwa an einer schönen Wanderung vor der eigenen Haustür. Wer jung ist, will das weiße Blatt seines Lebens mit Abenteuern beschriften, um seine Identität zu finden. Wer älter ist und sich besser kennt, dem reichen kleinere Erlebnisse für sein Glück. Das geht aus einer Studie von Amit Bhattacharjee und Cassie Mogilner hervor.[83] Suchen Sie sich Glücksquellen, die zu Ihrer Lebenssituation passen.

5. *Wichtiger als die Fakten ist Ihre Interpretation.*
   Die Brille, durch die Sie schauen, färbt Ihr Leben hell oder dunkel. Ein Unglück ist das, was Sie dafür halten. Ein Glück auch. Zum Beispiel blicken ein Sohn und eine Tochter auf ihre alte Mutter, die immer gebrechlicher wird. Der Sohn denkt sich:

Wie furchtbar, dass meine Mutter vor die Hunde geht! Ihr Körper zerfällt jeden Tag mehr, ohne dass sie sich dagegen noch wehrt. Sie ist nur noch ein Schatten ihrer selbst, klammert sich hilflos fest an ihrer Vergangenheit und baut immer mehr ab. Der Strudel des Todes zieht sie allmählich in seine Mitte. Es ist ein fürchterliches Schauspiel!

Aber seine Schwester denkt:

Wie wunderbar, dass meine Mutter ein so hohes Alter erreicht hat. Und wie schön, dass sie sich so gelassen von ihren körperlichen Kräften verabschiedet und auf ein erfülltes Leben zurückblickt. Und wenn ich genau hinschaue, erkenne ich in ihrem Gesicht noch immer den Schalk der jungen Frau. Sie strahlt von innen. Wie dankbar bin ich ihr für alles, was sie für mich getan hat.

Der US-Psychologe Gordon H. Bower hat nachgewiesen: Die Erlebnisse, die wir speichern, sind ein Spiegel unserer Stimmung.[84] Wir meinen, die Welt zu sehen, doch sehen uns selbst. Wer traurig ist, sieht Trauriges um sich herum. Wer geizig ist, fühlt sich von Geizhälsen umgeben. Aber wer heiter ist, sieht Heiteres um sich herum – und schenkt sich positive Gefühle.

»Wenn wir uns die Zeit nehmen, um die Dinge zu bemerken, die richtig laufen – dann heißt das, dass wir während eines Tages viele kleine Belohnungen erhalten.«

Martin Seligman

Die innere Welt bestimmt die äußere. In der Beratung habe ich es oft mit Menschen zu tun, die unglücklich an ihrem alten Arbeitsplatz sind und »neu anfangen« wollen in einer anderen Firma. Doch meine ersten Fragen zielen nie auf einen Wechsel des Arbeitsplatzes, sondern auf einen Wechsel der Haltung:

- In welchen Momenten wissen Sie Ihren aktuellen Arbeitsplatz am meisten zu schätzen?
- Zu welchen Kolleginnen oder Kollegen pflegen Sie ein so gutes Verhältnis, dass Sie sich auf jede Begegnung freuen?
- Inwiefern wachsen Sie an den schwierigen Umständen, mit denen Sie kämpfen?
- Welche Tätigkeiten bereiten Ihnen die größte Freude – und wie könnten Sie diese ausbauen?
- Welche Probleme, die Sie jetzt stören, könnten auch an einem neuen Arbeitsplatz auftauchen?
- Und welche zusätzlichen Probleme sind denkbar?

Manchmal reicht schon dieser eine Perspektivenwechsel, damit ein Mensch versteht: Es gibt in meinem Leben beides, Gipfel *und* Täler. Beides erwartet mich an *jedem* Ort. Ich habe die Wahl, worauf ich mich konzentriere.

Ja, manchmal ist es sinnvoll, den Arbeitsplatz zu wechseln, einen neuen Partner zu suchen oder die Koffer zu packen und umzuziehen. Aber denken Sie dran, dass Ihre Haltung Sie begleiten wird: in den neuen Job, in die neue Beziehung und an den neuen Ort.

Die Insel der Glückseligkeit liegt nicht in Kanada, wohin Hermann geflüchtet war – sie liegt in unserem eigenen Kopf.

Drei Perlen

TIPP

1. Wenn ich alles in meinem Leben verändere, nicht aber meine Gedanken, habe ich *nichts* verändert.
2. Wenn ich alles in meinem Leben belasse, aber meine Gedanken verändere, kann sich *alles* verändern.
3. Wohin ich auch reise, Licht *und* Schatten werden mich begleiten – wenn ich beide begrüße, kann ich an beiden wachsen.

Mini-Challenge mit Maxi-Wirkung

Wenn der junge Mensch, der ich einmal war, auf den älteren blicken würde, der ich heute bin: Worauf wäre er stolz? Welche Fortschritte fielen ihm auf? Was fände er gut an meinem Leben? ______________

____

____

____

Und inwiefern profitiert mein Selbstbewusstsein, wenn ich mich einen Tag lang mit diesen Augen betrachte? Ich probiere das aus!

Mein Erfahrungsbericht: ______________________________

____

____

____

Der starke Alte:
Wie Ihr Geist alles stemmen kann

Drei Freunde, alle über 80 Jahre, saßen zusammen und blickten zurück. Der erste Mann schwärmte von seiner Jugend: »Damals war ich noch schnell wie der Wind, und ich hatte Kraft ohne Ende. Aber wenn ich mich heute frage, was sich in meinem Leben alles verschlechtert hat, könnte ich verzweifeln.« Er blickte an sich hinab und meinte: »Ich bin nur noch ein faltiges Wrack.«

Der zweite Mann sagte: »Früher haben die schönsten Frauen mir hinterhergeschaut. Ich war attraktiv und begehrt. Aber wenn ich mich heute frage, wie weit meine Gebrechlichkeit fortgeschritten ist, dann erschrecke ich vor meinem eigenen Spiegelbild.«

Und nun ergriff der dritte Mann das Wort und sagte: »Und wenn ich mich heute frage, wie kraftvoll und glücklich ich noch bin, dann merke ich: Alles ist noch so wie früher!« Seine Freunde starrten ihn ungläubig an. »Das kann nicht sein, dass du noch genauso kraftvoll wie früher bist! Du überschätzt dich!«

»Nein«, sagte der dritte Mann, »ich habe meine Stärke getestet. Und ich schaffe noch, was ich früher geschafft habe.«

Seine zwei Freunde wurden neugierig. »Aber wie hast du es getestet?«

»Ich habe an meiner alten Langhantel die schwersten Gewichte aufgelegt, wie zu meiner Zeit als Kraftsportler. Und dann habe ich probiert, ob ich sie stemmen kann.«

Die Freunde sahen ihn verblüfft an. »Du hast es tatsächlich geschafft, dieses Gewicht in die Höhe zu drücken?«

»Nein. Aber das gelang mir früher auch nie. Also habe ich noch die gleiche Stärke. Und trainiere weiter!«

Was unterscheidet diese drei Männer? Körperlich sind sie in einem ähnlichen Zustand, das Alter hat seinen Tribut gefordert. Aber die ersten beiden Männer konzentrieren sich auf ihre Mängel, weinen ihrer Jugend nach und stellen sich ungünstige Fragen.

Der Erste fragt sich, was sich in seinem Leben verschlechtert hat. Stellen Sie sich seinen Kopf als Google vor. Was wird angezeigt, wenn man den Begriff »Verschlechterung« in die Suchmaske eingibt? Verschlechterungen! Sonst nichts.

Der zweite Mann fragt sich, wie weit seine Gebrechlichkeit fortgeschritten ist. Damit tippt er »Gebrechlichkeit« in sein Kopf-Google ein. Und was wird angezeigt? Natürlich tauchen Bilder seiner Gebrechlichkeit auf.

Der dritte Mann jedoch fragt sich, wie kraftvoll und glücklich er noch ist. Er lässt sein Kopf-Google nach Bildern der Kraft und des Glücks suchen. Und was taucht auf? Bilder der Kraft und des Glücks. Deshalb deutet er sein Erlebnis an der Hantelbank positiv und bleibt sportlich aktiv. Seine Freunde jedoch halten es umgekehrt.

> **»Wir denken selten an das, was wir haben, aber immer an das, was uns fehlt.«**
>
> *Arthur Schopenhauer*

Neulich saß Maria (38) bei mir in der Beratung. Sie hatte alles darangesetzt, Abteilungsleiterin bei ihrem Reiseunternehmen zu werden. Doch nun hatte eine Kollegin den Vorzug bekommen. Der Chef hatte ihr erklärt, viele Kandidaten hätten sich auf die interne Ausschreibung beworben, es sei eine ganz knappe Entscheidung zwischen ihr und der Kollegin gewesen. Maria war am Boden zerstört und sagte:

> *Das ist die größte Niederlage meines Lebens. Es ist so ungerecht, dass ich nicht zum Zuge gekommen bin. Ich bin so richtig sauer auf meinen Chef. Wie konnte er eine solche*

Fehlentscheidung fällen? Und ich werfe mir vor, dass ich keine bessere Lobbyarbeit in eigener Sache geleistet habe. Eine solche Chance kommt nicht wieder, ich bin ja schon fast 40 Jahre alt.

Ich bat Maria um Erlaubnis, sie doppeln zu dürfen. Das Doppeln ist eine Beratungsmethode, bei der ich aus der Perspektive der Klientin spreche.[85] Ich äußere Gedanken, die sie haben könnte, aber im Moment nicht hat. Dabei wird ihr Kopf-Google mit neuen Begriffen gefüttert. Für die Klientin fühlt es sich an, als habe sie selbst gesprochen. Ich kniete mich neben Maria, schaute in dieselbe Richtung wie sie und sagte:

Ich bin stolz darauf, dass ich aus dem Team herausrage. Meinem Chef ist das aufgefallen, darum war ich für die Beförderung in der engsten Auswahl und habe die meisten anderen Kollegen übertroffen. Jetzt werde ich analysieren, wie es mir gelungen ist, meinen Chef auf mein Potenzial aufmerksam zu machen. Das baue ich so lange aus, bis meine Überzeugungskraft noch größer wird. Mit 38 Jahren liegen noch 30 Berufsjahre vor mir – genug Zeit, um noch etliche Karrieresprünge zu machen.

Ich schwieg und wartete gespannt, wie sie reagieren würde. Nach einer Weile sagte Maria: »So kann man das natürlich auch sehen. Aber ich hätte den Job so gern gehabt!«

»Ich verstehe, dass Sie über die Entscheidung Ihres Chefs nicht glücklich sind. Aber diese Entscheidung ist nicht mehr zu ändern. Die Frage ist nun: Mit welcher Haltung geht es Ihnen besser? Mit welcher Einstellung werden Sie Ihr Ziel im nächsten Anlauf doch noch erreichen?«

Sie wurde nachdenklich. »Das stimmt schon, die zweite Haltung ermutigt mich. Aber ich will mir eine Niederlage nicht schönreden.«

»Wahr ist, dass Sie die Gold-Medaille nicht bekommen haben. Wahr ist aber auch, dass Sie die Silber-Medaille errungen haben. Es liegt an Ihnen, für welche der beiden Sichtweisen Sie sich entscheiden.«

Je länger wir sprachen, desto mehr gelang es Maria, die entgangene Beförderung neu zu bewerten. Sie gestand sich zu, dass sie auf dem richtigen Weg war. Das verlieh ihr Mut und Tatkraft. Ein Dreivierteljahr später bewarb sie sich bei einem anderen Reiseunternehmen und wurde als Abteilungsleiterin eingestellt.

Achten Sie darauf, wie Sie die Suchmaschine Ihres Kopfes programmieren. Fragen Sie sich nicht in erster Linie, was schiefläuft, sondern vielmehr:

- Was läuft heute in meinem Leben besser als vor einigen Jahren?
- Welche schönen Dinge in meinem Leben habe ich ausgebaut?
- Welche Gedanken versetzen mich sofort in gute Laune?
- Welche Anblicke erfreuen mein Herz?
- Welche Menschen inspirieren mich am meisten?
- Welche Erfahrungen lassen mich besonders wachsen?
- Und was spricht dafür, dass ich (mindestens) noch genauso kraftvoll bin wie früher?

Der Psychologe Martin Seligman, Vater der Positiven Psychologie, wurde von Generälen der US-Armee zum Mittagessen eingeladen.[86] Bis zu 20 Prozent der Soldaten kamen aus den Kriegen im Irak und in Afghanistan mit einer Posttraumatischen Belastungsstörung zurück, mehr als je zuvor. Und was konnte man dagegen tun?

Seligman erklärte den Generälen, die übliche Reaktion auf traumatische Erfahrungen sei *keine* Posttraumatische Belastungsstörung, sondern Resilienz. In Jahrtausenden des Überlebenskampfes hätten Menschen die Fähigkeit entwickelt, schreckliche Erlebnisse zu verarbeiten. Nach einer kurzen Phase aus Depression und Angst renkt sich die Psyche wieder ein.

Der springende Punkt: 90 Prozent der US-Soldaten haben von Posttraumatischen Belastungsstörungen gehört, dem vergleichsweise seltenen Phänomen, aber nur 10 Prozent von *posttraumatischem Wachstum*, der typischen Reaktion. Nun setzt ein Teufelskreis ein: Wer zum Beispiel einen Kameraden im Krieg verliert, darüber weint und den Appetit verliert, sieht darin keine normale und gesunde Trauer, sondern denkt sich: »Jetzt hat mich eine Posttraumatische Belastungsstörung erwischt. Nichts wird mehr sein, wie es war. Mein Leben ist im Eimer!«

Unbewusst programmiert er sich auf die Krankheit. Und damit setzt ein Kreislauf aus Angst und Depression ein.

Aber was würde passieren, wenn die Soldaten mehr über posttraumatisches Wachstum wüssten und sich nach schrecklichen Erlebnissen fragen würden: Inwiefern wachse ich daran? Welche neuen Kräfte schenkt mir das?

Es ist normal, dass Menschen nach schrecklichen Erlebnissen durch ein tiefes Tal aus Depression und Angst gehen. Aber laut Studien geht die Psyche aus traumatischen Erlebnissen nicht geschwächt, sondern gestärkt hervor.

Seligman erzählte die Geschichte der Soldatin Rhonda Cornum, deren Hubschrauber im Irak abgeschossen wurde. Drei der fünf Besatzungsmitglieder starben. Cornum wurde schwer verletzt und mit Gewalt traktiert. Acht Tage später kam sie wieder frei. Im Rückblick zieht sie die Bilanz, ihre traumatischen Erfahrungen hätten sie in jeder Hinsicht gestärkt, beruflich, persönlich und sozial. Später wurde sie Brigade-Generalin.

Posttraumatisches Wachstum hängt davon ab, welche Geschichte wir uns selbst erzählen. Seligman führt folgende Aussagen an, die ein solches Wachstum belegen. Diese Gedanken helfen Ihnen auch beim Blick auf kleinere Rückschläge, nachträglich ihren Nutzen zu erkennen:

- Ich weiß den Wert meines Lebens jetzt mehr zu schätzen.
- Ich habe jetzt ein besseres Verständnis für spirituelle Dinge.
- Ich habe meinem Leben eine neue Ausrichtung gegeben.
- Ich habe ein stärkeres Gefühl der Nähe zu anderen.
- Mir stehen jetzt neue Möglichkeiten offen, die ich sonst nicht gehabt hätte.
- Ich bemühe mich jetzt mehr um meine Beziehungen.
- Ich habe entdeckt, dass ich stärker bin, als ich dachte.[87]

Welche Geschichte über Ihr Leben wollen Sie sich erzählen? Wie denken Sie über Ihre Kräfte? Und welcher der drei alten Freunde wären Sie am liebsten? Es gibt gute Gründe, eine *nicht* gestemmte Langhantel als Beweis Ihrer Kraft zu sehen.

Drei Perlen TIPP

1. **Die Fragen, mit denen ich mein Gehirn füttere, bestimmen die Antworten, auf die ich komme.**
2. **Ich füttere die Suchmaschine meines Gehirns mit Fragen, deren Antworten mein Leben leichter machen.**
3. **Nur wenn ich nach meinen Stärken suche, kann ich sie finden.**

Mini-Challenge mit Maxi-Wirkung

Ich füttere meinen Geist mit drei Fragen und notiere Antworten:

1. Was spricht dafür, dass ich ein Glückskind bin?

____

____

____

2. Welche Menschen sind froh, dass es mich auf dieser Welt gibt?

____

____

____

3. Inwiefern bin ich gut darin, aus jedem Tag das Beste zu machen?

Die neue Brille:
Wie Humor Ihr Leben rettet

Ein Mann sagt zu seinem Freund: »Meine Frau und ich sind nicht mehr zusammen, seit sie eine Brille hat.«

»Hat dich die Brille denn so sehr gestört?«, will der Freund wissen.

»Im Gegenteil! Seit sie die Brille hat, stört sie *mein* Anblick.«

Wie oft lächeln Sie im Laufe eines Tages? Wie oft sprudelt ein fröhliches Lachen aus Ihnen heraus? Wie oft strahlen Ihre Augen vor Lebensfreude? Falls Sie ein heiteres Leben führen, gratuliere ich Ihnen. Dann leben Sie nicht nur glücklicher, sondern auch länger.

Die Forscher Ernest Abel und Michael Kruger von der Wayne State Universität in Michigan sahen sich uralte Autogrammkarten von 150 verstorbenen Baseball-Spielern an.[88] Dabei achteten sie nur auf eines: den Gesichtsausdruck.

Wer schaute ernst in die Kamera? Wer ließ ein vorsichtiges Lächeln aufblitzen? Und wem strahlte ein breites Grinsen aus dem Gesicht?

Was glauben Sie: Wie viel älter sind die intensivsten Lächler im Vergleich zu den Spielern mit ernsten Gesichtern geworden?

- Sie wurden ein Jahr älter?
- Sie wurden drei Jahre älter?
- Sie wurden fünf Jahre älter?
- Sie wurden sieben Jahre älter?

Ich komme gleich auf die Antwort zurück. Denken Sie vorher als Kontrast daran, wie es Ihnen geht, wenn Sie den Ernst des Lebens spüren, auf die Zähne beißen oder ein verkniffenes Gesicht ziehen. Wie fühlt es sich an, wenn Sie schwer am Leben tragen? Wie wirkt sich das aus auf Ihre Lebensqualität? Und was macht es wohl mit Ihrer Gesundheit?

Und dann stellen Sie sich vor, wie es Ihnen geht, wenn Sie …

- … lächeln, weil Ihnen jemand eine Tür aufhält,
- … lächeln, weil Ihnen eine Aufgabe gelungen ist,
- … lächeln, weil Sie ein kleines Kind beim Spielen beobachten,
- … lächeln, weil Sie an Ihren Lieblingsmenschen denken,
- … lächeln, weil Sie ein Film erheitert,
- … lächeln, weil Ihnen ein vertrauter Mensch entgegenläuft,
- … lächeln, weil ein Sonnenstrahl Ihre Nase kitzelt,
- … lächeln, weil Sie dankbar für Ihr Leben sind.

Welche Haltung nehmen Sie nun ein? Welches Gefühl ist damit verbunden? Und was schenkt Ihnen mehr Energie und Gesundheit, Lächeln oder Ernsthaftigkeit?

Das Ergebnis der Studie ist beeindruckend: Wer auf den Bildern intensiv lächelte, wurde im Schnitt *sieben Jahre* älter als die mit den ernsten Gesichtern, 80 statt 73 Jahre. Wer ein bisschen lächelte, hatte immerhin zwei Bonus-Jahre. Wie gut stehen Ihre Chancen, dass Sie sich in ein hohes Alter lächeln?

> **»Ich freue mich, wenn es regnet, denn wenn ich mich nicht freue, regnet es auch!«**
>
> *Karl Valentin*

Ein Kind lacht 400 Mal am Tag, ein Erwachsener nur 15 bis 20 Mal.[89] Eine Übung kann Ihren Tag aufheitern. Stellen Sie sich vor, jemand habe heute in Ihrem Leben viele lustige Situationen versteckt, wie Ostereier am Wegesrand. Und Ihre Aufgabe ist es, diese

Heiterkeits-Ostereier im Laufe des Tages zu entdecken. Seien Sie von Herzen albern und machen Sie bei jeder heiteren Beobachtung einen Strich auf einem Zettel oder in Ihrem Smartphone.

Jedes Mal verblüfft es mich, wie viel Anlass zum Lachen ein ganz normaler Tag bietet. Das geht schon morgens los im Radio: Da wird ein Politiker gefragt, ob seine Parteispitze die Kirche »zu wenig im Dorf gelassen« habe. Ich male mir aus, dass die Partei-Oberen von einer Kirche etliche Steine, etliche Kerzen, etliche Fenster und die Glocken weggetragen und zu wenig von ihr zurückgelassen haben. Vielleicht noch ein paar Dachziegel. Und eine Krippe.

Was für ein schiefes Bild: dass jemand die Kirche »zu wenig« im Dorf lässt. An einem normalen Tag wäre mir das nicht aufgefallen. Ich lache laut. Erster Strich für einen komischen Moment.

Beim Frühstück will ich in einen Apfel beißen und bemerke in letzter Sekunde, dass sich dort ein Aufkleber befindet, auf dem »BIO« steht. Aha, jetzt hätte ich fast Biopapier gegessen, ich werde noch zur Altpapier-Tonne, wenn ich so weitermache. Und schon muss ich wieder lachen und fühle mich so richtig gut. Zweiter Strich für einen komischen Moment.

Dann steige ich in die S-Bahn, um in die Stadt zu fahren, und ich höre zwei Schülern bei ihrem Gespräch zu. Der eine sagt: »Kann ich bei dir noch Hausaufgaben abschreiben?« Der andere antwortet: »Das wollte ich dich auch grad fragen.« Beide beginnen zu lachen. Ich lache am lautesten. Dritter Strich für einen komischen Moment. Und so geht das weiter.

Japanische Wissenschaftler der Universität Yamagata haben 17000 Menschen nach ihren Lachgewohnheiten gefragt und über fünf Jahre hinweg begleitet. Das Sterberisiko derjenigen, die besonders wenig lachten, lag 2,4 Mal höher als das der Viel-Lacher.[90]

Auch gegen Herzkrankheiten und Übergewicht erwies sich »lauthals Lachen« als vorzügliche Medizin. Humor macht Schweres leicht, schenkt Ihnen Kraft und schützt vor destruktiven Gedanken. Mit Humor lachen Sie Ihre Probleme klein und stärken Ihre Widerstandskraft. Fragen Sie sich:

- Bei welcher Gelegenheit und unter welchen Menschen lachen Sie am häufigsten und fröhlichsten?
- Denken Sie jetzt an eine Situation, in der Sie sich vor Lachen fast ausgeschüttet haben. Wie genau hat es sich angefühlt, so beschwingt und fröhlich zu sein?
- Wenn Sie ein einziges Wort finden müssten, um Ihr Gefühl zu beschreiben, wie würde es lauten?
- Und an welchem Punkt in Ihrem Körper haben Sie diese beschwingte Fröhlichkeit am deutlichsten gespürt?
- Und wie würde dieser Punkt Ihres Körpers, wenn er sprechen könnte, jene positive Veränderung seines Zustandes beschreiben, die allein das Lachen und der Humor bewirkt haben?

Humor hilft auch, wenn Sie anderen Menschen begegnen.

> **»Glück ist das Einzige, was sich verdoppelt, wenn man es teilt.«**
>
> *Albert Schweitzer*

Eine Studie der Universität Greifswald weist nach, dass Humor die Angst mindern kann.[91] In der Klinik wurden Kinder in zwei Gruppen eingeteilt: Die einen wurden von Ärzten besucht. Bei den anderen schauten zusätzlich Clowns vorbei. Der Humor erwies sich als beste Medizin: Die Kinder mit Clown-Besuchen empfanden weniger Angst und fühlten sich wohler. Das wurde sogar bei der körperlichen Untersuchung bestätigt: Der Oxytocin-Spiegel dieser Kinder lag um ein Drittel über dem der Kontrollgruppe.

Einmal trat ich als Redner zum Thema Führungskultur bei

einem Mittelständler auf. Der Geschäftsführer sollte mich einführen. Oft halten sich solche Vorredner eine Viertelstunde am Mikrofon fest und schläfern den Saal ein. Er jedoch beließ es bei einem einzigen Satz: »Herr Wehrle hat das Buch *Ich arbeite in einem Irrenhaus* geschrieben – jetzt wissen Sie, warum ich ihn *gerade zu uns* eingeladen habe.« Dafür erntete er großes Gelächter und Sympathie. Auch weil seine Firma alles andere als ein Irrenhaus war.

Nutzen Sie öfter *diese* Brille: Betrachten Sie die Welt mit mehr Humor. Strahlendes Lächeln macht Ihr Leben leichter – und sieben Jahre länger.

Drei Perlen TIPP

1. **Wie alt ich werde, steht mir ins Gesicht geschrieben: Ein Lächeln ist die beste Lebensversicherung.**
2. **Wenn ich komische Momente in der Welt suche, werden meine Gedanken so leicht wie Luftballons, und meine Sorgen lösen sich auf.**
3. **Mit Worten kann ich Menschen beeindrucken – mit Humor kann ich sie wirklich gewinnen.**

Mini-Challenge mit Maxi-Wirkung

Ich lege diese Woche einen »Lach-Tag« fest und zwar den ________________. An diesem Tag schaffe ich mir möglichst viele Anlässe zur Heiterkeit. Ich wähle eine Haltung, die mich beschwingt, Menschen, die mich aufheitern, Filme oder Tätigkeiten, die ich lustig finde. Was macht dieser Lach-Tag mit mir?

Meine Prognose: ____

____

____

Mein Erfahrungsbericht: ______________________________

Der Überfall im Dschungel: Warum Gedanken Ihr Schicksal sind

Ein junger Mann schlich durch den Dschungel, und all seine Sinne waren hellwach. Seine Augen suchten das Gestrüpp ab. Seine Ohren waren gespitzt, damit er jedes Rascheln hören und rechtzeitig reagieren konnte. Und ihm war, als könnte er mit seiner Nase die Gefahr riechen, jeden Tiger im Gebüsch, jede Schlange am Boden.

So pirschte sich der junge Mann durchs Unterholz, Meter für Meter. Aus dem Nichts wurde er überfallen und an den Boden gedrückt. Dort japste und röchelte er. Eine Weile hielt ihn sein Gegner am Boden fest, bis der junge Mann ohnmächtig wurde.

Als er die Augen wieder aufschlug, saß ein alter Indianerhäuptling neben ihm. Ungläubig fragte der junge Mann: »Alter, sag, hast du mich überfallen?«

»O nein. Erstens hätte ich keinen Grund dazu. Zweitens wäre ich viel zu schwach. Und drittens warst du viel zu aufmerksam, um von jemand anderem überfallen zu werden.«

Der junge Mann sah ihn verständnislos an. »Aber ich *bin* überfallen worden. So aufmerksam kann ich nicht gewesen sein.«

»Du warst konzentriert auf deine eigene Angst. *Sie* hat dich überfallen, genau deshalb. Du hattest eine Panikattacke.«

Überlegen Sie mal, wie oft Sie plötzlich von Wut überfallen werden, von Ohnmacht oder von Traurigkeit. Mit einem Schlag fühlen Sie sich schlecht, fahren aus der Haut oder zweifeln an sich und an allem. Und das passiert nur, wenn Sie Ihre Gedanken aus dem Blick verlieren.

Im Talmud, einer weisen Interpretation der hebräischen Bibel, heißt es:[92]

> *Achte auf deine Gedanken, denn sie werden deine Worte. Achte auf deine Worte, denn sie werden deine Handlungen. Achte auf deine Handlungen, denn sie werden deine Gewohnheiten. Achte auf deine Gewohnheiten, denn sie werden dein Charakter. Achte auf deinen Charakter, denn er wird dein Schicksal.*

Alles, was Sie denken, entfaltet eine Wirkung. Aus Wirkung entsteht Wirklichkeit. Wie ein Haus aus Mauersteinen, so besteht Ihr Leben aus Gedanken. Je nachdem, was Sie denken, genießen Sie Höhenflüge oder stecken Sie in der Krise.

Moment, werden Sie sagen: Hängt es nicht auch davon ab, was in meinem Leben geschieht? Wie soll ich glücklich sein, wenn meine große Liebe mich verlässt oder ich meinen Arbeitsplatz verliere? Natürlich, solche Umstände erschweren das Glück. Aber als der britische Psychologe Richard Wiseman untersuchte, was Glückspilze und Pechvögel voneinander unterscheidet, fand er die Erklärung *nicht* in den Lebensumständen, sondern in der Denkweise:

> *Viele meiner Versuchspersonen betrachteten sich als Glückspilze, obwohl sie beispielsweise schwer krank waren oder vertraute Menschen verloren haben.*[93]

Ich habe Menschen getroffen, die entlassen wurden und darin eine große Chance sahen. Und es gibt Liebende, die ihren Partner nicht in Trauer gehen sehen, sondern in Dankbarkeit für die gemeinsame Zeit.

Nicht die äußeren Umstände bestimmen, was Sie fühlen – sondern Ihre Gedanken über diese Umstände.

In allem, was Sie oft genug tun, erlangen Sie Meisterschaft. Das gilt fürs Klavierspielen, da versteht es jeder; das gilt aber auch für die Art, wie Sie denken, und da versteht es kaum einer. Hier ein paar Beispiele:

- Wenn Sie oft wütend sind, wenn Sie sich täglich Gedanken des Zorns erlauben, was passiert dann? Dann werden Sie die Klaviatur der Wut jeden Tagen besser beherrschen. Dann wird die Wut in Ihnen so automatisch hochkommen, wie ein geübter Pianist eine Melodie auf der Klaviatur findet. Dann werden Sie ein Profi in der Wut, ein Wut-Virtuose. Es erwartet Sie das Schicksal eines Wüterichs. Wollen Sie das?
- Denken Sie jeden Tag negativ über sich und Ihr Leben. Reden Sie sich ein, dass Sie hässlich sind, dumm und immer alles falsch machen. Ziehen Sie dieses Training über Monate durch. Ich bin sicher: Die Übung macht Sie zu einem Negativ-Denker der Spitzenklasse. Und weil Sie sich selbst nicht respektieren, wird es auch kein anderer tun. Es erwartet Sie ein Schicksal voller Respektlosigkeit. Wollen Sie das?
- Reden Sie sich ein, dass Sie es immer allen anderen recht machen müssen und nicht Nein sagen dürfen. Denken Sie das so oft wie möglich. Und ich garantiere Ihnen: Sie werden ein Selbstverleugnungs-Profi, ein Großmeister im Wegwischen Ihrer Bedürfnisse. Durch Ihre Übung erwartet Sie das Schicksal eines Selbstverleugners. Wollen Sie das?

Und jetzt sage ich Ihnen, wie Sie Ihr Leben entscheidend verbessern: Trainieren Sie, was Ihnen guttut. Sorgen Sie dafür, dass Ihre Gedanken Sie zu dem Menschen machen, der Sie sein wollen. Programmieren Sie Ihren Charakter konstruktiv:

- Denken Sie so oft wie möglich an die erfreulichen Aspekte Ihres Lebens, zum Beispiel: »Ich freue mich, auf dieser Welt zu sein. Mein Leben ist ein Geschenk. Jeden Tag kann ich nach meinen

Wünschen gestalten. Ich habe genug zu essen. Ich lebe in einem Land, in dem Frieden herrscht, im Gegensatz zu vielen anderen Ländern. Ich bin ein Glückskind.« Wenn Sie das oft genug denken, dann werden Sie ein Meister in Dankbarkeit, ein glücklicher Mensch.

- Denken Sie so oft wie möglich: »Ich habe ein Recht, meinen eigenen Weg zu gehen, ein Recht, meine Wünsche zu verwirklichen und abzulehnen, was mir nicht passt. Ich weiß am besten, was gut für mich ist. Ich bin einmalig unter Milliarden Menschen, einen wie mich gab es auf dieser Erde in Jahrmillionen noch nie. Deshalb entscheide ich mich dafür, jeden Tag auf dieser Erde zu genießen.« Wenn Sie das oft genug denken, werden Sie ein Profi im Selbstrespekt, ein entschiedener Mensch.
- Denken Sie so oft wie möglich: »Ich habe in meinem Leben viel erreicht. Ein hilfloses Baby war ich – und jetzt bin ich ein erwachsener Mensch, der sein Leben alleine meistert. Ich habe die Schule bewältigt, habe einen Beruf erlernt, habe Krisen bewältigt und mein Leben stets auf die Reihe gekriegt. Ich bin allem gewachsen, was auf mich zukommt. Mit jeder neuen Herausforderung fliegen mir Kräfte zu, sie zu bewältigen.« Wenn Sie das oft genug denken, werden Sie ein Virtuose der Selbstwirksamkeit, ein zupackender Optimist.

Gehen Sie Ihr Leben durch und legen Sie eine Liste mit Wünschen an: Was hätte ich gern anders in meinem Leben? Und dann fragen Sie sich: Welche Gedanken und welche Worte können den Stein ins Rollen bringen? Was führt mich zu Handlungen und Gewohnheiten, die meinen Charakter und damit mein Schicksal formen?

> **»Du wirst morgen sein, was du heute denkst.«**
> *Buddha*

Zum Beispiel stellen Sie fest, dass Sie bei Schwierigkeiten zu schnell aufgeben, und wünschen sich: »Ich möchte alles, was mir wichtig ist, mit Ausdauer verfolgen – bis der Erfolg sich einstellt.« Und als nützliche Gedanken für gute Gewohnheiten könnten Sie notieren:

Ich kann alles, was ich wirklich will, aus eigener Kraft erreichen. Mein Wille ist stärker als meine Fäuste, er kann jedes Hindernis wegräumen. Wenn ich mir vornehme, ein Ziel zu erreichen, bin ich unaufhaltsam. Ich habe alles, was ich brauche, um genau das im Leben zu erreichen, was ich will und was mir guttut.

Pinnen Sie solche Gedanken an Ihren Spiegel. Sorgen Sie dafür, dass solche Sätze Sie von Ihrem Bildschirmschoner anspringen. Platzieren Sie solche Gedanken auf Ihrem Nachttisch und lassen Sie sie vor dem Einschlafen durch Ihren Kopf wandern. Wie Gravitationskräfte das Meer bewegen, so bewegen Ihre Gedanken und Worte die Wirklichkeit.

Wer an sein Glück glaubt, führt es eher herbei. Zum Beispiel gewinnen »Glückspilze« öfter bei Preisausschreiben, weil sie daran teilnehmen, im Gegensatz zu selbst erklärten »Pechvögeln«.[94]

Wenn das Leben ein Dschungel ist, sind konstruktive Gedanken Ihre Leibwächter: Sie können Sie vor Überfällen schützen – und sicher ans Ziel bringen.

Drei Perlen TIPP

1. Alles, was ich denke und sage, zieht eine Wirklichkeit nach sich.
2. Gewohnheiten sind der Amboss, der meinen Charakter schmiedet.
3. Je besser mein Charakter, desto besser mein Schicksal.

Mini-Challenge mit Maxi-Wirkung

Probehalber führe ich ein Gedanken-Tagebuch an folgendem Datum: ________. Ein- bis zweimal pro Stunde notiere ich kurz, was ich gerade denke (zum Beispiel mithilfe einer Erinnerungs-App). Drei Punkte gehe ich durch: Wie denke ich über mich? Wie über andere Menschen? Wie über die Welt?

Abends analysiere ich, inwiefern ich so denken möchte – und was ich, falls nicht, ab sofort anders mache.

Mein Erfahrungsbericht: ____

____

____

____

Der neugierige Junkie:
Wie Sie Gewohnheiten clever ersetzen

Ein Junkie auf Entzug fragte seine Sozialarbeiterin: »Ich habe gehört, du warst früher süchtig. Wie bist du losgekommen?«

»Meine erste Frage war: In welchen Momenten nehme ich Drogen. Ich tat es, wenn ich mich einsam fühlte. Meine zweite Frage war: Was kann ich gegen die Einsamkeit tun?«

»Und?«, fragte der Junkie.

»Ich bin unter Menschen gegangen, die auch einsam waren. Ich habe meine Drogen mit anderen genommen.«

»Na prima! Damit war nichts gewonnen.«

»Doch, so kam ich auf die dritte Frage: Warum nehme ich die Drogen mit anderen? Ich tat es, weil ich keinen Sinn im Leben sah. Nun habe ich die vierte Frage gestellt: Was kann ich gegen das Gefühl der Sinnlosigkeit tun? Ich fand zwei Möglichkeiten.«

»Jetzt bin ich gespannt!«

»Die erste: Ich nehme Drogen ein. Das kannte ich schon. Die zweite: Ich nehme Menschen die Drogen weg. Das wurde mein Beruf. Bei mir selbst hab ich übrigens angefangen.«

Surfen Sie zu viel im Internet? Treffen Sie oft Menschen, die Ihnen schaden? Essen Sie immer wieder Dinge, die ungesund sind? Schlafen Sie regelmäßig zu früh auf dem Sofa ein oder gehen Sie zu spät ist Bett? Verhalten Sie sich oft undiszipliniert? Oder passiert es Ihnen häufig, dass Sie Aufgaben erst auf den letzten Drücker fertigkriegen?

Jede Gewohnheit in Ihrem Leben, auch eine vermeintlich »schlechte«, erfüllt ihren Zweck. Wenn Sie aus Gewohnheit immer spät dran sind, nutzen Sie den Zeitdruck vielleicht als Motivator, um schnell und effektiv ins Handeln zu kommen.

In Ihrem Gehirn gibt es einen Bereich, der Ihre Gewohnheiten steuert, die Basalganglien. Damit der Autopilot eine bestimmte Handlung abspult, muss vorher eine Art Knopf gedrückt werden, der Auslösereiz.

- Lars (26) isst nach Feierabend große Mengen von Süßigkeiten und kämpft mit Gewichtsproblemen. Wenn er nach Hause kommt, geht er immer ins Wohnzimmer – und dort steht eine Schale mit Süßigkeiten auf dem Tisch. Dieser Anblick ist der Auslösereiz.
- Natalia (57) trinkt im Laufe eines Tages über sechs Tassen Kaffee. Als sie sich beobachtet, fällt ihr als Auslösereiz auf: Immer, wenn die nahe Kirchenglocke eine volle Stunde schlägt, denkt sie sich: »Jetzt wäre es mal wieder Zeit für einen Kaffee!«
- Die ordnungsliebende Alexandra (44) gerät immer wieder in Streit mit ihrem Partner, einem Freiberufler, wenn sie seinen unerledigten Abwasch im Spülbecken sieht. Dieser Anblick ist der Auslösereiz.

Stellen Sie sich eine Gewohnheit wie den tragenden Balken eines Hauses vor. Wer diesen Balken entfernt, riskiert den Einsturz. Wer ihn ersetzt, kann das Haus erhalten. Die Sozialarbeiterin hatte Drogen genommen, um ihrem Leben einen Sinn zu geben – jetzt nahm sie anderen Drogen weg, um dasselbe Bedürfnis zu erfüllen.

Aber wie verhindern Sie, dass Sie automatisch im alten Muster landen?

Alle Gewohnheiten folgen demselben Muster: Ein Auslösereiz veranlasst Sie zu einer Routine, und die führt zu einer Beloh-

nung – weshalb Sie die Routine wiederholen, sobald der Auslösereiz erneut auftritt.[95]

Um diesen Kreislauf zu unterbrechen, müssen Sie den Auslösereiz bemerken. Ein Tagebuch hilft Ihnen dabei. Notieren Sie immer, wenn Sie ins unerwünschte Muster fallen oder zu fallen drohen: Was genau animiert mich jetzt dazu?

Zum Beispiel sitze ich zappend auf dem Fernsehsofa (Handlung A) und öffne eine Flasche Bier (Handlung B). Also könnte ich notieren: »Ich trinke Bier, wenn ich zappend auf dem Fernsehsofa sitze.« Was kann ich jetzt unternehmen, um das Muster umzugestalten?

Der Motivationspsychologe Peter Gollwitzer weist durch Studien nach:[96] Mit einer konkreten Zielintension lassen sich Gewohnheiten leichter verändern. Bilden Sie dazu einen möglichst konkreten Wenn-dann-Satz, der auf den Auslösereiz (als Wenn) einen neuen, erwünschten Schritt (als Dann) folgen lässt:

»**Wenn** *ich aus dem Büro nach Haus komme gegen 18 Uhr, mich aufs Fernsehsofa setze und beginne, in den Programmen zu zappen,* **dann** *esse ich einen frischen Apfel, den ich vorher schon auf den Wohnzimmertisch gelegt habe (während ich die Bierflasche entfernt habe!).«*

Auf A (Fernsehsofa) folgte nicht mehr B (Bier), sondern C (Apfel). Idealerweise strebe ich eine Alternative an, durch die meine Bedürfnisse nach wie vor befriedigt werden. Je besser ich meine Bedürfnisse kenne, desto treffender kann meine Handlungs-Alternative ausfallen:

- Falls mich das Bier entspannen soll, kann ich durch eine Meditation dasselbe Ziel erreichen. Oder durch Sport. Oder indem ich meinen Lieblingssong höre und dazu tanze.
- Falls das Bier meinen Durst stillen oder mir einen guten Geschmack in den Mund bringen soll, würde ein Apfel oder ein Tee

denselben Zweck erfüllen. Oder ich presse mir einen Orangensaft aus und genieße dabei den Geruch der Orange und das Gefühl, einen Saft selbst herzustellen.

- Und falls das Bier mich mit den Protagonisten auf dem Bildschirm verbinden soll, kann ich dieses Gefühl der Zugehörigkeit auch durch ein Treffen mit Freunden erreichen. Oder indem ich in einem Fotoalbum blättere und schöne Erinnerungen abrufe.

Falls Sie unsicher sind, welches Bedürfnis Ihre Gewohnheit erfüllt: Experimentieren Sie mit alternativen Belohnungen, um herauszufinden, wie Sie die Gewohnheit effektiv ersetzen können. Wenn Sie Ihre Arbeit jeden Tag unterbrechen, um ein Stück Kuchen zu kaufen und zu essen, kann es Ihnen um die Arbeitsunterbrechung an sich gehen (die auch ohne Süßigkeit zu haben wäre, etwa durch Gymnastik), um die Befriedigung des Hungers (die auch mit einer Banane möglich wäre), um einen Energieschub (den Sie auch mit Kaffee erzielen könnten) oder um das Plaudern in der Cafeteria (das auch bei einem Glas Mineralwasser gelänge).[97]

Es ist kein Problem, wenn Ihr Leben in die falsche Richtung läuft – sofern Sie diese Richtung wieder wechseln.

> **»Wer ständig glücklich sein möchte, muss sich oft verändern.«**
> *Konfuzius*

Mein Klient Arno (33) hatte sich angewöhnt, dass er seine Freundin anrief, wenn er gestresst von der Arbeit nach Hause kam. Oft machte er ihr Vorwürfe, und ein Streit tobte los. Die beiden gingen sich an, bis einer auflegte. Der ganze Abend war dann verdorben, und die Beziehung kriselte.

In unserer Beratung wurde Arno bewusst, welches heimliche Bedürfnis er verfolgte: Er wollte seinen Stress abbauen. Die Gespräche mit seiner Freundin dienten ihm als Blitzableiter. Jedoch litt er jedes Mal wie ein Hund, wenn der Haussegen wieder schiefhing.

Er nahm sich vor, den Balken seiner alten Gewohnheit durch einen neuen zu ersetzen: Direkt nach seiner Heimkehr von der Arbeit wollte er eine Viertelstunde Klimmzüge machen. So viele Sätze, wie er konnte, mit Pausen dazwischen. Er liebte Sport und war gut trainiert, eine Stange im Türrahmen gab es schon.

Den Schlüsselreiz hatte er identifiziert: Nach besonders stressigen Tagen ging er zunächst auf seinen Balkon, um durchzuatmen (A). Und wenn er hier stand, immer von hier, rief er seine Freundin an (B).

Seine neue Zielintension lautete: »Wenn ich nach Feierabend auf den Balkon trete (A), um durchzuatmen, dann ist das mein Startsignal für ein viertelstündiges Training an der Klimmzugstange (C).« Aber wie konnte er sicherstellen, dass sich das gewohnte B klammheimlich nicht doch wieder einschlich?

Er steckte seine kleinste Hantel in einen Blumentopf. Und wann immer er den Balkon betrat und diese Hantel sah, fuhr er aus seiner Trance hoch: Ach ja, ich wollte jetzt körperlich trainieren – und nicht meine Freundin anrufen. Das tue ich erst später.

Es hat prima funktioniert: Er schwitzte seinen Stress an der Klimmzugstange raus. Er baute die Anspannungen des Tages körperlich ab. Diese Trainingseinheiten schenkten ihm eine tiefe Zufriedenheit. Danach führte er erfüllende Telefonate mit seiner Liebsten.

Ein paar Monate später sagte er zu mir: »Die Hantel steckt immer noch im Blumentopf. Inzwischen brauch ich sie nicht mehr, ich gehe sofort an die Klimmzugstange. Aber wenn ich mit meiner Freundin telefoniere, muss ich beim Anblick der Hantel öfter lächeln. Vielleicht hat sie meine Beziehung gerettet.«

Drei Perlen **TIPP**

1. Meine schlechten Gewohnheiten befriedigen wichtige Bedürfnisse. Es liegt an mir, das konstruktiver zu tun.

2. Jeder Gewohnheit geht ein Schlüsselreiz voran. Wenn ich ihn erkenne, kann ich rechtzeitig stoppen.
3. Kleine Eselsbrücken helfen mir, beim Auslösereiz in die neue Gewohnheit abzubiegen.

Mini-Challenge mit Maxi-Wirkung

Welche schlechte Gewohnheit will ich ablegen?

____

____

____

Welches Bedürfnis befriedige ich mit ihr?

____

____

____

Und womit ließe sich dieses Bedürfnis produktiver befriedigen?

____

____

____

Folgender Wenn-Satz wird mir mit Blick auf den Auslösereiz helfen:

Wenn ich künftig ________________________________

____________________________________ (Auslösereiz)

dann werde ich ________________________________

__________________________________ (neues Verhalten)

Die neidischen Affen: Wie Sie sich nie mehr vergleichen

Die Kapuzineraffen haben alle Hände voll zu tun. Die Forscherin Sarah Brosnan von der amerikanischen Emory Universität wirft Kieselsteine in die Käfige.[98] Und jedes Mal, wenn ein Affe den Kieselstein zurückbringt, bekommt er eine Belohnung. Mal wird ihm ein Stück Gurke gereicht, eine alltägliche Nahrung. Und mal bekommt er die Lieblingsspeise aller Affen, eine Weintraube.

Solange die Affen die gleiche Belohnung bekommen, bringen sie jeden Kieselstein zurück. Dann variiert die Forscherin ihr Experiment: Der eine Affe wird mit einer delikaten Traube belohnt. Doch sein Nachbar, der das beobachtet hatte, muss sich mit einem Stück Gurke begnügen. Mehrfach.

Was, glauben Sie, passiert? Der Gurken-Affe wirft seine Belohnung beleidigt weg und stellt seine Kooperation ein. Er streikt in seinem Käfig.

Wie geht es Ihnen, wenn ein Kollege gelobt wird, aber Sie für eine ähnliche Arbeit nicht? Wir alle kennen das Gefühl, ungerecht behandelt zu werden. Das Leben soll uns Weintrauben zuwerfen, aber wir bekommen nur Gurkenstücke:

- Wenn unser Freund seine große Liebe findet, warum sind wir dann noch immer Single?
- Wenn eine Bekannte eine Million erbt, warum erwartet uns dann nur ein besseres Taschengeld?
- Wenn der Vereinskollege bei jeder Versammlung umschwärmt ist, warum setzt sich dann kaum jemand in unsere Nähe?

- Und wenn eine Freundin ein florierendes Nebengeschäft anstößt, warum endet unser Business dann als Rohrkrepierer?

Was geht in Ihnen vor, wenn andere vom Schicksal scheinbar bevorzugt werden? Bleibt Ihre Kraft erhalten? Geben Sie weiter Gas? Oder kann es sein, dass Sie Ihre Kooperation einstellen wie ein Kapuzineraffe: »Wenn der Chef meine Leistung nicht sieht, dann brauche ich mich nicht weiter anzustrengen.«

> **»Das Vergleichen ist das Ende des Glücks und der Anfang der Unzufriedenheit.«**
> *Sören Kierkegaard*

Stellen Sie sich vor, Sie nehmen an einem Experiment teil und bekommen Bilder von Top-Models präsentiert, alle jung, schlank und von makelloser Schönheit. Was glauben Sie, wie dieser Anblick Ihre Laune beeinflusst? Geht es Ihnen danach besser oder schlechter als zuvor?

Diese Studie der US-Universität Columbia fand heraus:[99] Frauen fühlen sich nach dem Anblick der Bilder junger Mannequins schlechter – unabhängig davon, ob sie selbst schlank oder füllig sind.

Offenbar vergleichen sich die Frauen in irrationaler Weise mit den Models. Je jünger und makelloser diese Superfrauen sind, desto älter und makelbehafteter kommen die Betrachterinnen sich vor. Ich nehme an, Männer würden sich beim Anblick männlicher Top-Models ähnlich schlecht fühlen.

Der Sozialpsychologe Leon Festinger, Gründer der Theorie des sozialen Vergleichs, spricht von einem »Aufwärtsvergleich«:[100] Wir nehmen jemanden zum Maßstab, der uns überlegen erscheint. Das kann Wachstum anregen, aber auch Minderwertigkeitsgefühle schüren.

Die Reaktion der Frauen ist irrational. Macht der Anblick der jungen Models die Betrachterin älter? Nein. Fängt sie sich Makel ein, indem sie diese Fotos anschaut? Nein. Alles bleibt, wie es vorher war. Aber im Kopfkino läuft ein negativer Film ab.

Wenn Sie sich mit der vermeintlichen Perfektion anderer vergleichen, präpariert das Ihre Mängel heraus wie die Dunkelheit ein Glühwürmchen. Dann hängen Sie Ihre Einzigartigkeit an den Nagel.

Dann wollen Sie haben, was Sie nicht brauchen, nur weil ein anderer es hat. Aber wie geht es Ihnen, wenn Sie durch einen herrlichen Wald spazieren:

- Werden Sie neidisch auf die Vögel sein, weil die schöner als Sie singen können? Oder erfreuen Sie sich an ihrem Gesang?
- Werden Sie neidisch auf den Baum sein, weil der so viel größer ist als Sie? Oder erfreuen Sie sich an seinem Schatten?
- Oder werden Sie neidisch auf einen Hasen sein, weil er viel schneller und flinker als Sie rennen kann? Oder erfreuen Sie sich an seinem Lauf?

Neid ist ein Gefühl, das dem Vergleich entspringt. Und wir Menschen vergleichen uns nicht mit Pflanzen oder Tieren. Wenn Sie wollen, können Sie sich am Erfolg eines anderen Menschen genauso wie am Gesang der Vögel im Wald erfreuen.

Oft denke ich an die Geschichte von zwei befreundeten Männern, die an einem klaren Fluss entlangliefen.[101] Der eine sagte: »Siehst du all die glücklichen Fische? Sie erfreuen sich an ihrem Leben.«

Sein Freund legte die Stirn in Falten. »Woher willst du wissen, ob diese Fische glücklich sind? Du bist kein Fisch!«

Der andere lächelte. »Woher willst du wissen, dass ich nicht weiß, was Fische fühlen? Du bist nicht ich!«

Jeder Mensch ist anders. Wir stellen uns die Trauben der anderen süß vor, aber sie können sauer sein. Was, wenn der frisch Beförderte seine alte Fachposition schrecklich vermisst, seine Ehe aufs Spiel setzt und sich als Top-Kandidat für den nächsten Herzinfarkt qualifiziert?

Und sind Sie ganz sicher, dass ein erfüllter Wunsch besser als ein offener ist? Die Erfüllung kostet einen hohen Preis:

- Wer die Liebe seines Lebens schon gefunden hat – der kann sie nicht mehr finden. Wer nicht, der kann noch!
- Wer seine erste Million schon gemacht hat – der kann sie nicht mehr machen. Wer nicht, der kann noch!
- Und wer seine erste Weltreise schon erlebt hat – der kann sie nicht mehr erleben. Wer nicht, der kann noch!

Aljoscha Long und Ronald Schweppe schreiben in ihrem Buch *Karma*:[102]

> *Dass Vorfreude tatsächlich die höchste Freude ist, zeigen Psychologie und Hirnforschung: Wenn wir uns schöne Dinge vorstellen, schüttet unser Gehirn kräftig Glückshormone aus. Wir fühlen uns gut. Aber natürlich sind wir in aller Regel der Überzeugung, dass die Realität sicherlich noch weitaus schöner sein wird als die Vorstellung davon. Und hier liegt leider der Trugschluss, denn es gibt einen fatalen Zusammenhang: je stärker die Vorstellung, desto schwächer die Wirklichkeit!*

Ein Wunsch, der sich erfüllt, ist keiner mehr. Es ist herrlich, nach einer Sache noch streben zu dürfen. Überzogene Vergleiche machen unglücklich. Und es wäre affig, die Kooperation mit dem Leben einzustellen.

Drei Perlen

TIPP

1. Ein Ver*gleich* setzt voraus, dass ich »gleich« bin – aber ich bin einmalig.
2. Das Glück ist wie ein Kleidungsstück: Was einem anderen passt, passt mir noch lange nicht.
3. Jeder offene Wunsch ist für mich eine Chance, eine offene Tür zum Glück.

Mini-Challenge mit Maxi-Wirkung

Ich denke an einen Menschen, den ich öfter mal beneide: ____________________ Und jetzt stelle ich mir ganz intensiv vor, dass ich mich von Herzen mit ihm freue – dass sein Glück auch mein Glück ist. Was verändert sich, wenn ich ihn so betrachte? Inwiefern geht es mir besser damit?

Mein Erfahrungsbericht: ____

____

____

____

Die schwindelnde Professorin: Was Erwartungen mit Ihnen machen

Eines Tages flog die alte Professorin auf. Jahrelang hatte sie die zuverlässigsten Intelligenztests des Landes durchgeführt. Doch nun kam heraus, dass sie die Testbögen nicht ausgewertet hatte. Die Fachwelt war verblüfft, wie sie so treffende Ergebnisse ohne Datenbasis hatte erzielen können.

Die alte Professorin wurde vor eine Untersuchungs-Kommission zitiert, und der Vorsitzende fragte: »Ist es richtig, dass Sie Ihre Intelligenztests nicht ausgewertet haben?«

»Nur fast«, sagte die Professorin.

»Was soll das heißen?«

»Die Antwort auf meine erste Frage habe ich mir immer angeschaut. Dann hat sich der Rest erübrigt.«

»Und welche erste Frage, bitte schön, war das?«

»Für wie intelligent halten Sie sich selbst?«

»Dabei haben Sie all die Intelligenten übersehen, die sich unterschätzen!«

»Nein! Denn die können ihre Intelligenz nicht abrufen.«

Ich möchte Ihnen jetzt beibringen, wie Sie sich mit Erfolg blockieren können. Nutzen Sie dazu eine Selbsthypnose. Formulieren Sie in einem prägnanten Satz, was mit Ihnen *nicht* stimmt oder was Sie *nicht* können, je pauschaler, desto besser. Denken Sie zum Beispiel: »Ich kann nicht öffentlich reden!«

Der Rest ist ein Kinderspiel:

Wiederholen Sie den Satz in Gedanken so oft, bis er sich in Ihr Unbewusstes geschliffen hat. Dann werden Sie ein Rede-Gehemmter wie aus dem Bilderbuch; Ihre Lippen machen dicht, sobald Sie vor einer Gruppe stehen. Gratulation zur Selbsthypnose!

Jeder von uns ist ein Selbst-Hypnotiseur. Jeder redet sich ein, Dinge nicht zu können, die er eigentlich kann; Probleme zu haben, die er eigentlich nicht hat; und an Grenzen zu stoßen, wo eigentlich keine sind. Selbsthypnosen können lähmen. Diese Sätze habe ich in Beratungen zuletzt mitgeschrieben:

»Ich bin unordentlich.«, »Small Talk liegt mir nicht.«, »Ich bin ein schüchterner Mensch.«, »Ich kann mich nicht durchsetzen.«, »Ich habe zu wenig Disziplin.«, »Ich bin zu egoistisch.«, »Ich habe für Fremdsprachen kein Talent.«, »Ich habe zwei linke Hände.«

Setzen Sie die Liste fort, welche negativen Sätze denken Sie über sich selbst? Antworten Sie auf folgende Fragen:

- Was können Sie auf keinen Fall?
- Welche schlechten Eigenschaften sagen Sie sich nach?
- Woran scheitern Sie immer?
- Welche Probleme sind für Sie nicht lösbar?
- Wozu fehlt Ihnen das Talent?
- Auf welchen Feldern versagen Sie?

Ich wette, Ihre Antworten spiegeln nicht die Realität, nur eine gelungene Selbsthypnose. Wenn ein Vogel glaubt, er könne nicht fliegen, traut er sich nicht mehr vom Baum.

Vielleicht kennen Sie einen Hypochonder, der sich übermäßig vor Krankheiten fürchtet. Man sollte meinen: Wer so auf der Hut ist, lebt länger! Tatsächlich aber steckt hinter der Hypochondrie oft eine Selbsthypnose wie: »Ich bin besonders anfällig für schwere Krankheiten!« Diese negative Annahme hat dramatische Folgen:

Laut einer schwedischen Langzeit-Studie sterben schwere Hypochonder früher als der Durchschnitt und nehmen sich viermal so oft das Leben.[103]

Welches Kraut ist gegen eine Selbsthypnose gewachsen? In der Beratung wecke ich das logische Denken meiner Gesprächspartner, hier bei meinem Klienten Peter (34), einem Verwaltungswirt:

Klient: Ich kann nicht öffentlich reden!

Ich: Es fiel Ihnen *in der Vergangenheit* oft schwer, vor anderen zu sprechen?

Klient: Allerdings! Ich verliere immer den Faden.

Ich: *Bislang* sind Sie beim Reden öfter mal durcheinandergekommen?

Klient: Ja, das ist mir immer wieder passiert.

Ich: Und jetzt fürchten Sie: Was *damals passiert* ist, könnte sich bei neuen Auftritten wiederholen?

Klient: Damit rechne ich sogar!

Ich: Wenn Sie sagen, Sie rechnen damit, heißt das: Ganz sicher sind Sie nicht – es könnte beim öffentlichen Reden auch anders, auch besser laufen?

Klient: Na ja, theoretisch schon. Aber ich habe immer wieder die Erfahrung gemacht, dass ich als Redner nicht so gut ankomme.

Ich: Sie räumen ein, dass Sie als Redner künftig mehr Erfolg haben *könnten*. Aber es fehlen Ihnen die guten Gründe, daran zu glauben – da Sie es *in der Vergangenheit* ja anders erlebt haben?

Klient: Das bringt es auf den Punkt, ja. Ich weiß nicht, warum sich das ändern sollte.

Ich: Angenommen, Sie würden sich fragen: Was kann ich tun, um als Redner künftig mit einer größeren Selbstsicherheit auf die Bühne zu treten? Welche ersten, kleinen Schritte fallen Ihnen da ein?

Worin besteht meine Strategie? Ich mache den Menschen bewusst, dass es unlogisch ist, Erfahrungen aus der Vergangenheit auf die

Zukunft zu übertragen. Das ist, als würde man sagen: »Gestern hat es geregnet. Also muss es heute auch regnen. Also muss es immer regnen.« Neue Erwartungen schaffen neue Möglichkeiten.

> **»Solange sich ein Mensch einbildet, etwas nicht tun zu können, solange ist es ihm unmöglich, es zu tun.«**
>
> *Baruch de Spinoza*

Was ein kleiner Unterschied in der Sprache ist, ist ein riesiger Unterschied im Denken:

»Ich kann nicht öffentlich reden!« klingt nach einem Urteil in letzter Instanz. Dann sitzen Sie lebenslänglich im Gefängnis Ihrer Unfähigkeit fest. Es lohnt nicht, etwas zu unternehmen.

»Ich bin noch nicht zufrieden mit meinen Auftritten als Redner!« klingt nach einem Übergang. »Noch« deutet an: Das ist veränderbar. Und »nicht zufrieden« macht deutlich: Das ist kein objektives Urteil, sondern Ihr subjektiver Eindruck. Der kann richtig, aber auch falsch sein. Womöglich liegt das Problem in Ihren Maßstäben.

Wenn Sie von sich sagen, Sie können nicht reden, sieht der Teufelskreis so aus:

- Sie reden vor einer Gruppe, sind damit aber nicht erfolgreich (nach Ihrer subjektiven Einschätzung).
- Sie denken sich: »Ich kann einfach nicht öffentlich reden.«
- Sie meiden öffentliches Reden, weil Sie davon ausgehen, es nicht zu können (»Ich will mich ja nicht blamieren!«).
- Weil Sie das Reden meiden, entwickeln Sie sich als Redner nicht weiter und bauen eine immer größere Blockade auf.
- Wenn Sie doch mal wieder öffentlich reden (müssen), ist alles noch schlimmer geworden, Sie stellen fest: »Ich kann einfach

nicht öffentlich reden …« Und der Teufelskreis beginnt von vorne.

Aber wenn Sie die Selbsthypnose erkennen und einen Bislang-noch-Satz bilden, kann ein Engelskreis entstehen:

- Sie reden vor einer Gruppe, sind damit aber nicht erfolgreich (nach Ihrer subjektiven Einschätzung).
- Sie denken sich: »*Bislang* rede ich in der Öffentlichkeit noch nicht so gut, wie ich mir das wünsche.«
- Sie nutzen jede Gelegenheit, um Ihre Fähigkeiten als Redner zu trainieren. Sie melden sich freiwillig für Präsentationen. Sie belegen ein Rednerseminar. Oder Sie treten einem Debattierclub bei.
- Weil Sie sich als Redner trainieren, werden Sie immer besser. Ihre innere Sicherheit wächst, die Blockade löst sich auf.
- Wenn Sie wieder öffentlich reden (müssen), merken Sie: »Ich habe als Redner Fortschritte gemacht.« Und nun werden Sie sich auf weitere Auftritte freuen, jedes Mal dazulernen.

Der US-Autor und Weisheitslehrer Wayne Dyer schreibt in seinem Buch *Der wunde Punkt*:

> *Verantwortlich dafür, wie Sie sich fühlen, sind allein Sie! Sie fühlen, was Sie denken, und wenn Sie sich dazu entschließen, ganz anders zu denken, dann können Sie das lernen. Überlegen Sie, ob es sich wirklich auszahlt, unglücklich, niedergeschlagen oder verletzt zu sein. Beginnen Sie, gründlich nachzuforschen, was für Gedanken das eigentlich sind, die zu diesen hemmenden Gefühlen führen.*

Falls Sie jemals einen Intelligenztest machen, denken Sie an die alte Professorin: Je klüger Sie sich einschätzen, desto mehr Klugheit können Sie beweisen. Selbsthypnose funktioniert immer – auch zu Ihren Gunsten!

Drei Perlen **TIPP**

1. Wenn ich mir einrede, dass etwas nie in meinem Leben klappt, dann wird es nie klappen.
2. Wenn ich mir bewusst mache, dass es *bislang noch* nicht geklappt hat, glaube ich an den *künftigen* Erfolg.
3. Ein Erfolg, an den ich glaube, ist einer, den ich auch erzielen kann.

Mini-Challenge mit Maxi-Wirkung

Worin bin ich schlecht und meide es? ____________________

____

____

____

Was passiert, wenn ich es nicht länger meide, sondern öfter praktiziere? Inwiefern kann es sein, dass ich besser werde und allmählich Lust darauf bekomme? Und an welcher Kleinigkeit kann ich das in den nächsten Tagen testen?

Mein Erfahrungsbericht: __________________________

____

____

____

Der Dichter im Gefängnis:
Wie Ihr Denken Sie befreit

Eines Nachts bei seiner Weltreise betrank sich der junge Dichter in einer orientalischen Stadt. Am nächsten Morgen erwachte er auf hartem Boden mit einem Brummschädel und blickte durch Gitterstäbe. Neben ihm saß ein alter Mann. Auf der anderen Seite des Gitters wurde fleißig gearbeitet.

Der Dichter fragte den Alten: »Warum hat man uns eingesperrt?«

»Wir haben nicht so gelebt, wie es für uns bestimmt war.«

Der junge Dichter dachte daran, wie viel Alkohol er in der letzten Nacht getrunken hatte, und nickte. »Wie lange werden wir noch gefangen sein?«

»Ein ganzes Leben lang«, sagte der Alte.

»Lebenslänglich! Das ist ja Wahnsinn!« Dem Dichter wurde schwindlig. Was hatte er sich bloß eingebrockt!

Der Alte rückte näher. »Wir können uns selbst befreien.«

»Du meinst einen Ausbruch. Aber wie bezwingen wir die Gitterstäbe?«

»Nicht nötig«, sagte der Alte. »Wir sitzen auf der Straße *vor* dem Gefängnis und schauen in den Hof, wo die Gefangenen arbeiten.«

»Dann sind wir nicht gefangen!«, rief der Dichter erfreut.

»Doch«, sagte der Alte, »lass uns ausbrechen aus dem falschen Leben!«

Lebenslänglich Gefängnis wäre ein Drama für jeden von uns. Aber sind die Gitterstäbe im eigenen Kopf, die einschränkenden Glaubenssätze, nicht noch viel gefährlicher? Sie halten uns gefangen im falschen Leben.

Ein Abteilungsleiter sagte zu mir: »Mein Job ist nicht das Gelbe vom Ei. Ich hetze durch meine Tage und muss Entscheidungen von oben umsetzen, hinter denen ich nicht stehe. Aber ich kann doch nicht einfach hinwerfen. Ich habe neun Jahre gebraucht, bis ich befördert wurde.«

Ich fragte: »Was würden Sie tun, wenn Sie in einen falschen Zug steigen? Würden Sie drinbleiben, nur weil Sie lange auf dem Bahnsteig gewartet haben?«

»Ich würde ja aussteigen aus meiner Position. Aber was dann? Mein Lebenslauf wäre im Eimer. Ich müsste mit Mitte 40 noch mal neu anfangen. In meinem aktuellen Job weiß ich wenigstens, was mich erwartet. So schlimm ist es auch wieder nicht.«

Je länger wir hinter Gittern leben, desto weniger nehmen wir wahr, was sie aus uns machen.

> **»Wer gewohnt ist, sich im Spiegel zu schauen, vergisst immer seine Hässlichkeit.«**
> *Friedrich Nietzsche*

Unser Verstand redet das Unschöne schön. Dann halten wir an einem Job fest, der uns nicht mehr beglückt, an einer Beziehung, die uns runterzieht, an einem Leben, das nicht unseres ist. Wir halten das für vernünftig. Aber es ist feige. Für einen Ausbruch bräuchte es Mut und Energie.

Menschen ziehen einen schlechten Zustand, den sie kennen, einem guten vor, den sie noch nicht kennen. Ein Leben im Gefängnis ist berechenbar. Aber Freiheit riecht nach Gefahr.

Seien Sie ehrlich zu sich, decken Sie die Gitterstäbe auf:

- Welche Überzeugungen hindern Sie daran, der Mensch zu sein, der Sie gerne wären?
- Was hält Sie davon ab, ein Leben nach Ihren Wünschen zu führen?
- Und wie kommen Sie raus aus diesem Gefängnis?

Ich saß über 15 Jahre im Gefängnis eines Glaubenssatzes. Zwar lebte ich als junger Journalist schon vom Schreiben und hatte mit Anfang 20 den Reportagepreis der Akademie für Publizistik gewonnen. Dennoch redete ich mir ein: »Ich kann keine Bücher schreiben!«

Ein Zeitschriften-Artikel von vier Seiten kam mir wie ein Marathon vor, ich quälte mich damit. Wie sollte es mir dann gelingen, ein Buch von 200 oder 300 Seiten zu schreiben? »Unmöglich!«, sagte ich zu mir. »Ich kann keine Bücher schreiben!«

Mit 18 Jahren hatte ich meine ersten Buchpläne im Kopf. Mit 23 saß ich vor fertigen Buchkonzepten. Mit 28 verfolgte ich nicht ohne Neid, wie der fünf Jahre jüngere Benjamin von Stuckrad-Barre mit seinem Roman *Solo-Album* die Bestseller-Listen stürmte.

Ich brachte alles mit, was ich als Autor benötigte: Schreibtalent, Ausdauer und wichtige Botschaften. Aber weil ich glaubte, keine Bücher schreiben zu können, konnte ich es nicht. Was uns unmöglich *scheint,* ist uns unmöglich.

Das beweist der Bannister-Effekt.[104] Seit 1886 setzten Läufer alles daran, eine Meile schneller als in vier Minuten zu laufen. Die besten Athleten rund um den Globus liefen gegen die Uhr an, angefeuert von Fans, fit gemacht von brillanten Trainern. Doch so sehr sie sich ins Zeug legten, die Uhr gewann. Bis in die 1950er-Jahre schaffte niemand die Meile unter vier Minuten. Irgendwann galt es als *unmöglich.*

Doch am 6. Mai 1954 gelang Roger Bannister das Kunststück: Bei einer kleinen Veranstaltung in Oxford durchbrach er die magische Hürde um sechs Zehntelsekunden. Was nun geschah, ist rational schwer zu erklären: Nur 46 Tage nach dem Rekord wurde Bannister vom australischen Läufer John Landy übertroffen. Und im nächsten Jahr wurde die Vier-Minuten-Marke in einem *einzigen Rennen* von drei Läufern geknackt.

Vorher hatte es kein Läufer der Welt geschafft. Und jetzt ging der Rekord in Serie. Wie ist das möglich? In ihrem Buch über die

Macht des Glaubens ans Unmögliche fragen die Professoren Yoram Wind und Colin Crook mit einem Augenzwinkern:[105]

> *Gab es einen plötzlichen Wachstumsschub in der menschlichen Evolution? Gab es ein gentechnisches Experiment, das eine neue Rasse von Superläufern hervorbrachte? Nein. Was sich geändert hat, war das mentale Modell. Die Läufer der Vergangenheit wurden von der Einstellung zurückgehalten, dass sie die Unter-Vier-Minuten-Meile nicht schaffen könnten. Als diese Grenze überschritten wurde, erkannten die anderen, dass sie etwas tun konnten, was sie zuvor für unmöglich gehalten hatten.*

Es war den Läufern ergangen wie mir mit meinem Buch: Es fehlte nicht an den Fähigkeiten – es fehlte am Glauben! Die Gitterstäbe befanden sich im eigenen Kopf.

2002 wurde mein Bannister-Jahr: Ich strich das Wort »keine« aus meinem Glaubenssatz und dachte: Ich kann Bücher schreiben. Je öfter ich diesen Satz wiederholte, desto mehr Kräfte flossen mir zu. Schließlich platzte der Knoten, bis heute flossen über 40 Bücher aus meiner Feder. Ich bin der geborene Autor. Aber fast hätte ich es nicht bemerkt!

Und als ich meine digitale 365-Tage-Challenge ins Leben rief, um Menschen jeden Tag zu inspirieren, dachte ich zunächst: Das schaffst du niemals, pro Jahr 365 sinnvolle Texte zu schreiben. Inzwischen geht die Challenge ins vierte Jahr, ich habe mit wachsender Freude 1460 Impuls-Texte verfasst – und bekomme von Teilnehmern die Rückmeldung, die Challenge werde immer besser. Auch diese Hürde bestand nur in meinem Kopf.

Haben Sie Ihre wahre Bestimmung schon gefunden? Glauben Sie daran, es wirklich zu erreichen? Ich sage Ihnen, was Sie in Ihrem Leben schaffen werden: das, was Sie sich zutrauen.

Fragen Sie sich:

- Glaube ich daran, dass ich meinen größten Traum verwirklichen kann?
- Glaube ich daran, dass mein Selbstbewusstsein jeden Tag wächst?
- Glaube ich daran, dass ich ein Recht habe, glücklich zu sein?
- Glaube ich daran, dass ich meine eigenen Interessen vorzüglich vertrete?
- Glaube ich daran, so weit in meiner Firma aufsteigen zu können, wie ich es will?
- Glaube ich daran, meinen Seelenpartner zu treffen und mit ihm glücklich zu werden?
- Glaube ich daran, dass ich gut mit Geld umgehen und reich werden kann?
- Glaube ich daran, mein größtes Problem lösen, daran wachsen und weiter als je zuvor kommen zu können?

Will ich also behaupten, dass allein der Glaube jeden Berg versetzt? Ach was. Bannister hat für seinen Erfolg bis zum Umfallen trainiert. Und ich arbeite beim Bücherschreiben 14 Stunden am Tag, inklusive Wochenende. Aber wenn beides zusammenkommt, wenn Sie fleißig sind *und* an Ihren Erfolg glauben, dann ebnet Ihr Geist Ihnen den Erfolgsweg – wie es einer der ältesten buddhistischen Texte treffend beschreibt:[106]

> *Den Dingen geht der Geist voran; der Geist entscheidet:*
> *Kommt aus getrübtem Geist dein Wort und dein Betragen,*
> *so folgt dir Unheil, wie dem Zugtier folgt der Wagen.*
>
> *Den Dingen geht der Geist voran; der Geist entscheidet:*
> *Entspringen reinem Geist dein Wort und deine Taten,*
> *folgt das Glück dir nach, unfehlbar wie dein Schatten.*

An welcher Meile scheitern Sie *noch*? Und was passiert, wenn Sie ab sofort Ihren Geist voraneilen lassen und an Ihren Erfolg glauben?

Drei Perlen TIPP

1. **Ich bin ein Gefangener meiner Überzeugungen – und kann mich selbst befreien.**
2. **Manchmal muss ich nur ein Wort aus einem einschränkenden Glaubenssatz streichen – und er wird zum Mutmacher.**
3. **Mein Körper hört auf meinen Geist. Je fester ich an etwas glaube, desto eher wird es wahr.**

Mini-Challenge mit Maxi-Wirkung

Ich führe folgenden Satz zu Ende, bezogen auf ein Ziel, von dem ich schon lange träume: »Es ist mir *un*möglich, dass ich (…)«

____

____

____

Jetzt streiche ich die Vorsilbe »un« fett durch. Was passiert, wenn aus dem einschränkenden ein öffnender Glaubenssatz wird? Wie oft muss ich den Satz wiederholen, bis ich über meine alten Grenzen hinausgehe?

Mein Erfahrungsbericht: ________________________

____

____

____

Das Feuer in New York: Warum Ihr Bauch alles richtig macht

Stellen Sie sich vor, Sie fliegen für ein verlängertes Wochenende nach New York, werden krank und gehen zu einem Arzt. Zwölfter Stock, Wartezimmer, drei andere Patienten sitzen dort. Während Sie auf Ihren Termin warten, bemerken Sie: Unter der Tür eines Nebenraumes quillt Rauch hervor, fett und schwarz. Der Raum wird immer mehr vernebelt. Feuer!

Wie werden Sie reagieren? Schlagen Sie Alarm? Oder halten Sie still? Und inwieweit hängt Ihre Reaktion vom Verhalten der anderen Menschen ab?

Bei einem ähnlichen Experiment der Sozialpsychologen John Darley und Bibb Latané kam heraus:[107] Wer allein in einem Warteraum sitzt, fühlt sich in der Regel verantwortlich und unternimmt etwas. Wer dort aber mit drei Eingeweihten sitzt, die nichts tun, lässt sich von der Ignoranz anstecken. Neun von zehn Teilnehmern bleiben im Raum und schlagen *keinen* Alarm. Sie nehmen den Rauch hin, als wäre er die normalste Sache der Welt.

Das Gegenstück zur »Schwarmintelligenz« ist die »Schwarmdummheit«[108]; Menschen tun das Falsche, weil andere es auch tun.

Eine Kollegin von mir, Assistentin unserer Redaktion, litt unter Kreislaufproblemen. Eines Tages stieg sie in Hamburg-Altona aus der S-Bahn, bekam einen Schwindelanfall und ging zu Boden. Sie hörte noch, wie ein anderer Fahrgast murmelte: »Wie kann man nur früh morgens schon so betrunken sein.«

Dutzende von Menschen umkurvten ihren Körper wie einen Müllsack. Keiner fragte, was mit ihr los war, keiner half. Die Wissenschaft hat einen Namen für dieses Phänomen: Zuschauer–Effekt.

Dieser Begriff wurde 1964 durch einen Mord in New York City geprägt.[109] Eine junge Frau, Kitty Genovese, wurde auf dem Weg zu ihrem Wohnhaus überfallen. Mindestens 40 Minuten lang wehrte sie sich. Sie schrie, riss sich los, floh von einem Ort zum nächsten. 38 Menschen haben den Überfall mitbekommen oder ihre Schreie gehört. Geholfen hat der jungen Frau niemand. Sie wurde vergewaltigt und ermordet.

Eine Studie fand heraus, wie das hatte geschehen können:[110] Jeder Zeuge sah *nicht sich*, sondern *die anderen* verantwortlich, weil die ihre Schreie ja auch hörten. Wenn alle die Verantwortung tragen könnten, nimmt sie keiner mehr wahr; man spricht von »pluralistischer Ignoranz«.

Meine wichtigste Lehre lautet: Ich brauche einen eigenen Kompass im Leben. Für alles, was ich tue und lasse, bin ich selbst verantwortlich:

- Ich helfe, wenn ich es für richtig halte – unabhängig davon, ob die anderen ihre Augen schließen.
- Ich sage, was ich wirklich denke – unabhängig davon, ob die anderen heucheln.
- Ich schlage Alarm, wenn ich es für angemessen halte – auch wenn die anderen nicht reagieren.
- Und ich gehe meinen eigenen Weg – unabhängig davon, was mir andere raten oder ob der Trampelpfad in eine ganz andere Richtung verläuft.

2021 quoll Rauch unter der Tür meines Lebens hervor. Mein digitales Geschäft schaltete durch Corona in den Turbo, Anfragen prasselten auf mich ein, die Arbeit wuchs mir über den Kopf. Ich eilte von Beratungen zur Videoproduktion, von Buchmanuskripten zu journalistischen Arbeiten, und jeden Tag rauschte ein Mail-Tsunami in mein Postfach. Mein Privatleben litt. Ich kämpfte mit Schlafstörungen.

Trainerkollegen beruhigten mich, ein alter Hase sagte: »Sei doch froh, dass du so gut im Geschäft bist! Hektik ist in unserer Branche ganz normal. Auch ich rotiere jeden Tag.« Meine Idee, sechs Monate Auszeit einzulegen, lehnte er kopfschüttelnd ab: »Das kostet dich zu viel Geld. Du musst die guten Jahre mitnehmen.«

Doch ich ignorierte solche Ratschläge und zog mich nach Schweden zurück. Ein halbes Jahr von April bis Ende September genoss ich die wilde Natur Dalarnas.

Ich schlief ein mit dem Rauschen des Flusses vor meiner Tür. Stundenlang lief ich durch Wälder, weiches Moos federte meine Schritte, und die alten Bäume hielten ihre schützenden Äste über mich. Ich genoss die Natur. Mit jedem Tag ging es mir besser.

Als ich zurückkam, war mein Akku wieder aufgeladen: Ich brachte zahlreiche gute Ideen mit. Ich schlief besser als zuvor. Und ich freute mich auf jeden neuen Tag. Es war wichtig, dass ich den Rauch unter meiner Tür ernst genommen hatte, sonst wäre ich womöglich in einem Burn-out gelandet.

Was die anderen tun oder Ihnen raten, ist die Sache der anderen. Verantwortlich für Ihr Leben sind Sie selbst. Lassen Sie sich nie von Dummheiten anstecken:

- Wenn alle über ihre Führungskraft lästern und sich damit negativ programmieren, müssen Sie das noch lange nicht.
- Wenn andere aus Ihrem Freundeskreis es für richtig halten, ihren Partner zu betrügen, müssen Sie das noch lange nicht.
- Wenn andere für ihre Karriere über Leichen gehen, müssen Sie das noch lange nicht.
- Wenn andere es für nötig halten, pausenlos erreichbar zu sein

und lieber ihren Verstand als ihr Handy ausschalten, müssen Sie das noch lange nicht.
- Wenn andere wegschauen, wenn jemand in Not ist, müssen Sie das noch lange nicht.

Manchmal orientieren wir uns so sehr an anderen Menschen, dass wir blind für die eigenen Bedürfnisse werden, aber das klappt nicht wirklich:

> **»Du kannst deine Augen schließen, wenn du etwas nicht sehen willst, aber du kannst nicht dein Herz verschließen, wenn du etwas nicht fühlen willst.«**
>
> *Johnny Depp*

Folgen Sie keiner Spur, die andere gezogen haben, sondern ziehen Sie Ihre eigene. Geben Sie sich die Erlaubnis, auf Ihr Herz zu hören und gegen den Strom zu schwimmen: Meditieren Sie im Bus oder in der Bahn, wenn alle anderen auf ihre Smartphones glotzen. Lächeln Sie im hektischen Stadtverkehr einen Autofahrer neben sich an, wenn die anderen Fratzen ziehen. Oder machen Sie früh Feierabend, wenn die anderen an ihren Stühlen festkleben und die Karriere mit ihrem Leben verwechseln.

Meiden Sie die Dummheit des Schwarms, nutzen Sie Ihre innere Weisheit. Und greifen Sie zum Feuerlöscher, wenn Rauch unter einer Tür hervorquillt!

Drei Perlen **TIPP**

1. Wenn ich fremdes Verhalten kopiere, kopiere ich jede Dummheit mit – keine gute Idee!
2. *Übliche* Fehler sind leicht vermeidbar, indem ich selber laufe, statt nur mitzulaufen.
3. Ich richte meine Entscheidungen nicht an anderen Menschen, sondern an meinen Werten aus.

Mini-Challenge mit Maxi-Wirkung

Vier Dinge, die mich von anderen unterscheiden:

1. *Das* würde ich *nie* für meinen Erfolg tun: ____________________

____

____

____

2. *Dieser* gängigen Meinung widerspreche ich: ____________________

____

____

____

3. *Dafür* würde ich mein Leben riskieren: ____________________

____

____

____

4. *Das* ist für mich kostbarer als Geld: ____________________

____

____

____

Das Schweigen des Weisen: Warum Sie niemandem nach dem Mund reden dürfen

Die Dorfbewohner luden den Weisen ein, um eine Rede über den Sinn des Lebens zu halten. Sie versammelten sich auf dem Marktplatz. Der Weise sagte: »Was wisst ihr bereits über mein heutiges Thema?«

»Ziemlich viel!«, riefen die Dorfbewohner, um den Redner zu beeindrucken. Der Weise nickte. »Wenn ihr schon so gut informiert seid, hat sich meine Rede erledigt.« Mit diesen Worten verabschiedete er sich.

Die Dörfler waren enttäuscht, aber ihre Neugier wuchs. Sie luden den Weisen erneut ein. Wieder fragte er: »Was wisst ihr bereits über das Thema meiner Rede?« Diesmal riefen die Menschen: »Nichts.« Und der Weise sagte: »Wenn ihr so wenig wisst, ergibt meine Rede keinen Sinn.« Und er reiste erneut ab.

Die Dorfbewohner berieten sich und luden den Weisen erneut ein. Auf die Frage, was sie schon wüssten, rief die eine Hälfte der Zuhörer: »Viel!« Und die andere Hälfte rief: »Wenig!« Der Weise lächelte: »Dann sollen diejenigen, die schon etwas wissen, die Unwissenden unterrichten.« Und er reiste ab.

Die Dorfbewohner waren traurig und wollten schon aufgeben. Doch eine kluge, alte Frau meinte: »Beim nächsten Mal schweigen wir!« Gesagt, getan: Der Weise trat erneut vor die Menge, stellte seine Frage, und alles schwieg. Es war so leise, dass man den Wind in den Gräsern wispern hörte. Und in diese Stille hinein sprach der Weise das erste Wort seiner Rede.

Die Dorfbewohner wollten dem Weisen nach dem Mund reden. Aber was sie für Höflichkeit hielten, kam bei ihm als Heuchelei an: Der Weise war erst bereit, über den Sinn des Lebens zu sprechen, als sich die Dorfbewohner zu ihrer Ratlosigkeit bekannten. Ein ehrliches Schweigen war ihm lieber als geheuchelte Floskeln.

Wie ehrlich sind Sie im Umgang mit anderen Menschen?

- Es gibt Studenten, die sich vor ihrer Seminararbeit überlegen: Was will mein Professor lesen? Was kommt gut bei ihm an? Aber sie fragen sich nicht: Welches Thema reizt mich selbst?
- Es gibt Mitarbeiter, die sich bei einer Sitzung überlegen: Was muss ich sagen, um meinen Chef zu beeindrucken? Aber sie fragen sich nicht: Was ist mir so wichtig, dass ich es jetzt sagen möchte?
- Und für viele Männer und Frauen heißt Flirten, dem anderen zu sagen, was er hören will – auch wenn die Wahrheit auf einem anderen Kontinent wohnt. Aber sie fragen sich nicht: Wie sehe ich den anderen wirklich, empfinde ich echte Zuneigung?

Wir haben uns schon so an diese Verlogenheit gewöhnt, dass sie uns kaum mehr auffällt. Aber wie wäre es, wenn Sie in diesem Chor der Heuchelei nicht länger mitsingen, sondern die Wahrheit sagen?

Vielleicht haben Sie Sorge, andere mit der Wahrheit zu verletzen. Aber was, wenn es umgekehrt ist – wenn die Heuchelei verletzt, aber nicht die Wahrheit?

Der junge Psychologe Jordan lebte gefährlich. Sein Vermieter Denis, bei dem er mit seiner Frau Tammy wohnte, war ein Ex-Sträfling und Anführer der lokalen Biker-Gang. Denis war ein Berg von einem Mann, sogar künstlerisch begabt. Aber nach seiner Rückkehr aus dem Gefängnis hing er an der Flasche. Tagelang ging er auf Sauftour. Manchmal kam er mitten in der Nacht zurück, hockte sich im Hof auf den Boden und heulte den Mond an.

Seine Sauftouren endeten damit, dass er blank war. Dann hämmerte er mitten in der Nacht an die Tür seiner Mieter, des jungen Psychologen Jordan und seiner Frau. Als wankende Gestalt hielt er den beiden einen Toaster, eine Mikrowelle oder sein Lieblingsposter hin. Er wollte unbedingt etwas verkaufen, um Geld fürs Weitersaufen zu bekommen. Manchmal kaufte ihm Jordan etwas ab.

Aber dann sagte seine Frau Tammy: »So kann es nicht weitergehen, dass der Typ uns aus dem Schlaf reist, das macht mir Angst.« Der Psychologe stand vor einer Herausforderung: Beim nächsten nächtlichen Klopfen musste er den betrunkenen Ex-Sträfling abblitzen lassen.

Wie ist ihm das gelungen? Er schreibt:

> *Ich spielte ihm nichts vor. Ich war in diesem Moment kein gebildeter (…), vom Glück Begünstigter, nach oben strebender junger Mann. Er war kein Ex-Sträfling und Biker (…) mit einem Blutalkoholspiegel von 2,4 Promille. Nein, wir waren einfach zwei einander wohlgesonnene Männer, die sich (…) bemühten, das Richtige zu tun. Ich erinnerte ihn, dass er mir gesagt hatte, er wolle versuchen, mit dem Trinken aufzuhören. Es würde daher nicht gut für ihn sein, wenn ich ihm Geld zukommen ließe. Außerdem mache er Tammy, die er achtete, nervös, wenn er so spät in der Nacht und so betrunken bei uns auftauche, um uns etwas zu verkaufen.*[111]

Der Biker starrte ihn lange an und schien nach einem Zeichen von Verachtung oder Sarkasmus zu suchen. Aber er fand nichts. Und so zog er ab. Und obwohl er so betrunken war, merkte er sich die Lektion. Nie wieder klingelte er bei dem Paar.

Dieses Erlebnis beschreibt Jordan B. Peterson, heute ein führender Psychologe, in seinem sehr lesenswerten Buch *12 Rules for Life*.[112]

Viele Menschen hätten gedacht: Dieser betrunkene Biker verträgt die Wahrheit nicht. Was, wenn er ausflippt und mich verprügelt?

Auf dieser Basis hätte man heucheln und weitere Toaster kaufen können. Dabei gilt immer:

> **»Eine schmerzliche Wahrheit ist besser als eine Lüge.«**
> *Thomas Mann*

Oft stehe ich selbst vor der Frage, ob ich diplomatisch oder ehrlich reagiere:

- Da ist die Freundin, die mir ihr erstes Buchmanuskript in die Hand drückt und mich fragt, welcher Verlag dafür infrage komme. Beim Lesen gewinne ich den Eindruck, dass das Buch privaten Charakter hat und für eine Veröffentlichung in einem Verlag ungeeignet ist. Kann ich das wirklich sagen?
- Da ist der Geschäftsführer, der mich für ein Seminar buchen will, weil seine Mitarbeiter angeblich nicht funktionieren. Aber im Gespräch komme ich zu der Überzeugung: Nicht seine Mitarbeiter haben ein Problem, sondern er selbst. Kann ich das wirklich sagen?
- Da ist der Freund, der mir ein Eheproblem schildert und seine Frau dabei als Schuldige darstellt. Doch ich bin der Meinung, dass ein großer Teil der Probleme auf ihn selbst zurückgeht. Kann ich das wirklich sagen?

Im ersten Moment haben wir oft das Gefühl: Die Wahrheit könnte den anderen vor den Kopf stoßen und überfordern. Doch es ist umgekehrt:

Andere sind stark genug, die Wahrheit zu hören – aber wir oft zu schwach, sie zu sagen. Wir meinen, die anderen zu schonen. Doch wir schonen uns selbst.

Folgende Überlegungen helfen mir dabei, aufrichtig zu bleiben:

Ich tue dem anderen einen Gefallen, wenn ich ihm nicht *nach dem Mund rede, sondern mein Herz öffne. Dann spürt er meine Ehrlichkeit und mein Wohlwollen, auch wenn ihm meine Botschaft nicht gefällt. Dann kommen wir uns näher, weil ich ihm ohne Maske gegenübertrete. Aufrichtigkeit ist ein Spiegel, er zeigt dem anderen Menschen, wie ich ihn sehe. Was er damit anfängt, überlasse ich ihm.*

Nehmen Sie die Freundin mit dem Manuskript: Erst war sie über meine Rückmeldung geknickt. Aber ein paar Tage später rief sie an und sagte: »Ich bin dir so dankbar, dass du ehrlich warst. Ich glaube, ich hatte mich da vergaloppiert. Vielleicht hätte ich mich sogar vor fremden Leuten blamiert. Jetzt werde ich das Buch im Selbstverlag für die Familie drucken, das fühlt sich nach einer guten Lösung an.«

Wagen Sie mehr Ehrlichkeit, und Sie erreichen mehr – bei Ex-Häftlingen, bei weisen Rednern und überhaupt.

Drei Perlen **TIPP**

1. Ich rede anderen nicht nach dem Mund, sondern öffne mein Herz.
2. Je offener mein Herz ist, desto mehr öffnen sich andere Menschen mir.
3. Die Wahrheit ermöglicht mir, was Lügen verbauen: den tiefen Kontakt zu anderen.

Mini-Challenge mit Maxi-Wirkung

Welchem Menschen würde ich gern mal folgende Wahrheit sagen, aber tue es bislang nicht? ______________________________

____

____

____

____

Ich entscheide mich, dass ich ihm bei nächster Gelegenheit offen sage, was ich denke. Inwiefern geht es mir selbst besser mit dieser Offenheit? Und inwieweit kann unser Kontakt davon profitieren?

Meine Prognose: ____

____

____

____

Mein Erfahrungsbericht: _______________________________________

____

____

____

Der zornige Mann:
Wie eine schwierige Kindheit Sie stärkt

Ein zorniger Mann kam zum Weisen, um sich über seine Eltern zu beklagen.

»Ich hatte eine schlechte Kindheit, Weiser, meine Eltern haben sich kaum um mich gekümmert.«

»Du hast also früh gelernt, auf eigenen Füßen zu stehen«, antwortete der Weise.

»Meine Eltern haben sich oft gestritten«, schimpfte der Mann.

»Du durftest erfahren, wie wichtig dir Harmonie ist«, sagte der Weise.

»Meinem Vater war es egal, was ich in der Schule leiste.«

»Du hattest die Chance, Verantwortung für deine Zukunft zu übernehmen.«

»Meine Eltern haben mir nichts zugetraut.«

»Du wurdest eingeladen, dein Selbstvertrauen zu schulen.«

Der zornige Mann holte tief Luft und ballte die Faust. »Nimmst du mich gar nicht ernst, Weiser? Willst du mir sagen, dass ich für meine schwierige Kindheit dankbar sein muss?«

»Deine Kindheit gleicht einem Sack Zitronen«, sagte der Weise. »Du kannst ihren sauren Geschmack beklagen. Oder du machst süße Limonade daraus. Womit lebst du besser?«

Was gibt Menschen die Kraft, unter Belastung nicht zu zerbrechen? Das wollte die Resilienz-Forschung ab Mitte der 1950er-Jahre herausfinden und ging der Frage nach: Wie wirkt es sich auf das spätere Leben aus, wenn ein Kind zum Beispiel in bitterer Armut aufwächst; wenn es mit schwierigen Verhältnissen konfrontiert ist, etwa die Eltern sich dauernd streiten, zu tief ins Glas schauen, das Kind prügeln oder sich zu wenig um es kümmern?

Rund 700 Kinder haben die Psychologinnen Emmy E. Werner und Ruth S. Smith auf der hawaiianischen Insel Kauai von der Geburt bis in ihr Erwachsenenleben begleitet, etwa die Hälfte davon aus schwierigen Verhältnissen. Ein Teil dieser Kinder geriet tatsächlich auf die schiefe Bahn.

Aber erstaunlicherweise ging ein Drittel aus der schlechten Kindheit *besonders gestärkt* hervor. Diese Kinder wurden im späteren Leben erfolgreich. Sie machten Karriere, bauten eine stabile Gesundheit auf, hatten ihre Gefühle unter Kontrolle und führten intakte Beziehungen. Ihr Selbstbewusstsein verlieh ihnen besondere Kraft. Aber wovon hängt es ab, ob eine schwierige Kindheit zur Triebfeder für den Erfolg oder zum Stolperstein wird?

> **»Eltern sind die Knochen, an denen Kinder ihre Zähne schärfen.«**
>
> *Peter Ustinov*

Gerhard Schröder, der Ex-Kanzler, ist ein gutes Beispiel.[113] Er wächst in bitterer Armut auf, in einer Baracke beim Sportplatz. Sein Vater Fritz ist ein krimineller Hilfsarbeiter, der mit 21 Jahren zum ersten Mal wegen schweren Diebstahls ins Gefängnis wandert. Fritz stirbt im Zweiten Weltkrieg, Gerhard Schröder lernt ihn nie kennen.

Seine Mutter Erika reißt sich in Stücke, um sich und ihre sechs Kinder über Wasser zu halten, sie geht jeden Tag 14 bis 16 Stunden zum Putzen. Die Kinder sind einen großen Teil der Zeit auf sich allein gestellt. Doch Gerhard Schröder wächst zu einer starken Persönlichkeit heran. Er begibt sich auf den zweiten Bildungsweg, absolviert ein Jura-Studium, wird Ministerpräsident und zieht schließlich ins Kanzleramt ein.

Ist ihm diese Karriere *trotz* seiner schlechten Kindheit gelungen? Nein, *wegen* ihr! Die Resilienz-Forschung weist nach, dass eine schwierige Kindheit stark macht.[114] Ein Kind kann Eigenschaften entwickeln, die ihm später dienen, etwa Disziplin und Ehrgeiz, Einfühlungsvermögen und Verträglichkeit.

Wer sich niemals wehren muss, weil die Eltern ihn verteidigen, fällt im späteren Leben bei Gegenwind um. Gerhard Schröder aber musste sich auf seinem Sportplatz prügeln und als Fußballer besondere Leistungen erbringen, nur so wurde er anerkannt. Seine Mitspieler nannten ihn »Acker«, weil er auf dem Platz mehr als die anderen lief, grätschte und schuftete.

Mit der Kindheit ist es so wie mit dem Work-out im Fitnessstudio: Je größer das Gewicht, das Ihnen aufgelegt wird, desto mehr psychologische Muskelmasse können Sie aufbauen.

Der Extrem-Sportler und Ex-Marine David Goggins beschreibt seine Kindheit als Hölle auf Erden.[115] Sein Vater war ein prügelnder Säufer, seine dunkle Hautfarbe machte ihn zur Zielscheibe von Rassisten. Später gelang es Goggins jedoch, diverse Rekorde aufzustellen: Mit 4030 Klimmzügen an einem Tag kam er ins Guinness-Buch der Rekorde. Seine Extremläufe von über 100 Kilometern gewann er zum Teil mit gebrochenen Füßen – und trotz eines Herzleidens.

In seinem autobiografischen Buch *Can't hurt me* fragt er seine Leser:

> *Welches miese Blatt wurde Ihnen zugeteilt? Mit welcher Art Bullshit mussten Sie während Ihrer Kindheit fertigwerden? Wurden Sie geschlagen? Missbraucht? Gemobbt? Haben Sie sich je unsicher gefühlt? Vielleicht ist der limitierende Faktor bei Ihnen der Umstand, dass Sie so behütet und umsorgt aufgewachsen sind, dass Sie sich selbst nie herausfordern mussten?*[116]

Wovon hängt es ab, ob das »miese Blatt« zum Trumpf wird? Eine Sache macht den Unterschied: Auffallend viele Kinder aus schwierigen Verhältnissen, die später ein gutes Leben führten, konnten sich an *eine* stabile Bezugsperson, einen fürsorglichen Erwachsenen, lehnen.[117] Manchmal ist es der Großvater oder die Großmutter, ein Onkel oder eine Tante, eine Kindergärtnerin, ein Lehrer, eine Nachbarin oder ein Vereinstrainer. Sobald ein einziger Mensch an das Kind glaubt, ist alles anders. Für Gerhard Schröder war das seine Mutter Erika, er nannte sie »Löwin«, weil sie so sehr fürs Überleben der Familie kämpfte.

Und noch eines ist den Forschern aufgefallen: Wer stark aus einer schwierigen Kindheit hervorgeht, hatte oft Vorbilder, die ihm mehr Orientierung als die Eltern gaben. Wer ein Vorbild hat, hat Hoffnung. Wer ein Vorbild hat, schöpft die Kraft, auch schwierige Zeiten zu überstehen.

Und was tut jemand, der auf eine schwierige Kindheit blickt, ohne dass ihm sofort eine stabile Bezugsperson oder ein Vorbild einfällt? Diese drei Fragen helfen weiter:

- Was in meinem Leben hätte ich ohne diese Kindheit nie geschafft?
- Inwiefern haben mich gerade die schwierigsten Momente meiner Kindheit so stark gemacht, dass ich jetzt alle Herausforderungen der Gegenwart bewältigen kann?
- Wer hat mich in meiner Kindheit mehr als andere respektiert – und inwiefern wirkt der positive Einfluss dieses Menschen noch auf mich nach?

Verfolgen Sie diese Fragen so lange, bis sich Ihnen die verborgenen Kraftquellen Ihrer Kindheit immer mehr erschließen. Der Weise war klug genug, hinter jeder Klage des zornigen Mannes eine frühe Wachstumschance zu erkennen.

Drei Perlen

TIPP

1. Die schwierigen Momente meiner Kindheit waren ein Trainingslager und haben mich fürs Leben gestärkt.
2. Jedes frühe Vorbild spiegelt meine Wünsche, Sehnsüchte und Werte – oft bis heute.
3. Jede Aufgabe in meinem heutigen Leben ist kinderleicht – verglichen mit den Hürden, die ich seit meiner Kindheit genommen habe.

Mini-Challenge mit Maxi-Wirkung

Wer war mein größtes Vorbild in meiner Kindheit? ______________

____

____

____

Wofür stand dieser Mensch, was habe ich an ihm bewundert?

____

____

____

Und wenn ich heute zurück auf mein Leben blicke: Was habe ich von ihm übernommen? Und inwiefern möchte ich diese Ideale noch mehr leben?

Meine Notizen: ______________________________

____

____

____

Die Panzertür des Königs: Welches Denken Ihre Kräfte verdoppelt

Es war einmal ein König, der suchte einen neuen Staatsminister. Zahlreiche Bewerberinnen und Bewerber stellten sich vor. Der König führte die Bewerber in den Keller seines Palastes vor eine gewaltige Stahltür, hinter der die Kronjuwelen lagerten. Das Schloss der Tür war ein Meisterwerk aus Edelmetall. Jeder wusste, dass es nicht zu knacken war, der beste Schlosser des Reiches hatte es aufbruchsicher gebaut.

Der König sagte: »Wer diese Tür öffnen kann, wird Staatsminister.« Einige Bewerber schüttelten die Köpfe und gingen weg. Ein paar inspizierten das Schloss aus der Nähe, aber gaben schließlich auf: »Das kann niemand knacken.« Ein Bewerber nach dem anderen trat ab.

Am Ende stand der König allein mit einer Bewerberin vor der Tür. »Was ist mir dir?«, fragte er. »Kannst du diese Tür öffnen?«

»Ich glaube schon«, sagte die Frau. Sie ignorierte das Schloss und stemmte sich gegen die Tür, die quietschend aufging; sie war nicht abgeschlossen.

Was passiert, wenn Sie Tennis spielen und sich dabei durch ein Selbstgespräch anfeuern, etwa durch Sätze wie:

- »Ich bin wirklich gut!«
- »Ich kriege das hin!«
- »Jeder Schlag sitzt!«
- »Ich mache den Punkt!«
- »Ich gewinne!«

Vielleicht sagen Sie: »Das sind doch nur Wunschfantasien! Wenn ich schlecht Tennis spiele, werde ich nicht besser, nur weil ich es behaupte.« Aber diverse Studien weisen nach: Selbstsuggestionen steigern Ihre Leistungen.[118] Wer sich anfeuert, erreicht mehr.

Jede Behauptung, die Sie über sich aufstellen, zieht eine Wirklichkeit nach sich. Überlegen Sie sich gut, was Sie sich nachsagen!

Welche Folgen hat es, wenn Sie an einem Wissenstest teilnehmen und werden vorher aufgefordert: »Stellen Sie sich vor, Sie sind ein Fußballrowdy. Ihre Bildung ist gleich null. Sie haben nur Fußball und Schlägereien im Kopf.« Wird Ihr Testergebnis dadurch verschlechtert?

Und was geschieht, wenn man zu Ihnen in etwa sagt: »Sie sind ein Professor. Sie sind belesen und verfügen über eine brillante Allgemeinbildung. Auf alle Fragen wissen Sie eine Antwort.« Wird Ihr Testergebnis dadurch verbessert?

Eine Studie weist nach, dass die frisch ernannten »Professoren« bessere Ergebnisse als die »Fußballrowdys« erzielten.[119]

Warum funktioniert es, sich Fähigkeiten *einzureden*? Alles, was in der Welt ist, ist auch in Ihnen. Von der Klugheit dieser Welt werden Sie durchflossen, von ihrer Kraft, ihrer Weisheit und ihrer Fülle. Leider gilt umgekehrt: Jede Dummheit, die es auf dieser Welt gibt, ist in jedem Menschen angelegt. Wir alle tragen in uns den Keim der Blödheit, der Ignoranz und des Egoismus.

Und nun raten Sie mal, welche Ihrer Eigenschaften *bevorzugt* ans Licht tritt? Jene, nach der Sie rufen! Wenn Sie zu sich sagen, »Ich gewinne!«, dann treten Ihre Gewinner-Eigenschaften nach vorne. Dann nehmen Sie die Haltung eines Siegers ein. Dann wächst Ihr Selbstbewusstsein. Dann packt Sie der Ehrgeiz, und Sie laufen zur besten Form auf, zu der Sie fähig sind.

Wenn Sie zu sich sagen, »Ich bin klug wie ein Professor«, dann rufen Sie Ihre Intelligenz auf den Plan. Dann denken Sie schärfer, erinnern sich besser und sind in der Lage, die Puzzlesteine Ihres

Wissens miteinander zu verbinden. Dann holen Sie alle Klugheit raus, die in Ihnen schlummert.

Und wenn eine Frau zu sich sagt, »Ich bin schwanger!« und es wirklich glaubt, kann ihr Körper alle Symptome einer Schwangerschaft entwickeln, obwohl kein Baby unterwegs ist. Gedanken verändern alles, bei einer Scheinschwangerschaft sogar den Körper. Es lohnt sich, den eigenen Geist zu steuern.

> **»Es ist schwer, das Glück in uns zu finden, und es ist ganz unmöglich, es anderswo zu finden.«**
> *Nicolas Chamfort*

Laut einer Studie der National Science Foundation haben Menschen am Tag 12 000 bis 60 000 Gedanken.[120] Wie viele davon, glauben Sie, sind negativ?

80 Prozent! Diese Gedanken wiederholen sich in einer endlosen Schleife. Mit positiven Affirmationen setzen Sie ein Gegengewicht. Was Sie annehmen, tritt ein, weil Sie es annehmen. Psychologen sprechen von einer »sich selbst erfüllenden Prophezeiung«. Zum Beispiel geht jemand davon aus, er spreche sehr gut Englisch. Deshalb wagt er sich an englischsprachige Bücher. Deshalb schaut er die Nachrichten auf CNN. Deshalb nutzt er jede Gelegenheit, um Englisch zu sprechen.

Die Folge? Er trainiert die Fremdsprache und spricht sie immer besser – sogar dann, wenn sein Englisch *ursprünglich* grottenschlecht war.

Wenn Sie sagen, etwas sei »unmöglich«, dann erstarren Sie vor der Tür, ohne sie überhaupt zu berühren – *deshalb* wird es unmöglich. Wenn jemand sagt, seine Allgemeinbildung sei »gleich null«, sucht er erst gar nicht nach Wissen in seinem Kopf – *deshalb* findet er keines. Wenn jemand sagt, er sei ein Versager, ignoriert er die Chance des Erfolges – *deshalb* wird er sie verfehlen.

Vor welchen Türen stehen Sie in Ihrem Leben? Und wie fest glauben Sie daran, dass sie sich öffnen lassen?

Drei Perlen **TIPP**

1. Ich glaube nicht an das Wahre – sondern ich mache wahr, woran ich glaube.
2. Ich bin nicht bestimmt durch meine Gene, sondern entscheide das durch meine Selbstdefinition.
3. Ich sage mir Eigenschaften nach, die ich gerne hätte – und baue sie dadurch aus.

Mini-Challenge mit Maxi-Wirkung

Auf einer Skala von 1 (minimal) bis 10 (maximal) halte ich mich: Für wie intelligent? ____. Für wie selbstbewusst? ____. Für wie diszipliniert? ____. Für wie empathisch? ____. Für wie durchsetzungsstark? ____.

Ich suche fünf Tage lang jeweils eine dieser Eigenschaften aus und nehme an, ein bis zwei Punkte mehr davon zu besitzen. Was macht mir dieses neue Selbstbild möglich?

Mein Erfahrungsbericht: ______________________________

____

____

____

Ein Streber als Rockstar: So punkten Sie mit Ihren Schwächen

Der bekannteste Musikmanager Deutschlands, Siggi Loch, wollte Anfang der 1980er-Jahre einen Nachwuchskünstler als Deutschrocker unter Vertrag nehmen. Er hatte ihn beim Pop-Nachwuchsfestival der Deutschen Phono-Akademie im Würzburger Stadttheater entdeckt. Mit der Wortgewalt eines großen Dichters hatte der erst 23-Jährige den ersten Preis in der Sparte »Folk« abgeräumt.[121]

Doch der junge Mann sah nicht aus wie ein Rockstar: Er trug einen zu breiten Schlips, und eine biedere Kassenbrille dominierte sein Gesicht. Er war klein gewachsen und hatte in der Schule wegen einer Gehbehinderung nicht am Sportunterricht teilnehmen können. Ein Typ wie er schien nicht auf die Bühne, sondern eher an den Schreibtisch einer Versicherung zu passen.

Der junge Musiker war belesen wie ein Germanistik-Professor, sprach ein geschliffenes Deutsch, und natürlich studierte er auf Lehramt. In der Schule war er immer Klassenbester gewesen. Und weil er mit den Lehrern so gut konnte, hatten ihn seine Mitschüler zum Klassensprecher gewählt.

Er wirkte wie ein Streber – und das wusste er. Besorgt fragte er den Plattenboss, wie der denn einen Streber wie ihn dem Publikum verkaufe wolle. Vermutlich ging er davon aus, dass er nun durch die Image-Waschanlage musste: Ein biederer Typ mit Kassenbrille fährt rein – und raus kommt ein Rocker in Lederkluft, mit Kontaktlinsen statt Brille, auf den Lippen Gossen-Jargon statt Handke-Zitate.

Der kluge WEA-Chef Siggi Loch antwortete: »Stimmt, Sie wirken wie ein Oberlehrer – und genau das werden wir zu

Ihrem Image machen!« Und so wurde Heinz Rudolf Kunze ein Deutschrock-Star. Mittlerweile begeistert er seine Fans, auch mich, seit über 40 Jahren.

Es war ein genialer Zug des Plattenbosses: Statt die vermeintliche Schwäche zu bekämpfen, erklärte er sie zum Marken-Kern.[122] Kunze war nicht irgendeiner der vielen Deutschrocker, die nach der Neuen Deutschen Welle den Markt fluteten, nein: Er war »der Oberlehrer«, wie ihn die Presse nannte, mal spöttisch, mal hochachtungsvoll. Dieses Image hat ihn abgehoben von der Masse und wurde die Startrampe seines Erfolges.

Und nur weil Heinz Rudolf Kunze ein so gebildeter Mann war, gelang ihm 1985 sein größter Hit: »Dein ist mein ganzes Herz«. Diese Zeile hatte er sich aus der uralten Operette *Das Land des Lächelns* von Franz Lehár geliehen.[123] Kein typischer Rockmusiker hätte aus einer Operette von 1929 zitieren können. Der Intellektuelle Kunze konnte es – das machte ihn zum Star und spülte seiner Plattenfirma Millionen in die Kassen.

Wie gehen Sie mit Ihren Schwächen um? Kämpfen Sie dagegen an? Oder ist Ihnen klar, dass jede Schwäche, von der anderen Seite betrachtet, sich als Ihre größte Stärke nutzen lässt? Und sind Sie in der Lage, die Substanz hinter dem scheinbaren Mangel zu sehen?

> **»Besser ein Diamant mit einem Fehler als ein Kieselstein ohne.«**
>
> *Konfuzius*

Meine größte Schwäche ist es, dass ich nicht besonders kontaktfreudig bin. Das ging los in meiner Kindheit: Wenn meine Eltern und mein jüngerer Bruder abends im Wohnzimmer zusammensaßen, um fernzusehen, zog ich mich oft ins Kinderzimmer zurück. Dort träumte ich vor mich hin, hörte Musik oder tauchte in die Welt meiner Bücher ein.

Später, als ich schon Journalist war, stand ein Betriebsausflug an. Alle in der Redaktion freuten sich, mal aus dem stickigen Büro rauszukommen. Und ich? Ich bot mich freiwillig an, in der Redaktion die Stellung zu halten. Die Aussicht, dort in Ruhe schreiben zu können, schien mir verlockender als eine Fahrt auf dem lärmenden Ausflugsdampfer.

Manchmal habe ich mit mir gehadert: Warum bin ich nicht kontaktfreudiger? Warum komme ich mit wenigen Freunden und Bekannten aus, statt mir ein großes Netzwerk aufzubauen?

Heute ist mir klar: Meine vermeintliche Schwäche, dass ich nicht besonders kontaktfreudig bin, ist mein Erfolgsrezept. Ich bin gut darin, eigene Gedanken zu entwickeln, dicke Bretter zu bohren und neue Wege zu gehen.

Ich kann mich über Monate in eine Arbeit vertiefen, ohne dass ich mich ablenken lasse. Wenn ich in eine Schreibklausur fahre – für dieses Buch bin ich gerade in Schweden –, freue ich mich auf diese stillen Wochen wie ein Kind auf Weihnachten. Allein bin ich dann, aber niemals einsam.

Wäre ich ein kontaktfreudigerer Mensch, nie hätte ich so viele Bücher im Alleingang schreiben, so viele Videos drehen können. Nie könnte ich ohne Smartphone und die damit verbundenen Ablenkungen leben. Nie hätte ich meine 365-Tage-Challenge auf die Beine gestellt und schon so viele Menschen in ein besseres Leben begleitet. Nie wäre ich dort angekommen, wo ich heute bin. Und dort bin ich wirklich gern!

Ich führe ein autonomes Leben, weil mir wenige Kontakte für mein Glück reichen. Ich habe eine Handvoll guter Freunde, und das ist für mich genau die richtige Dosis. Meine vermeintliche Schwäche macht mich stark.

Arnold Schwarzenegger schreibt in seiner Biografie *Total Recall*[24]:

> *Als ich Filme drehen wollte, sagten mir die Hollywood-Agenten (…), dass ich das lieber vergessen sollte: Mein*

Körper und mein Name und mein Akzent seien einfach zu bizarr (...) Mit Conan und Terminator hatte ich meinen Durchbruch: Gerade die Dinge, die nach Meinung der Agenten ein Nachteil waren und dafür sorgen würden, dass ich nie eine Rolle bekäme, machten mich plötzlich zum Star.

Schauen Sie Ihre »Schwächen« mit neuen Augen an:

- *Wenn Sie sich schlecht beherrschen können und öfter mal aus der Haut fahren:*
  Sie können sich besser als andere abgrenzen. Sie verteidigen Ihre Werte, Ihnen tanzt man nicht so leicht auf der Nase herum. Sie sind in der Lage, Ihre Gefühle offen zu zeigen. Und es gelingt Ihnen, auch Dinge auszusprechen, die andere nicht gern hören. Sie verfügen über Durchsetzungskraft und Pioniergeist. Viele Führungskräfte und Unternehmer sind solche Typen.
- *Wenn Sie sich leicht ablenken lassen und vom Pfad der Disziplin abkommen*:
  Sie sind offen für spontane Gelegenheiten. Sie beherrschen das assoziative Denken und tragen keine Scheuklappen. Vermutlich haben Sie viele Einfälle, sind kontaktfreudig und haben immer einen Plan B in der Tasche. Sie verfügen über Kreativität und sind flexibel.
- *Wenn es Ihnen schwerfällt, Ihre eigenen Interessen durchzusetzen und zu anderen auch mal »Nein« zu sagen*:
  Sie besitzen ein großes Einfühlungsvermögen. Sie spüren, wie es anderen Menschen geht und was ihnen wichtig ist. Vermutlich sind Sie gut im Zuhören und können zwischen den Zeilen lesen. Andere Menschen fühlen sich wohl in Ihrer Nähe. Sie verfügen über große Empathie.
- *Wenn Sie das Gefühl haben, nicht selbstbewusst genug zu sein und zu viel zu zweifeln:*
  Sie sind gesegnet mit einem hohen Reflexionsvermögen. Sie stre-

ben ständig nach Verbesserung, Ihr Anspruch ist hoch. Offenbar spüren Sie in sich Potenziale, die Sie noch entfalten können. Dieses Bewusstsein treibt Sie an, bewahrt Sie vor Selbstüberschätzung und hebt Sie angenehm von selbstgefälligen Zeitgenossen ab.

Auch ein humorvoller Umgang mit Schwächen hilft. Einmal war ich Zeuge, als eine Managerin mit Rechtschreibschwäche vor einer wichtigen Sitzung sagte: »Falls Sie in meinem Dossier nicht ein paar Rechtschreibfehler finden, handelt es sich um ein Plagiat!« Alle lachten. Weil sie so offensiv mit ihrer Schwäche umging, flogen ihr die Herzen zu.

Heinz Rudolf Kunze hat aus der Not eine Tugend gemacht. Folgen Sie seinem Beispiel – und machen Sie aus Ihrer »Schwäche« einen Hit!

Drei Perlen

TIPP

1. Jede meiner Schwächen trägt eine Stärke in sich: Wer wenig redet, hört besser zu.
2. Je mehr ich Frieden mit meinen Eigenschaften schließe, desto eher dienen sie mir.
3. Jede Schwäche kann ein Werkzeug des Erfolges sein – wenn ich sie dazu mache.

Mini-Challenge mit Maxi-Wirkung

Worin sehe ich meine größte Schwäche? ____________________

____
____
____
____
____

Wenn diese Schwäche eine verkleidete Stärke ist – worin besteht die? Und was unternehme ich, um diese Eigenschaft künftig für meinen Erfolg zu nutzen?

Meine Notizen: ______________________________

____

____

____

Der schüchterne Mann: Wie destruktive Gedanken Sie erleuchten

»Ich bin ein schüchterner Mann, ich kann das nicht ändern«, sagte der Biologe Frank (29) und schabte dabei mit seinem Zeigefinger übers Kinn.

»Aber Sie haben mir gerade erzählt, dass Sie genau darunter leiden«, sagte ich.

»Das schon. Ich werde in meinem Team unterschätzt. Die Sitzungen laufen an mir vorbei, niemand fragt mich nach meiner Meinung. Dabei könnte ich wichtige Gedanken beitragen.«

»Sie wollen endlich gesehen werden und mehr mitreden?«

Er schabte über sein Kinn. »Ja *und* nein. Ich will mehr zu sagen haben. Aber ich will nicht mehr sagen. Ich stehe mir selbst im Weg.«

»Jetzt frage ich mal umgekehrt: Wie kriegen Sie es hin, dass Sie in jeder Sitzung *garantiert übersehen* werden und Sie *kein* Mensch mehr auf dem Zettel hat?« Irritiert sah er mich an. Dann sagte er: »Ich müsste darauf warten, dass die anderen mich ansprechen. Denn das passiert nie von allein.«

»Und was könnten Sie noch tun, damit *ganz sicher keiner* Ihre Anwesenheit im Sitzungsraum bemerkt?«

»Ich dürfte keinerlei Initiative zeigen. Ich müsste einfach mucksmäuschenstill dasitzen. Ich müsste sogar dann schweigen, wenn ich auf eine Frage im Raum die Antwort weiß.« Seine Worte hatten an Schwung gewonnen, allmählich fand er Freude an dem Spiel.

»Und wie könnten Sie den anderen signalisieren: ›Frank will auf keinen Fall angesprochen werden!‹?«

»Ich müsste jeden Blickkontakt meiden. Ich müsste nur noch auf die Unterlagen vor mir starren.«

»Was könnten Sie noch tun, um Ihre Schüchternheit an die ganz große Glocke zu hängen? Übertreiben Sie ruhig ein wenig!«

»Ich müsste die Kollegen vor der Sitzung bitten: Stellt mir bloß keine Fragen! Tut so, als gäbe es mich nicht in diesem Raum (...).«

Was Sie hier verfolgt haben, war eine »paradoxe Intervention«. Diese humorvolle Technik geht zurück auf den Psychiater Viktor Frankl, Gründer der Logotherapie.[125] Wenn ein Mensch sich verändern will, aber nicht auf die richtigen Lösungen kommt, frage ich ihn nach dem Gegenteil: nach Nicht-Lösungen, nach Irrwegen. Der Geist, der stets verneint, ist erstaunlich ideenreich. Mit allem, was er sich ausdenkt, lässt sich weiterarbeiten. Zumal der augenzwinkernde Ansatz für einen spielerischen Charakter sorgt.

»Der Humor ist der Regenschirm der Weisen.«

Erich Kästner

Ich sagte zu Frank: »Lassen Sie uns prüfen, ob in diesen Antworten nicht schon Lösungen angelegt sind. Zum Beispiel haben Sie gesagt, Sie müssten Ihre Kollegen vor der Sitzung bitten, Ihnen bloß keine Fragen zu stellen. Was könnten Sie *stattdessen tun*?«

Sofort kam ihm eine gute Idee: »Ich könnte meinen Freund Julian bitten, dass er mir bei meinem Fachthema eine Frage stellt. Wenn ich angesprochen werde und mich mit dem Thema auskenne, fällt es mir leichter, etwas zu sagen.«

So gingen wir auch die anderen Punkte durch. Aus jeder Nicht-Lösung ergab sich ein Lösungsweg. Unter anderem kam er darauf, in den Sitzungen öfter den Blickkontakt mit den vertrauten Menschen zu suchen und aus eigener Initiative auf Fragen im Raum zu antworten.

Bestimmt kennen Sie das: Sie wissen nicht, wie Sie Ihr Problem lösen können. Aber Sie sind ein wahrer Profi darin, Ihr Problem zu verschärfen. Und genau dieser Umstand lässt sich nutzen, sogar bei Ihren größten Herausforderungen.

Fragen Sie sich: Was müsste ich tun, um die Situation zu verschlimmern? Es wird Ihnen kindliche Freude bereiten, das verflixte Problem wie einen bunten Luftballon aufzublasen und Nicht-Lösungen zu sammeln.

Beispiel: Sie halten sich für zu nett und werden immer wieder ausgenutzt. Sie wissen nicht, was Sie dagegen unternehmen sollen. Was also könnten Sie tun, um noch mehr ausgenutzt zu werden?[126] Ein paar Beispiele:

- Ich streiche das Wort »Nein« aus meinem Wortschatz.
- Ich sage jeden Morgen vor dem Spiegel: »Es ist egal, wie ich mich heute fühle – Hauptsache, die anderen fühlen sich wohl!«
- Ich gebe immer sofort nach, wenn mich jemand überreden will.
- Ich setze bei ernsten Anliegen ein unsicheres Lächeln auf und spreche mit hoher Pieps-Stimme, damit mich garantiert keiner mehr ernst nimmt.
- Ich verwässere meine Forderungen mit Sätzen wie: »Ich wollte ja bloß mal fragen.«

Was für ein wunderbares Arbeitsmaterial! Denn jetzt können Sie sich fragen: Wenn das die Irrwege sind – welche Erfolgswege kann ich daraus ableiten? Ich mache es Ihnen an drei Beispielen vor:

- *Paradoxer Vorsatz:* Ich streiche das Wort »Nein« aus meinem Wortschatz
  Positive Ableitung: Ich sage öfter Nein, wenn mir etwas nicht gefällt. Und ich nehme mir für die Antwort Zeit. So verhindere ich, dass mir ein reflexhaftes »Ja« rausrutscht – und spreche aus, was ich wirklich will.
- *Paradoxer Vorsatz:* Ich sage jeden Morgen vor dem Spiegel: »Es ist egal, wie ich mich heute fühle – Hauptsache, die anderen fühlen sich wohl!
  Positive Ableitung: Ich sage jeden Morgen vor dem Spiegel: »Ich

habe ein Recht darauf, dass es mir gut geht. Meine Gefühle und Bedürfnisse sind wichtig. Ich handele so, dass ich mich wohlfühle. Wie es den anderen damit geht, ist ihre Entscheidung, nicht meine.«

- *Paradoxer Vorsatz:* Ich setze bei ernsten Anliegen ein unsicheres Lächeln auf und spreche mit hoher Pieps-Stimme, damit mich garantiert keiner mehr ernst nimmt
  Positive Ableitung: Ich nehme mich selber ernst, das spiegelt sich in meinem Gesicht und meiner Stimme. Wenn mir eine Sache wichtig ist, spreche ich tief, klar und deutlich.

Sie werden staunen, welche guten Ideen ins Spiel kommen, wenn Sie den Geist, der stets verneint, als Vorarbeiter in Ihr Team holen. Dann erleben Sie einen Zaubertrick: wie sich Nicht-Lösungen zu Lösungen verwandeln.

Drei Perlen TIPP

1. Wenn ich *nicht* weiß, wie ich ein Problem lösen kann, frage ich mich: »Wie könnte ich es vergrößern?«
2. Ich lasse den Geist, der stets verneint, Nicht-Lösungen und Irrwege sammeln.
3. Bei jeder Nicht-Lösung frage ich mich: Was funktioniert *stattdessen*? Schon bin ich der Lösung auf der Spur.

Mini-Challenge mit Maxi-Wirkung

Angenommen, eine gute Freundin hätte mein größtes Problem, nämlich:

____

____

____

____

Was würde ich ihr dann raten, *keinesfalls* zu tun? Womit würde sie alles schlimmer machen?

1. ______________________________

____

____

2. ______________________________

____

____

3. ______________________________

____

____

Und wenn ich diese Nicht-Lösungen jetzt durchgehe und auf mich übertrage: Wie sieht das Gegenteil aus? Welche richtigen Wege kann ich daraus ableiten?

1. ______________________________

____

____

2. ______________________________

____

____

3. ______________________________

____

____

Der Trainer in Afrika:
Warum Extra-Meilen Sie zum Superstar machen

Ein europäischer Fußballtrainer übernahm ein Profi-Team in Afrika. Er wusste nichts über seine Spieler, nicht mal, wer ein Star war. Dennoch sagte der Trainer zu seinem Assistenten: »Schon *vor* dem ersten Training werde ich wissen, welches der beste Spieler meiner Mannschaft ist.«

Der Assistent schaute ungläubig: »*Vor* dem Training? Wie soll das gehen?«

Eine halbe Stunde vor Trainingsbeginn tauchte der erste Spieler auf und schnürte seine Schuhe. Dann ging er auf den Platz, lief sich warm, schoss aufs Tor und dribbelte übers Spielfeld.

Der Trainer sah ihm eine Weile zu und sagte zu seinem Assistenten: »Das ist unser Star, der beste Spieler.«

»Weil er so gut dribbelt?«, fragte der Assistent.

»Nein«, sagte der Trainer, »weil er als Erster beim Training ist!«

Diese Geschichte wurde inspiriert durch eine reale Vorlage. Der legendäre Trainer Sir Alex Ferguson erzählt über den besten Spieler seines Teams, den Weltstar Ronaldo: Ausgerechnet er, der Ballkünstler, habe sein Training immer eine halbe Stunde früher begonnen.[127]

Wenn die anderen Spieler auf den Platz kamen, hatte Ronaldo schon 30 Minuten Kondition und Schusstechnik trainiert. Und wenn die anderen schon unter der Dusche standen, übte er noch Freistöße.

Bei meinen mehrteiligen Seminaren ist mir aufgefallen, welche Teilnehmer zwischen den Modulen die größten Fortschritte erzielen: jene, die am wenigsten Zeit zum Üben haben. Zum Beispiel die Bereichsleiterin eines Konzerns, die jede Woche in die USA jettet. Oder der selbstständige Trainer, der so gut im Geschäft ist, dass er sieben Tage pro Woche vor Seminargruppen steht. Oder der erfolgreiche Therapeut, der eine brummende Praxis betreibt und nebenbei ausgebuchte Events organisiert.

Andere Teilnehmer gehen Acht-Stunden-Jobs nach und haben mehr Luft im Kalender, sind beim Üben aber nicht so fleißig. Deshalb fallen ihre Fortschritte kleiner aus. Wie kann das sein?

Warum wird jemand *außerordentlich* erfolgreich? Durch *außerordentlichen* Fleiß. Meine Teilnehmer mit engen Kalendern sind oft die erfolgreichsten. Und was sie erfolgreich gemacht hat, ihre Bereitschaft zur Extrameile, zeigen sie auch in meinem Seminar – wie Ronaldo im Training.

Es ist im Leben wie im Casino: Ihre Gewinnchancen hängen vom Einsatz ab. Investieren Sie viel mehr Engagement – und Sie haben deutlich größere Gewinnchancen als andere. Sind Sie dazu bereit? Fragen Sie sich:

- Wenn Sie den 30. Juni als Zieltermin für ein Halb-Jahres-Projekt gesetzt bekommen, wann sind Sie dann fertig: am 30. Juni? Am 29.? Oder schon am 1. Juni?
- Wenn Sie ein Instrument lernen und jeden Tag eine halbe Stunde üben sollen, wie lang üben Sie dann: eine halbe Stunde? Eine ganze? Oder zwei?
- Wenn Ihre Führungskraft Sie auffordert, eine Idee für ein neues Produkt zu entwickeln, wie viele Ideen entwickeln Sie dann: eine? Zwei? Oder fünf?
- Wenn Sie für Ihr Sportabzeichen zehn Kilometer in 01:05:30 Stunden laufen müssen – auf welche Zeit trainieren Sie dann: 01:05:30? Eine Stunde? Oder 55 Minuten?
- Wenn Sie im Rahmen einer Fortbildung ein Kapitel in einem

Fachbuch lesen sollen, was lesen Sie dann: dieses Kapitel? Das ganze Buch? Oder mehrere Bücher zum Thema?

- Wenn Sie morgens um 6.00 Uhr aufstehen müssen, um pünktlich zur Arbeit zu kommen – wann stehen Sie dann auf? Um 6.00 Uhr? Um 5.00 Uhr? Oder um 4.00 Uhr?

Eine Umfrage in den USA fand heraus:[128] Wer morgens um vier oder fünf Uhr aufsteht, verdient im Schnitt über 50 Prozent mehr als die Langschläfer. Und die Vier-Uhr-Aufsteher fühlen sich produktiver, gesünder und glücklicher als alle, die dann noch schlafen.

Haben Sie mal überlegt, was in Ihrem Leben möglich würde, wenn Sie jeden Morgen eine Stunde früher in den Tag starten würden? Der Führungsexperte Robin Sharma schreibt in seinem Buch *Der 5-Uhr-Club*:

> *Weltklasse-Willensstärke ist keine angeborene Stärke, sondern eine Fertigkeit, die durch unermüdliche Übung erworben wird. Im Morgengrauen aufzustehen ist ein perfektes Training zur Erlangung von Selbstkontrolle.*[129]

Es ist völlig in Ordnung, wenn Sie jetzt sagen: Ich muss nicht zu den Super-Erfolgreichen gehören, mittlere Erfolge reichen mir. Es kann eine vernünftige Entscheidung sein, längeren Schlaf einem höheren Gehalt vorzuziehen und sich in Gelassenheit zu üben.

Aber wenn Sie den Anspruch haben, etwas Besonderes zu erreichen, wenn Sie auf Ihrem Feld ein Ronaldo werden wollen, dann gibt es nur eines: Hängen Sie sich rein. Tun Sie mehr als nötig. Bleiben Sie auf der Ziellinie nicht stehen, sondern laufen Sie weiter.

> **»Versuche nicht andere, sondern dich selbst zu übertreffen.«**
>
> *Marcus Tullius Cicero*

Ich feile wochenlang an Buchmanuskripten, von denen andere behaupten, sie seien längst druckreif. Und wenn ein Buch erschienen ist, mache ich dafür monatelang Werbung auf eigene Faust – das müsste ich nicht, eigentlich ist der Verlag dafür zuständig.

Aber diesem Engagement verdanke ich meine Karriere als Bestseller-Autor. Über einen persönlichen Kontakt hatte ich 2011 einen Vorabdruck meines Buches *Ich arbeite in einem Irrenhaus* bei Spiegel-Online auf den Weg gebracht.[130] Dort las Markus Lanz den Text, war begeistert und lud mich in seine Sendung ein. Mein Auftritt katapultierte das Buch in die Bestseller-Listen, dort blieb es drei Jahre stehen.

Hätte ich für die Buch-PR nicht mehr getan als ich musste, wären meine Bücher wahrscheinlich nie Bestseller geworden.

Und als ich meine 365-Tage-Challenge entwickelte, sagten mir viele Trainerkollegen: »Es reicht völlig, wenn du den Teilnehmern einen Impuls pro Woche bietest.« Ich aber habe mich für einen Impuls am Tag und damit die siebenfache Arbeitsmenge entschieden. Die positiven Rückmeldungen der Teilnehmer, die mich jeden Tag erreichen, bestätigen mich in dieser Entscheidung.

Hören Sie auf, Erwartungen zu erfüllen – und fangen Sie an, Erwartungen zu übertreffen, vor allem Ihre eigenen. Genießen Sie es, Ihre Grenzen zu testen und zu verschieben. Gehen Sie die Extra-Meile.

Eine solche Haltung hebt Sie aus der Masse hervor. Als Angestellter werden Sie eher befördert, als Selbstständiger eher gebucht, als Politiker eher gewählt, als Sportler eher siegreich, als Single eher geküsst und als Autor eher gelesen.

»Geh nicht zu weit«, sagt der Volksmund. Aber viele Menschen gehen nicht weit genug, sie laufen unter ihrem Potenzial. Es kann Freude machen, wenn Sie den Radius der eigenen Möglichkeiten erweitern und rausholen, was für Sie drin ist.

Auch in Ihnen ist ein Ronaldo angelegt. Wollen Sie ihn wecken? Dann seien Sie früher beim Training als andere!

Drei Perlen

TIPP

1. Mit jeder Extra-Meile, die ich gehe, sichere ich mir Extra-Erfolge.
2. Wenn ich Vorgaben erfülle, mache ich meinen Job – wenn ich sie übertreffe, mache ich auf mich aufmerksam.
3. Großer Erfolg erfordert nicht großes Talent, sondern überdurchschnittlichen Einsatz.

Mini-Challenge mit Maxi-Wirkung

Welches ist mein wichtigstes Ziel im Leben? Und was genau tue ich, um dieses Ziel zu erreichen?

Das Ziel: ______________________________

____

____

____

Mein Einsatz: ______________________________

____

____

____

Angenommen, ich würde meinen Einsatz *verdoppeln:* Was täte ich dann zusätzlich? Wann teste ich dieses höhere Engagement? Und wie wird es sich auf meinen Erfolg auswirken?

Meine Notizen: ______________________________

____

____

____

Ankläger von Beruf: So schalten Sie Ihren Kopf auf Wünsche um

In der Fußgängerzone stieß eine Frau mit einem Passanten zusammen und ärgerte sich. Hatte der Kerl Tomaten auf den Augen? Konnte er nicht aufpassen, wohin er lief?

»Idiot«, zischte sie den Mann an.

Der lächelte und reichte ihr die Hand: »Und mein Name ist Müller.«

Ich weiß, welchen Beruf Sie ausüben: Sie sind Ankläger. Wir alle sind das. Hören Sie sich einmal beim Denken zu, immer wieder werden Sie auf Klagen und Anklagen stoßen. Vielleicht ärgern Sie sich, dass jemand Ihre Wünsche nicht ernst nimmt. Oder dass er keine Zeit für Sie hat. Oder dass er Sie zu wenig lobt. Auch in Gespräche schleichen sich Anklagen ein:

- »Warum hörst du mir eigentlich nie zu?«
- »Warum stehe ich mit dem Papierkram eigentlich immer alleine da?!«
- »Dein ironisches Grinsen treibt mich zur Weißglut.«

Alles, worauf Sie Ihre Wahrnehmung richten, wird vergrößert. Wenn Sie sich über das ironische Grinsen eines Menschen ärgern, wird Ihnen unter der Lupe Ihrer selektiven Wahrnehmung jedes Zucken seiner Mundwinkel, jedes freundliche Lächeln wie ein hämisches Grinsen erscheinen.

> **»Jeder, der einen anderen schlechter macht, wird es dadurch selbst.«**
>
> *Seneca*

Was regt Sie auf an anderen Menschen? Eigenschaften, die sich auch in Ihnen selbst regen. Was wir an uns nicht wahrhaben möchten, nehmen wir an anderen wahr. Projektion speist negative Emotion. Thorwald Dethlefsen schreibt in seinem Buch *Schicksal als Chance*:

> *(…) die Tatsache, dass sich jemand über den Geiz eines anderen aufregt, zeigt mit Gewissheit an, dass er selbst geizig ist. Sonst könnte es ihn doch nicht stören. Wenn er selbst großzügig ist, was kümmert ihn dann der Geiz anderer? Er könnte ihn als Tatsache hinnehmen, ohne sich darüber aufzuregen und sich gestört zu fühlen.*[131]

Hören Sie auf, mit Ihrem eigenen Spiegelbild zu fechten. Nehmen Sie Ihre Anklage als wichtigen Hinweis und fragen Sie sich:

- Was hat diese empfindliche Reaktion auf einen anderen Menschen mit mir selbst zu tun?
- Welche meiner Eigenschaften verdränge ich noch ins innere Schattenreich?
- In welcher Hinsicht will ich wachsen und all meine Seiten mehr akzeptieren?
- Was wünsche ich mir vom anderen und damit heimlich von mir selbst?

Ich empfehle Ihnen die VW-Methode.[132] Das ist keine Schleichwerbung, sondern der Weg vom Vorwurf (V) zum Wunsch (W). Wenn Ihnen ein Vorwurf in den Kopf schießt, sollten Sie sich fragen: Was will ich stattdessen? Und welche Vorteile bietet mir das? Sprechen Sie das dann aus! Ich mache es Ihnen am Beispiel der Sätze von gerade eben vor:

- **V**(orwurf): »Warum hörst du mir eigentlich nie zu?«
  W(unsch): »Ich wünsche mir, dass du mir zuhörst. Dann spüre ich, dass ich dir wichtig bin.«
- **V**: »Warum stehe ich mit dem Papierkram eigentlich immer alleine da?!«
  W: »Ich wünsche mir, dass du mich bei dem Papierkram unterstützt. Zu zweit schaffen wir das schneller und zuverlässiger.«
- **V**: »Dein ironisches Grinsen treibt mich zur Weißglut.«
  W: »Ich wünsche mir, dass du bei ernsten Themen kein Lächeln aufsetzt. Dann fühle ich mich ernst genommen.«

Üben Sie Kritik an einem »ironischen Grinsen« – und der andere wird dieses Grinsen natürlich abstreiten. Dahinter steckt die Reaktanz:[133] Wenn ein Mensch sich angeklagt oder gedrängt fühlt, wird er bockig. Mit Wünschen aber fordern Sie den anderen nicht auf, sondern laden ihn ein. Und je freier er sich fühlt, etwas *nicht* zu müssen, desto eher wird er es tun.

Die VW-Technik hilft Ihnen auch, bei Selbstvorwürfen den Lichtschalter der Lösung zu drücken:

- Wenn in Ihrem Kopf der Gedanke aufblitzt, »Ich stell mein Licht bei Teamsitzungen immer unter den Scheffel«, machen Sie daraus: »Ich wünsche mir, dass ich mein Können und mein Wissen in den Teamsitzungen öfter zeige.«
- Wenn Sie denken: »Immer wieder rutschen mir blöde Äußerungen raus«, machen Sie daraus: »Ich wünsche mir, dass ich vor dem Reden länger nachdenke. Ich möchte zu meinen Aussagen stehen können.«
- Wenn Sie denken: »Ich bin einfach unsportlich«, machen Sie daraus: »Ich wünsche mir, dass ich sportlicher werde.« Wie wäre es, heute Abend mit einem Lauf durch den Stadtpark anzufangen?

Es lohnt sich, Vorwürfe und Probleme in Wünsche zu übersetzen. Das gilt auch beim Zuhören, damit werden Sie ein sehr gefragter, weil konstruktiver Gesprächspartner.

Hier ein typisches Gespräch, erst konzentriert auf Probleme und Vorwürfe (mit klassischem aktivem Zuhören) – und dann die W-Variante (mit Wunsch-Zuhören):

Gesprächspartner: »Weiß du, ich habe manchmal von meinem Job die Schnauze voll. Seit Jahren wiederholt sich alles nur noch. Diese Firma ist ein einziger Schlafwagen!«

Sie: »Das klingt, als würdest du unter deiner Arbeit leiden. Die Routine macht dich fertig.«

Gesprächspartner: »Absolut. Manchmal komme ich abends nach Hause und habe kaum mehr die Kraft, mir noch etwas zu kochen. Mein Akku wird immer leerer. Zumal die Kollegen um mich herum sich nicht zu schade sind, diese Routine auch noch gut zu finden.«

Sie: »Es nervt dich, dass deine Kollegen sich mit dieser Routine begnügen?«

Gesprächspartner: »Und wie! Wenn ich mir anschaue, mit welchen Menschen ich da arbeite, dann wundert mich meine Stimmung nicht mehr.«

Was passiert? Mit dem aktiven Zuhören greifen Sie die negativen Aussagen Ihres Gesprächspartners auf – und halten ihn *deshalb* im Problem fest. Er fixiert das Problem, statt Lösungen zu entwickeln. Doch die werden sichtbar, wenn Sie die Wünsche in den Mittelpunkt rücken:

Gesprächspartner: »Weißt du, ich habe manchmal von meinem Job die Schnauze voll. Seit Jahren wiederholt sich alles nur noch. Diese Firma ist ein einziger Schlafwagen!«

Sie: »Du wünschst dir eine Arbeit, die dich mehr herausfordert und bei der du etwas Neues lernen kannst?«

Gesprächspartner: »Absolut. Ich liebe es, wenn ich mich weiterentwickeln kann. Diese Vorstellung gefällt mir. Aber die Kollegen um mich herum sind sich nicht zu schade, diese Routine auch noch gut zu finden.«

Sie: »Du wünschst dir Kollegen, die ähnlich wie du ticken und jeden Tag wachsen wollen?«

Gesprächspartner: »Ja! Und ich habe schon überlegt, wo ich solche Menschen finde. Dabei bin ich auf die Idee gekommen: Wie wäre es, wenn ich mich bei einem Start-up bewerbe? Oder ich könnte …«

Wenn Sie den Fokus auf die Wünsche legen, bringen Sie Menschen in Bewegung! Schalten Sie von V auf W – und Ihr Leben wird auf die Überholspur abbiegen.

Drei Perlen **TIPP**

1. Meine Wahrnehmung ist eine Lupe, sie kann Klagen oder Wünsche vergrößern – was bevorzuge ich?
2. Jeder Vorwurf und jedes Problem, aus denen ich einen Wunsch formuliere, werden zur Chance.
3. Wenn sich andere bei mir beklagen, frage ich, was sie stattdessen wollen – dann wird die Sackgasse zum Weg.

Mini-Challenge mit Maxi-Wirkung

Ich schreibe eine Liste, was mir in meinem Leben nicht gefällt oder was ich anderen vorzuwerfen habe:

1. ______________________________

____

____

2. ______________________________

____

3. ____________________

Nun gehe ich diese Punkte durch und frage mich: Was will ich stattdessen? Unter jedem Wunsch notiere ich, was ich tun kann, damit er wahr wird.

1. ____________________

Dafür tue ich: ____________________

2. ____________________

Dafür tue ich: ____________________

3. ____________________

Dafür tue ich: ____________________

Die teure Gitarren-Stunde: Wie Sie Ihr Leben in zwei Minuten verändern

Der schlitzohrige Mullah Nasrudin wollte Gitarre lernen und sprach einen alten weisen Lehrer an: »Was verlangen Sie für eine Unterrichtsstunde?«

Der Lehrer sagte: »In der ersten Woche zahlst du den vollen Preis, in der zweiten Woche nur noch die Hälfte, in der dritten ein Viertel.«

Nasrudin überlegte kurz und meinte dann: »Wenn das so ist, fange ich gleich mit der dritten Woche an.«

»Ich werde ein Buch über Präsentationen schreiben«, sagte meine Trainer-Kollegin voller Stolz.

»Wann fängst du damit an?«, fragte ich.

»Gerade habe ich mir ein Autorenprogramm runtergeladen. Dort kann ich Recherchestoff sammeln und Quellen ordnen.«

»Und wann legst du mit dem Schreiben los?«

»Sobald ich mit der Recherche durch bin. Ich möchte alle wichtigen Bücher übers Präsentieren lesen, in deutscher und englischer Sprache.«

Mir kam ein Verdacht: »Ich wette, dass du dann immer noch nicht bereit fürs Schreiben bist – oder?«

»Richtig, ich will die führenden Experten zum Thema interviewen. Ich besuche ihre Präsentationen und berichte später in dem Buch davon.«

Wir standen an einem Stehtisch, jeder ein Glas Wasser vor sich.

Ich sagte: »Und ich will einen Schluck Wasser nehmen, weil ich Durst habe« – und deutete auf mein Glas, ohne es zu greifen.

»Tu dir keinen Zwang an!«, sagte die Kollegin.

»Aber bevor ich einen Schluck trinke, will ich mal herausfinden, welche Inhaltsstoffe dieses Mineralwasser hat.«

»Echt jetzt? Das ist ein normales Mineralwasser, das kannst du schon trinken.«

»Nein, vorher will ich noch ein Interview mit dem Mineralwasser-Hersteller führen. Und ich will die Lieferkette ausführlich recherchieren. Und ich will klären, aus welcher Tiefe dieses Wasser eigentlich stammt.«

Jetzt lachte sie, weil sie meine Absicht verstand: »Du willst mir sagen: Wenn man seinen Durst löschen will, sollte man auf der Stelle trinken. Und wenn man ein Buch verfassen will, sollte man auf der Stelle schreiben.«

Richtig! Leider hielt sie sich nicht daran. Das Gespräch ist jetzt sieben Jahre her, und bis heute hat sie ihr Buch *nicht angefangen.*

Von zehn Menschen, die sich eine neue Gewohnheit vornehmen, scheitern mindestens fünf daran, dass sie nicht anfangen.

Alle würden am liebsten dieselbe Abkürzung wie der Mullah Nasrudin nehmen, aber das ist unmöglich. Hier ein paar Beispiele aus der Praxis:

- Herbert (54) war seit seinem 18. Lebensjahr Kettenraucher und wollte sich das Rauchen abgewöhnen. Er las Bücher über Rauch-Entwöhnung, schaute Videos und hörte Hypnosen – aber es blieb bei seinem Plan. Mit dem Aufhören fing er nie an.
- Christine (28) haderte mit ihrer Bildung und wollte die Klassiker der deutschen Literatur lesen. Sie bestellte sich den Literatur-Kanon von Marcel Reich-Ranicki und platzierte ihn in ihrem Regal – aber der Blick auf die vielen dicken Bände schreckte sie ab. Am Ende las sie nur die Titelzeilen auf den Buchrücken.

- Jörg (43) kämpfte mit Übergewicht und nahm sich vor, jeden Abend etwas Gesundes für sich zu kochen. Er schaute Kochvideos bei YouTube, kaufte sich das Buch *Ernährungskompass* und recherchierte lokale Bauernhöfe mit frischen Lebensmitteln – aber schließlich schien ihm die Sache zu kompliziert. Und er aß weiter wie bisher.
- Anastasia (22) nahm sich vor, ihren unsportlichen Lebenswandel abzulegen und einen Marathon zu laufen. Sie fand heraus, in welchen Schritten man einen Marathon vorbereitet, wie man seinen Fuß beim Laufen richtig abrollt und ab welchem Kilometer der »Mann mit dem Hammer« lauert. Ihre Recherche selbst geriet zum Marathon. Mit dem Laufen fing sie niemals an.

Große Ziele bleiben oft im Startblock hängen. Und je länger wir den Start hinauszögern, desto schwieriger wird er.

> **»Nicht weil es schwer ist, wagen wir es nicht, sondern weil wir es nicht wagen, ist es schwer.«**
>
> *Seneca*

Meine Kollegin verbaute den Weg zu ihrem Buch mit einem riesigen Recherche-Hindernis-Parcours. Dort blieb sie schon vor dem Schreibstart hängen.

Dieser Ansatz kann alles verändern: Machen Sie sich den Einstieg in eine neue Gewohnheit so leicht wie möglich. Starten Sie Ihre Gewohnheit mit einem Schritt, der in zwei Minuten zu bewältigen ist. Und wiederholen Sie diesen Schritt in den nächsten Tagen so oft wie möglich.

Die Zwei-Minuten-Regel hat sich weltweit bewährt und ist eine wunderbare Startrampe für neue Gewohnheiten.[134] Zwei Minuten trauen Sie sich in jedem Fall zu, zwei Minuten können Sie immer entbehren:

- Wenn Sie einen Marathon laufen wollen, ohne bislang Läufer zu sein, nehmen Sie sich nicht gleich eine Kilometerzahl vor. Schlüpfen Sie in Ihre Jogging-Kleidung und rennen Sie zwei Minuten so schnell, wie es Ihnen möglich ist. Egal, wie weit Sie kommen – Hauptsache, Sie fangen an.
- Wenn Sie jeden Abend gesund kochen wollen, stürzen Sie sich nicht gleich auf ein kompliziertes Rezept. Schälen Sie in zwei Minuten ein paar Möhren, schnappen Sie sich einen Naturjoghurt als Dip – und legen Sie mit Ihrer gesunden Ernährung los.
- Wenn Sie die Klassiker der Literatur lesen wollen, fordern Sie von sich keine fünf oder zehn Leseseiten am Tag. Schauen Sie einfach, wie weit sie in zwei Minuten kommen – und legen Sie das Buch dann wieder weg. Hauptsache, Sie haben mit der Lektüre begonnen.
- Wenn Sie mit dem Rauchen aufhören wollen, drücken Sie die Stoppuhr, sobald Sie eine Zigarette in die Hand nehmen – zögern Sie das Rauchen um zwei Minuten hinaus. Und schon haben Sie mit dem Aufhören begonnen.

Nun werden Sie fragen: Ist das alles nicht lächerlich wenig? Absolut. Und gerade darin besteht das Geheimnis. Sie werden all das tatsächlich tun, ohne innere Widerstände. Und damit stoßen Sie eine positive Spirale an:

- Was passiert, wenn Sie den fünften oder zehnten Tag in Joggingkleidung zwei Minuten laufen gehen? Es wird Sie die Lust packen, noch ein paar Minuten dranzuhängen. Und so gleiten Sie auf ganz natürliche Weise ins Joggen hinein.
- Was passiert, wenn Sie über Tage hinweg zwei Minuten in einem Buch lesen? Irgendwann wird es so spannend sein, dass Sie eben doch noch umblättern wollen. Und so gleiten Sie auf natürliche Weise ins Lesen hinein.
- Was passiert, wenn Sie sich jeden Abend zwei Minuten frisches Gemüse vorbereiten? Irgendwann werden Sie ein paar Minuten

dranhängen, um sich etwas Warmes zu kochen. Und so gleiten Sie auf natürliche Weise ins gesunde Kochen hinein.

- Was passiert, wenn Sie es schaffen, das Rauchen zwei Minuten aufzuschieben? Irgendwann werden Sie es drei Minuten, fünf Minuten, zehn Minuten schaffen. Dann wird es eine Zigarette weniger pro Tag, dann zwei, dann drei. Und so gleiten Sie auf natürliche Weise ins Nicht-Rauchen hinein.

Die Trainerin und Lernexpertin Vera F. Birkenbihl schreibt in ihrem Buch *Der persönliche Erfolg*:

> *Sie sehen, es ist ein positiver Kreis. Wie ein Riesenrad. Das Einsteigen und das Fahren der ersten Runde sind das Schwierigste. Ist der Anfang jedoch gemacht, geht es fast von allein weiter. Weil ja jeder Erfolg mich bestärkt und mir Kraft und Mut zum Weitermachen gibt!*[135]

Viele Menschen denken: »Ich muss motiviert sein, um mit einer Sache anzufangen.« Das ist ein Irrtum, es funktioniert umgekehrt: Die Motivation kommt, wenn ich angefangen habe.

Die Vorstellung, im November-Regen zu joggen, motiviert mich nicht. Aber wenn ich mich überwinde und jogge, läuft die Motivation plötzlich mit.

Ob Motivation, ob Disziplin, ob Vertrauen: All diese Tugenden schlummern in Ihnen. Was sie wecken kann, ist Ihr entsprechendes Handeln. Tun Sie so, als wären Sie schon motiviert – und Sie werden es sein.

Wer Gitarre lernen will wie der Mullah Nasrudin, kann die erste Stunde, ja die ersten zwei Minuten nicht überspringen. Die Musik einer neuen Gewohnheit beginnt mit dem ersten Takt. Wie sieht Ihr Auf-Takt aus?

Drei Perlen

TIPP

1. Ich mache mir den ersten Schritt in eine neue Gewohnheit so leicht wie möglich.
2. Die Frage ist nicht, wie lange pro Tag, sondern ob überhaupt – zwei Minuten reichen zunächst.
3. Neue Gewohnheiten sind wie junges Gras: Mit der Zeit wachsen sie von allein und werden größer.

Mini-Challenge mit Maxi-Wirkung

Welcher Text aus diesem Buch hat mich am meisten inspiriert? Zu welcher Veränderung in meinem Leben regt er mich an? Und was tue ich die *nächsten* zwei Minuten, um damit loszulegen?

Meine Notizen: ____________________

____

____

____

Die vergessliche Schülerin: Warum Sie ein Alleskönner sind

Eine verzweifelte Schülerin kam zum Weisen und klagte, wie vergesslich sie sei und dass sie deshalb schlechte Noten bekomme. Der Weise sagte: »Wenn du so vergesslich bist, hast du bestimmt auch das Ende deines Lieblingsfilms vergessen.«

»Nein, das kenne ich genau!«, sagte die Schülerin.

»Wenn du so vergesslich bist, vergisst du bestimmt auch deine Handy-PIN.«

»Nein, die hab ich im Kopf.«

»Wenn du so vergesslich bist, weißt du sicher nicht mehr, wer dich mal beleidigt hat.«

»Nein, das vergess ich nie. Aber Lernen ist doch was ganz anderes. Was kann ich gegen meine Vergesslichkeit tun?«

»Ganz einfach«, sagte der Weise. »Entscheide dich, den Lernstoff wichtig zu nehmen.«

Neulich versicherte mir eine Fitness-Trainerin, die mit ihrem Gehalt unzufrieden war: »Ich kann nicht verhandeln. Nicht einmal auf dem Flohmarkt kriege ich das hin. Ich habe da eine innere Sperre.«

»Was würde passieren, wenn Sie es doch probieren?«

»Ich würde nur stottern und stammeln. Oder im Erdboden versinken. Das würde ein einziges Desaster.«

»Welches Gefühl hätten Sie beim Verhandeln?«

»Dass ich meinen Chef überfordere. Dass ich ihm Probleme bereite. Dass ich zu egoistisch bin.«

Ich wusste, dass sie allein eine 15-jährige Tochter erzog, deshalb fragte ich: »Wie lange darf Ihre Tochter abends am Wochenende wegbleiben?«

»Seit diesem Jahr bis 23 Uhr.«

»War das ein Vorschlag von ihr?«

»Nein, sie wollte bis Mitternacht. Angeblich dürfen ihre Freundinnen das auch. Aber damit war ich nicht einverstanden.«

»Was haben Sie zu Ihrer Tochter gesagt?«

»Ich habe gesagt, dass ich nicht für ihre Freundinnen, sondern für sie verantwortlich bin. Und ich habe deutlich gemacht, dass ich ihr mit 23 Uhr schon sehr entgegenkomme.«

»Haben Sie dabei gestottert oder gestammelt?«

Mit großen Augen sah sie mich an. »Sie meinen, das war eine Verhandlung? Das war doch nur ein Gespräch mit meiner Tochter.«

»Richtig. Und eine Gehaltsverhandlung ist nur ein Gespräch mit Ihrem Chef. Und offenbar sind Sie gut darin, solche Gespräche zu führen.«

Wo sehen Sie Ihre großen Schwächen? Was können Sie einfach nicht? Worin sind Sie eine richtige Null? Egal, was Sie jetzt nennen, ich wette: Sie können es eben doch.

Mag sein, dass Sie sich in einem Bereich Ihres Lebens damit schwertun. Aber es gibt andere Bereiche, in denen es Ihnen leichter fällt. Die Herausforderung besteht darin, die Fähigkeit von einem Spielfeld aufs andere zu übertragen:

- Lydia (57) sagt von sich: »Ich komme mit meinen Kolleginnen kaum ins Gespräch. In meinem Leben passiert sonst nichts, wovon ich erzählen könnte. Ich bin nicht sehr unterhaltsam. Deshalb bin ich als Gesprächspartnerin wenig beliebt.«
  In der Beratung stellt sich heraus: Dieselbe Lydia ist im Kreis ihrer Familie eine höchst geschätzte Erzählerin. Alle kleben an ihren Lippen, wenn sie etwas erzählt.
- Markus (29) sagt von sich: »Ich bin nicht der Ellenbogen-Typ,

der ich im mittleren Management sein sollte. Andere nehmen mir oft die Butter vom Brot. Ich stecke viel zu oft zurück und vertrete meine Interessen schlecht.«
In der Beratung stellt sich heraus: Markus ist Hobby-Fußballer. Als Verteidiger auf dem Platz ist er für seine resolute Spielweise bekannt. Er ist gut darin, einen Ball mit Körpereinsatz abzuschirmen. Und mit seinen Grätschen spitzelt er den Stürmern oft in letzter Sekunde den Ball vom Fuß.

- Julian (44) sagt von sich: »Ich neige gegenüber meiner Tochter zu Wutausbrüchen. Ich habe mich einfach nicht unter Kontrolle, wenn ich mich über sie ärgere. Später bereue ich dann, dass ich sie angebrüllt habe – aber ich kann es mir einfach nicht verkneifen.«
In der Beratung stellt sich heraus: Gegenüber seiner Vorgesetzten, die ihn auch immer wieder »ärgert«, ist Julian die Beherrschung in Person. Noch nie ist ihm ein lautes Wort über die Lippen gerutscht. Und stets bewahrt er seine Freundlichkeit.

Jedem dieser Klienten habe ich bewusst gemacht, dass sie nichts Neues lernen, sondern eine Fähigkeit nur von einem Bereich ihres Lebens auf den anderen übertragen müssen:

- Zu Lydia sagte ich: »Wenn Sie das nächste Mal auf Ihre Kolleginnen treffen, dann stellen Sie sich vor, es würde sich um die Mitglieder Ihrer Familie handeln. Stellen Sie sich vor, dass alle gespannt sind und Ihnen mit ganz großen Ohren zuhören. Beobachten Sie, inwiefern Ihnen das Erzählen dann deutlich leichter fällt.«
- Zu Markus sagte ich: »Wenn Sie das nächste Mal im Job das Gefühl haben, jemand will Ihnen die Butter vom Brot nehmen, dann denken Sie an eine Situation beim Fußball: Sie haben den Ball am Fuß – aber ein gegnerischer Spieler will Ihnen das Leder abjagen. Was tun Sie jetzt? Achten Sie darauf, was passiert, wenn Sie diese konsequente Haltung vom Fußball auf das Spielfeld

Ihrer Arbeit übertragen. Vielleicht macht es Ihnen sogar Spaß, die Butter auf Ihrem Brot mit Erfolg zu verteidigen.«

- Zu Julian sagte ich: »Wenn Sie sich das nächste Mal über Ihre Tochter ärgern, dann stellen Sie sie sich als Ihre Chefin vor. Malen Sie sich aus, Ihre Vorgesetzte stünde vor Ihnen. Und Sie werden sehen, dass es Ihnen auf einmal gelingt, sich eben doch zu beherrschen und freundlich mit Ihrer Tochter umzugehen.«

Solange Julian davon ausgeht, er sei ein unbeherrschter Mensch, ist er für seine Wutanfälle nicht verantwortlich. Aber sobald er realisiert, dass er sich beherrschen *kann*, wandert die Verantwortung zu ihm zurück. Damit schaltete er von Ohnmacht auf Entscheidungsmacht um.

> **»Für seine Handlungen sich allein verantwortlich fühlen und allein ihre Folgen, auch die schwersten, tragen, das macht die Persönlichkeit aus.«**
> *Ricarda Huch*

Der Hut fast jeder Eigenschaft, nach der Sie sich sehnen, befindet sich schon auf Ihrem Kopf. Nur müssen Sie realisieren, dass Sie ihn bereits tragen!

- Wenn Sie denken, dass Sie nicht Nein-Sagen können: Überlegen Sie, gegenüber welchem Menschen und in welchen Situationen es Ihnen doch gelungen ist.
- Wenn Sie davon ausgehen, dass Sie nicht selbstbewusst sind: Überlegen Sie, in welchen Situationen Ihres Lebens sie sich viel getraut haben.
- Wenn Sie glauben, dass Sie nicht schlagfertig sind: Denken Sie an Gespräche, in denen Sie spontan und pfiffig reagiert haben.
- Wenn Sie davon ausgehen, sich zu viele Sorgen zu machen: Rufen Sie sich Momente ins Gedächtnis, in denen Ihnen Unbeschwertheit gelang.

- Wenn Sie annehmen, zu wenig Disziplin zu haben: Erinnern Sie sich an Situationen, in denen Sie Ihren inneren Schweinehund erfolgreich bezwungen haben.

Handeln Sie wie ein Fußballtrainer, nutzen Sie Ihren ganzen Kader. Die meisten Eigenschaften, die gerade auf dem Spielfeld Ihres Lebens fehlen, finden Sie auf der Reservebank. Bringen Sie diese Eigenschaften ins Spiel. Und je öfter Sie beispielsweise Ihre Schlagfertigkeit einsetzen, je mehr Spielpraxis sie bekommt, desto besser wird sie treffen.

Es ist merkwürdig, dass wir unseren Körper trainieren, unseren Geist jedoch als Selbstläufer sehen. Wir stemmen Hanteln, um Muskeln aufzubauen. Wir joggen, um Kondition aufzubauen. Aber wir begreifen nicht immer, dass wir auch unsere Schlagfertigkeit, unsere Disziplin oder unsere Abgrenzung trainieren müssen. Wiederholung lässt mentale Muskeln wachsen, Wiederholung erhöht unsere Sicherheit.

> **»Sage es mir, und ich werde es vergessen. Zeige es mir, und ich werde es vielleicht behalten. Lass es mich tun, und ich werde es können.«**
>
> *Konfuzius*

Ein solches Training kann erstaunlich schnell anschlagen. Sorgen Sie dafür, dass Ihre erwünschten Eigenschaften oft zum Einsatz kommen und dadurch ein immer höheres Niveau erreichen.

Setzen Sie Ihre Qualität ein, und Sie erhöhen die Qualität Ihres Lebens. Nicht das Gedächtnis der Schülerin war das Problem – sondern ihre mangelnde Bereitschaft, es zu nutzen.

Drei Perlen **TIPP**

1. Es gibt keine Eigenschaften, die mir fehlen – nur solche, deren ich mir noch nicht bewusst bin.

2. Stärken sind wie Stühle: Ich muss sie an den richtigen Platz rücken, um sie zu nutzen, etwa vom Privat- ins Berufsleben.
3. Mentale Muskeln wollen trainiert sein: Was ich oft genug wiederhole, wird automatisch immer mehr zur Stärke.

Mini-Challenge mit Maxi-Wirkung

Welche Eigenschaften brauche ich, um mein liebstes Hobby mit Erfolg auszuüben? ____________________________________

____

____

____

Was unternehme ich in den nächsten Tagen, um diese Eigenschaften verstärkt in anderen Feldern meines Lebens zu nutzen, beispielsweise im Beruf? Und welche neuen Möglichkeiten ergeben sich für mich daraus?

Meine Notizen: ______________________________________

____

____

____

Der schweigsame Papagei: Was Sie Geniales von anderen lernen können

Ein Papagei machte seiner Besitzerin viel Freude. Jeden Tag plapperte er vor sich hin, als wäre er ein Mensch. Die Besitzerin liebte ihren Papagei, weil er so schön sprechen konnte. Sie selbst, eine redefreudige Frau, hatte es ihm beigebracht. Jeden Tag fütterte sie ihren Vogel mit dem besten Körnerfutter.

Doch eines Tages begann der Papagei zu schweigen. Er saß hinten im Käfig und sagte kein Wort mehr. Besorgt trat die Besitzerin vor den Käfig: »Was ist los? Geht es dir schlecht? Soll ich dir etwas erzählen?« Sie holte aus zu einer langen Geschichte. Doch als sie nach einer halben Stunde fertig war, saß der Papagei immer noch still in der Ecke.

Die Besitzerin wurde wütend. »Wenn du nichts mehr sprichst, kriegst du nichts mehr zu fressen. Basta!« Und sie deckte den Käfig ab. So auch die nächsten Tage: Die Frau redete auf den Papagei ein. Aber der Papagei antwortete nicht. Deshalb bekam er kein Futter.

Mit der Zeit wurde der Papagei schwächer und schwächer. Und die Besitzerin wurde immer ärgerlicher: »Ich hab dir so viel beigebracht: Warum redest du nicht mehr mit mir?«

Am siebten Tag lag der Vogel am Boden seines Käfigs. Der Tierarzt traf erst ein, als der Papagei schon gestorben war. »Das ist so ungerecht!«, sagte die Besitzerin. »Ich habe ihm das Reden beigebracht – warum lässt er mich jetzt hängen?«

Der kluge Tierarzt antwortete: »Sie haben ihm das Reden beigebracht. Jetzt wollte Ihr Papagei Ihnen das Schweigen beibringen. Vergeblich. Darum ist er tot.«

Für mich enthält diese Geschichte zwei wichtige Lehren. Zum einen haben wir immer die Wahl, welche Motive wir einem anderen unterstellen. Schweigt der Papagei aus Bösartigkeit? Oder meint er es gut und will seiner Besitzerin eine kostbare Lektion vermitteln?

Wenn sich jemand nicht so verhält, wie Sie es erwarten – zu welchem Erklärungsmuster neigen Sie? Gehen Sie davon aus, der andere führe etwas Böses im Schilde? Oder glauben Sie an eine gute Absicht?

- Kritisiert Sie Ihre Chefin, um Sie fertigzumachen? Oder will sie Ihnen helfen, besser in Ihrem Job zu werden und zu wachsen?
- Geht Ihnen der Arbeitskollege aus dem Weg, weil er Sie nicht leiden kann? Oder macht er Ihnen den Weg frei, um Sie nicht aufzuhalten, da Sie immer so beschäftigt wirken?
- Reden Ihre Eltern Ihnen in Ihr Leben rein, weil sie Sie immer noch für unreif halten? Oder wollen sie Sie einfach von ihrer größeren Lebenserfahrung profitieren lassen?
- Macht Ihr Partner Sie gezielt eifersüchtig? Oder beweist er Ihnen sein Vertrauen, indem er von seinem guten Verhältnis zu einer Kollegin erzählt?
- Macht sich die Teamkollegin in einer Gruppe über Sie lustig? Oder will sie ihren Humor als sozialen Klebestoff nutzen, um Sie einzubeziehen?

Wenn ich dem anderen eine *böse* Absicht unterstelle, was weckt das in mir? Das Böse. Dann verhalte ich mich wie die Papagei-Besitzerin und verweigere den anderen ihr (emotionales) Körnerfutter. Davon hat keiner etwas, weder die anderen noch ich. Aber wenn ich vom Guten ausgehe, wachsen meine Zuversicht, mein

Vertrauen und meine Lernbereitschaft. Ich bin bereit, konstruktiv zu handeln, denn:

> **»Das Gute – dieser Satz steht fest – ist stets das Böse, was man lässt.«**
>
> *Wilhelm Busch*

Machen Sie es sich zur Gewohnheit, auf übertrieben negative Fantasien über andere Menschen mit positiven Gedanken und Bildern zu antworten.[136] Stellen Sie sich vor, dass der andere Ihnen ein Geschenk überreicht. Oder dass Sie zusammen auf einer Wiese Purzelbäume schlagen. Oder dass er Ihnen durch die Lüfte auf Engelsflügeln entgegengleitet. Mit solchen heiteren Gedanken gleichen Sie die geistige Schieflage aus, wecken Ihren Humor und finden in ein konstruktives Denken.

Die zweite Botschaft der Geschichte ist mindestens genauso wichtig.

Fragen Sie sich bei jedem Menschen, dem Sie begegnen: Worin kann er mein Vorbild sein? Wer wenig redet, wie unser Papagei, kann Ihnen viel übers Schweigen und Zuhören beibringen.

Jeder Charakterzug eines anderen kann ein Vorzug sein. Der Philosophen-Kaiser Marc Aurel schreibt in seinen *Selbstbetrachtungen*:

> *Wenn du dich freuen willst, dann denk an die Vorzüge deiner Mitmenschen. Das ist zum Beispiel bei dem einen die Tatkraft, bei dem anderen die Zurückhaltung, bei dem nächsten die Freigebigkeit, bei einem anderen noch etwas anderes. Denn nichts macht so viel Freude wie die Erscheinungsformen der Tugenden, die in den Charakteren unserer Mitmenschen sichtbar werden und – soweit möglich – in großer Zahl zusammentreffen. Deshalb muss man sie auch immer zur Hand haben.*[137]

Denken Sie oft über die Vorzüge Ihrer Mitmenschen nach. Gehen Sie die Menschen um Sie herum durch und fragen Sie sich:

- Was gefällt mir am besten an diesem Menschen?
- Was macht ihn einmalig?
- Was bewundere ich an ihm?
- Wie kann er mich für mein Leben inspirieren?
- Was kann ich von ihm lernen?

Ich verspreche Ihnen: Wenn Sie Ihre Mitmenschen mit dieser Haltung anschauen, wird jede Begegnung für Sie ein Abenteuer, ein Schub für Ihre Entwicklung. Zumal alles, was Sie an einem anderen bewundern, auch in Ihnen angelegt ist. Nur deshalb können Sie in Resonanz damit gehen, bei Goethe heißt es:

> *Wär' nicht das Auge sonnenhaft,*
> *Die Sonne könnt' es nie erblicken;*
> *Läg' nicht in uns des Gottes eigne Kraft,*
> *Wie könnt' uns Göttliches entzücken?*[138]

Schauen und horchen Sie genau hin! Auch ein Papagei, der schweigt, kann Ihnen eine wichtige Botschaft übermitteln.

Drei Perlen TIPP

1. Wenn sich jemand anders verhält, als ich es erwarte, verhält er sich nicht schlecht – nur anders.
2. Jeder Mensch wird zur Inspiration, wenn ich mich frage, was ich von ihm lernen kann.
3. Was ich an anderen bewundere, ist in mir selbst angelegt – ich kann diese Saat großziehen.

Mini-Challenge mit Maxi-Wirkung

Wer sind die drei wichtigsten Menschen in meinem Leben?

Mensch 1: ______________________________

Mensch 2: ______________________________

Mensch 3: ______________________________

Wenn ich von jedem etwas lernen kann: Welche Lektion von wem?

Mensch 1: ______________________________

Mensch 2: ______________________________

Mensch 3: ______________________________

Die Galgen des Königs: Warum es keine Gegensätze in Ihrem Leben gibt

Lange hatte der König überlegt, wie er seine Untertanen zu mehr Ehrlichkeit bewegen könnte. Dann kam ihm die Idee, auf dem Marktplatz eine Reihe von Galgen errichten zu lassen. Am Stadttor platzierte der König Soldaten mit dem Auftrag, jedem Ankömmling eine Frage zu stellen. Wer log, sollte sofort gehängt werden.

Als Erster stand der schlitzohrige Mullah Nasrudin vor dem Tor. Ein Soldat bellte ihn an: »Sag mir, was du vorhast. Wenn du lügst, hängen wir dich!« Und Mullah Nasrudin antwortete gelassen: »Ich betrete die Stadt, um an einem Galgen gehängt zu werden.«

Der Soldat sah ihn erst entgeistert, dann wütend an: »Sag jetzt die Wahrheit! Sonst hängen wir dich tatsächlich auf!«

Nasrudin schmunzelte: »Wenn du mich aufhängst, ist es keine Lüge.« Mit diesen Worten ging er weiter. Und blieb unbehelligt.[139]

Denken Sie an diese Geschichte, wenn Sie auf scheinbare Widersprüche in Ihrem Leben stoßen. Wahrheiten müssen sich nicht ausschließen, sie können sich ergänzen.

Hermann Hesse lässt seinen Siddhartha sagen:

> *Von jeder Wahrheit ist das Gegenteil ebenso wahr! Nämlich so: eine Wahrheit lässt sich immer nur aussprechen und in Worte hüllen, wenn sie einseitig ist. Einseitig ist alles, was mit Gedanken gedacht und mit Worten gesagt*

werden kann, alles einseitig, alles halb, alles entbehrt der Ganzheit, des Runden, der Einheit. (...) Die Welt selbst aber, das Seiende um uns her und in uns innen, ist nie einseitig.[140]

Diese Vielschichtigkeit der Wahrheit spiegelt sich auch in Ihrem Leben:

- Es ist wahr, dass Sie Ihr Leben lieben, aber das schließt nicht aus, dass Sie gelegentlich durch Täler gehen und am Sinn Ihres Lebens zweifeln: Erst im Schatten wächst Ihre Liebe für die Wärme und das Licht.
- Es ist wahr, dass in Ihnen die Weisheit dieser Erde angelegt ist, aber das schließt nicht aus, dass Sie sich gelegentlich unklug verhalten: Der Weg zur Weisheit ist mit Dummheiten gepflastert.
- Es ist wahr, dass Sie voll der Großherzigkeit sind, aber das schließt nicht aus, dass Sie gegenüber einem geliebten Menschen gelegentlich Wut und Schmerz empfinden: Je größer die Liebe, desto größer die Verletzlichkeit.

Ein rundes Leben kennt keine Gegensätze, es braucht Erwünschtes *und* Unerwünschtes; sonst geht das Puzzle nicht auf. Erst diese Kontraste lassen Sie Ihr Leben in all seiner Vielschichtigkeit erfahren.

Der Sozialpsychologe Erich Fromm geht davon aus, dass Leid im Leben unvermeidlich ist.[141] Wir wollen eins sein mit der Natur und mit anderen Menschen, aber abgespalten sind wir. Wir wollen Leben ohne Ende, aber sterblich sind wir. Und wer versucht, sich in eine Liebe zu retten, landet oft in einer ungesunden Abhängigkeit, wird vom anderen besessen oder will ihn besitzen.

Erst wenn Sie diese Widersprüche akzeptieren, erst wenn Sie ihnen einen Sinn geben, erst wenn Sie ein authentisches Selbst entwickeln – erst dann öffnet sich die Tür zu einem erfüllten Leben, dessen Reiz gerade in diesen Kontrasten besteht. Erich Fromm sieht drei Wege, die uns aus der existenziellen Ohnmacht führen können:

- *Weg 1:* dass wir die eigenen Kräfte entdecken und entfalten, zum Beispiel durch Kreativität oder eine sinnvolle Arbeit, statt uns durch Konformität zu verbiegen oder der Autorität einer Gruppe zu unterwerfen;
- *Weg 2:* dass wir unser existenzielles Alleinsein bejahen, etwa durch ein tiefes Uns-Selbst-Vertrauen, statt es durch Konsum zu übertünchen, durch Selbsttäuschung zu leugnen oder durch asymmetrische Liebesbeziehungen überwinden zu wollen;
- *Weg 3:* dass wir die Fähigkeit entwickeln, aufrichtig zu lieben, uns selbst und die Welt um uns herum. Eine gelungene Liebesbeziehung kennzeichnet sich nach Fromm dadurch, dass wir unsere Einzigartigkeit in der Zweisamkeit bewahren, statt unsere Individualität aufzugeben und verschmelzen zu wollen.[142]

Diese drei Wege sind nicht leicht zu beschreiten, denn von Kindheit an werden wir darauf getrimmt, uns zu verbiegen. Wir sollen tun, was die Eltern sehen wollen; sollen sagen, was die Lehrer hören wollen; sollen in unsere Bewerbung schreiben, was die Firmen lesen wollen. Und so kann es uns zur Gewohnheit werden, dass wir unsere Wahrheit am Kompass der anderen ausrichten. Zumal dieses erwünschte Verhalten von der Gesellschaft belohnt wird.

> **»Die Menschen glauben viel leichter eine Lüge, die sie schon hundertmal gehört haben, als eine Wahrheit, die ihnen völlig neu ist.«**
> *Alfred Polgar*

Der Hang zur Konformität führt in die Irre. Wer Sicherheit sucht, indem er sich anpasst, verliert Selbstsicherheit. Wer eins werden will, indem er verschmilzt, löst sich dabei auf. Bleiben Sie bei sich, auch wenn Sie unter anderen sind. Beugen Sie sich niemals Erwartungen, nur um Ansehen zu gewinnen. Halten Sie Ihre Werte gerade dann hoch, wenn der Sturm der Anpassung Sie umbraust. Es kommt nicht darauf an, dass die anderen Sie mögen, sondern dass Sie mit sich selbst im Reinen sind.[143]

Der Hirnforscher Gerald Hüther weist mit Recht darauf hin, dass wir uns rasch »verwickeln« in Widersprüche und in ein falsches Leben.[144] Wir passen uns dem System an, statt die Umwelt nach unseren Wünschen zu formen. Er sieht unsere Lebensaufgabe darin, dass wir uns »entwickeln«, sprich aus diesen Verwicklungen befreien.

Dieser Reifeprozess gelingt Ihnen, wenn Sie Ihre Maske abstreifen und Ihr wahres Gesicht zeigen:

- Entwickeln Sie den Mut, anderen zu sagen, was Sie wirklich denken. Ihre Aufgabe ist es nicht, anderen nach dem Mund zu reden, sondern sich selbst aus dem Herzen.
- Sprechen Sie aus, womit Sie nicht einverstanden sind. Im Zeitalter der Sprüche braucht es mehr Widersprüche, um Irrwege aufzudecken und Gehirnzellen aus ihrem Gewohnheitsschlaf aufzuwecken.
- Und fragen Sie sich nie, ob Sie mit einer Äußerung auf Gegenliebe stoßen oder nicht. Wer Sie liebt, weil Sie ihm nach dem Mund reden, liebt nicht Sie, sondern die Bestätigung seiner selbst.

Ganz egal, wo Sie im Leben stehen: Stehen Sie zu sich selbst. Lachen Sie nicht, sofern Sie etwas nicht lustig finden. Sagen Sie Nein, wenn Ihnen etwas nicht passt. Erheben Sie Widerspruch, wenn Ihnen eine Marschrichtung nicht gefällt.

Grenzen Sie Ihr Privatleben so weit vom Beruf ab, wie das gut für Sie ist. Akzeptieren Sie sich selbst auch dann, wenn Sie Fehler begehen oder einen schwachen Tag haben. Machen Sie es sich zur Gewohnheit, sich jeden Tag zu entwickeln aus den gesellschaftlichen

Zwängen, die Sie einschnüren. Halten Sie in einem Entwicklungs-Tagebuch fest, welche kleinen Fortschritte Sie Tag für Tag machen:

- Wodurch fühle ich mich wohler?
- Wodurch komme ich mir näher?
- Wodurch agiere ich echter?
- Wodurch verwirkliche ich meine Einmaligkeit?
- Wodurch gewinnt mein Leben an Tiefe?

Werden Sie der Mensch, der Sie wirklich sind, die beste Version Ihrer selbst. Bleiben Sie sich und Ihrer Wahrheit treu – dann entgehen Sie den gefährlichsten Galgen, die hinter dem Stadttor unserer Gegenwart auf Sie lauern: der Anpassung und der Selbstverleugnung.

Drei Perlen — TIPP

1. Es gibt keine Widersprüche für mich – nur Wahrheiten, die sich ergänzen.
2. Es gibt nur einen richtigen Standpunkt in meinem Leben: Ich stehe zu meinen Überzeugungen.
3. Ich akzeptiere alles, was ist, mit der nötigen Gelassenheit – jede Niederlage von heute kann ein Sieg von morgen sein.

Mini-Challenge mit Maxi-Wirkung

Welche meiner Eigenschaften gefällt mir so wenig, dass ich sie am liebsten abstreifen würde? ______________________________

____

____

Angenommen, diese Eigenschaft ist eine Farbe, die es aber im Bild meines Lebens braucht: Worin besteht der wertvolle Kontrast, den sie erzeugt? Und was würde in meinem Leben ohne diese Eigenschaft fehlen?

Meine Notizen: ____

____

____

____

Das belesene Mädchen: Wie neue Gewohnheiten Ihnen mühelos gelingen

Die Deutschlehrerin konnte nicht glauben, wie belesen Julia schon als Fünftklässlerin war. Das Mädchen kannte sich in der deutschen Literatur besser aus als mancher Abiturient. Ausgerechnet Julia, dachte sich die Lehrerin, dabei schaut sie dauernd auf ihr Handy, sogar im Unterricht!

Doch Julia wusste, wer bei Goethe durch Nacht und Wind reitet, konnte die Balladen Schillers zitieren, hatte Fontanes »Birnbaum« gekostet und kannte den Takt der *Blechtrommel* von Grass. Noch nie war der Lehrerin eine so belesene Schülerin in diesem Alter begegnet.

Aber welches Geheimnis steckte hinter der Bildung dieses Mädchens? Die Lehrerin freute sich auf den ersten Elternabend, um das herauszufinden. Der Vater und die Mutter kamen. Die Lehrerin sagte: »Ich muss schon sagen, dass Ihre Julia sich erstaunlich gut mit Literatur auskennt. Wie kam es dazu?«

»Das liegt an ihrem Handy«, sagte der Vater.

»Sie schaut deshalb so oft auf ihr Handy, weil sie dort Bücher liest?«, fragte die Lehrerin.

»Nein«, schaltete sich die Mutter ein, »zu Hause gilt die Regel: Sie darf Ihr geliebtes Handy erst einschalten, wenn sie vorher zehn Seiten in einem anspruchsvollen Buch gelesen hat.«

»Und weil sie pro Tag mindestens zehnmal auf ihr Handy schaut, liest sie pro Tag mindestens 100 Seiten«, ergänzte der Vater.

Jetzt hatte die Lehrerin verstanden!

Wenn Sie mich fragen, wie Sie eine neue Gewohnheit am sichersten etablieren, antworte ich: durch Bedürfnis-Kombination.

Verbinden Sie das Neue, was Sie planen, mit einer Gewohnheit, auf die Sie keinesfalls verzichten wollen.

Ein paar Beispiele:

- Sie kochen sich jeden Morgen einen Kaffee, weil Sie dieses Getränk für Ihren Start in den Tag brauchen. Aber es fällt Ihnen schwer, etwas für Ihre Fitness zu tun. Vereinbaren Sie mit sich selbst: Ich nehme erst dann einen Schluck, wenn ich vorher dreimal fünf oder zehn Liegestütze gemacht habe. Ohne Liegestütze keinen Kaffee.
- Sie sind Fußballfan und schauen an jedem Samstag die Bundesliga im Fernsehen. Aber es fällt Ihnen schwer, Ihre Englisch-Kenntnisse auszubauen. Vereinbaren Sie mit sich selbst: Ehe ich die Sendung anschaue, lerne ich mindestens fünf neue Englisch-Vokabeln. Ohne Vokabeln kein Fußball.
- Sie sind leidenschaftliche Krimi-Leserin. Aber Sie tun sich schwer damit, ein Erfolgstagebuch zu beginnen. Vereinbaren Sie mit sich selbst: Ehe ich abends im Bett zu meinem Krimi greife, notiere ich in meinem Tagebuch drei Dinge, die mir im Laufe des Tages gelungen sind. Ohne Tagebuch kein Krimi.
- Jeden Morgen ist es Ihnen ein wichtiges Bedürfnis, Ihr Handy auf Neuigkeiten zu checken. Aber Sie tun sich schwer damit, auch jeden Morgen zu meditieren. Vereinbaren Sie mit sich selbst: Ich fasse das Handy erst an, wenn ich vorher mindestens fünf Minuten meditiert habe. Ohne Meditation kein Handy.

Eigentlich sind neue Gewohnheiten der Feind Ihres Gehirns: Sie erfordern zusätzliche Denkleistung. Zunächst buttern Sie Energie rein, ohne etwas zurückzubekommen. Deshalb flüstert Ihnen Ihr Gehirn heimlich zu: »Geh den alten Weg, lass es bleiben!«

Doch der US-Psychologe David Premack fragte sich Anfang der 1970er-Jahre: Was geschieht, wenn man zwei Aktivitäten miteinander verkoppelt, eine häufige, die als positiv empfunden wird, mit einer seltenen, die negativ besetzt ist?[145]

Zum Beispiel isst ein Kind fürs Leben gern Eis. Aber sein Gemüse lässt es immer auf dem Teller liegen. Nun sagen die Eltern: »Du bekommst ein Eis – aber erst, wenn du dein Gemüse aufgegessen hast.«

Daraus ist das Premack-Prinzip entstanden, eine Methode, mit der Sie sich selbst konditionieren können. Durch die Bedürfnis-Kombination tricksen Sie Ihr Gehirn aus: Nun werden Sie jedes Mal, wenn Sie der neuen Gewohnheit nachgehen, sofort durch Glückshormone belohnt.

> **»Es ist nicht genug, einen guten Kopf zu haben; die Hauptsache ist, ihn richtig anzuwenden.«**
>
> *René Descartes*

Dann schmecken Ihre Liegestütze nach Kaffee, Ihre Englisch-Vokabeln sind spannend wie ein Fußballspiel, und Ihr Erfolgstagebuch gerät zum Krimi. Deshalb flüstert Ihr Gehirn: »Tu es wieder!«

Aber wie stellen Sie sicher, dass Ihre neuen Gewohnheiten *in jedem Fall* mit der alten Gewohnheit verkoppelt sind? Dabei helfen kleine Wegweiser in Ihrem Alltag, die Sie nicht übersehen können.

Kleben Sie an Ihre Kaffeemaschine einen Zettel, auf dem steht: »Liegestütze!« Legen Sie Ihr Handy über Nacht auf die Yoga-Matte, damit Sie der erste Weg des Tages sofort zu Ihrer neuen Gewohnheit führt. Und stecken Sie Ihr Tagebuch als Lesezeichen in den Krimi, damit kein Weg an der neuen Gewohnheit vorbeiführt.

Am Ende die Frage: Wie gebildet wären Sie, wenn Sie vor jedem Blick aufs Smartphone zehn Seiten lesen würden? Und was hindert Sie eigentlich daran, es zu tun?

Drei Perlen **TIPP**

1. Mein Gehirn will Energie sparen, deshalb redet es mir neue Gewohnheiten heimlich aus.
2. Ich verknüpfe eine alte Gewohnheit, die ich liebe, mit einer neuen, die ich noch nicht liebe – und die Liebe springt über.
3. Wenn ich gern Kaffee trinke und zehn Liegestütze zur Bedingung mache, schmecken die Liegestütze nach Kaffee – und fallen mir leichter.

Mini-Challenge mit Maxi-Wirkung

Welche Gewohnheiten sind mir heilig und versüßen meinen Tag? Und welche (neuen) Gewohnheiten fallen mir schwer und bleiben oft auf der Strecke? Und welche kann ich zu einem Pärchen verkoppeln?

Ich stelle sicher, dass ich meine erwünschte (neue) Gewohnheit (…) ______________________________ täglich umsetze, indem ich sie koppele mit meiner etablierten Gewohnheit (…)

____

____

____.

Der saufende Fürst: Wie radikale Ehrlichkeit Sie wachsen lässt

Der Fürst war dem Alkohol verfallen. Mit jedem Tag soff er mehr. Seine drei Diener mussten ihn stützen, wenn er durch den Palast wankte. Eines Tages vereinbarten die Diener, dem Fürst ins Gewissen zu reden. Der erste Diener sagte: »Mein Fürst, ich fürchte, Sie trinken gelegentlich ein Gläslein zu viel.«

»Das ist nicht wahr«, empörte sich der Fürst. Er rief die Wachen und ließ den ersten Diener hinrichten.

Der zweite Diener beschloss, die Sache vorsichtiger anzugehen, er sagte: »Mein Fürst, Sie trinken gar nicht zu viel – Sie tun es nur etwas zu oft.«

»Das ist nicht wahr«, polterte der Fürst. Er rief die Wachen und ließ auch den zweiten Diener hinrichten.

Der dritte Diener sagte: »Mein Fürst, Sie saufen! Wenn Sie nicht aufhören, gehen Sie und das Fürstenhaus den Bach runter.«

Der Fürst sah den dritten Diener ernst an und sagte: »Das ist wahr, was du sagst. Du bist der Erste, der es ausspricht. Die anderen haben gelogen durch ihre Untertreibungen.«

Der dritte Diener wurde zum ersten befördert. Und von diesem Tag an rührte der Fürst keinen Tropfen Alkohol mehr an.

Wie ehrlich sind Sie im Umgang mit sich selbst? Wie frei sind Sie in Ihrem Denken und Handeln? Nutzen Sie all Ihre Potenziale? Oder ist Ihre innere Handbremse noch angezogen?

Fünf Freiheiten sind es, die laut der großen Familientherapeutin Virginia Satir einen reifen Menschen auszeichnen.[146] Die erste Freiheit klingt simpel, aber sie hat es in sich:

1. Sehen und hören Sie, was im Moment wirklich da ist, statt das, was sein sollte, gewesen ist oder erst sein wird.

Allzu oft verdrängen wir die Wirklichkeit:

- Wir ignorieren, dass unsere Chefin ein sadistisches Scheusal ist, und reden uns ein: »In ein paar Monaten wird sie schon noch erkennen, was sie an mir hat.«
- Wir ignorieren, dass wir immer dicker werden, und reden uns ein: »Die Kleidergrößen fallen heutzutage immer kleiner aus. Und es ist doch normal, dass man beim Treppensteigen aus der Puste kommt.«
- Wir ignorieren, dass unsere Beziehung gescheitert ist, und reden uns ein: »Es war doch so eine große Liebe – früher oder später springt der Funke wieder über.«
- Wir ignorieren, dass wir Angst vor einer fälligen Veränderung haben, und reden uns ein: »Ich bin rundum zufrieden und will gar nichts verändern.«

Der Fürst musste begreifen, dass er ein Säufer ist, um dem Alkohol abzuschwören. Seien Sie ein ehrlicher Landvermesser Ihres Lebens. Es gilt ein Paradoxon: Alles, was Sie verdrängen, dringt immer tief in Ihr Leben vor. Zum Beispiel kann die Beziehung zu Ihrer Chefin von Tag zu Tag unerträglicher werden, wenn Sie Ihre Gefühle beiseiteschieben.

Dagegen sprüht eine unerwünschte Wahrheit, der Sie sich stellen, den Zündfunken der Veränderung. Sei es, dass Sie ein klärendes Gespräch mit Ihrer Chefin suchen. Oder zum Ufer eines neuen Jobs aufbrechen.

Als zweite Freiheit empfiehlt Virginia Satir:

2. Sprechen Sie aus, was Sie wirklich fühlen und denken, und nicht das, was von Ihnen erwartet wird.

Zum Beispiel lädt Sie jemand zu einem Ausflug ein, der Sie nicht reizt. Spielen Sie nun Freude vor? Treten Sie den Ausflug an? Oder sind Sie in der Lage, Ihre Gefühle und Gedanken auszusprechen:

»Einerseits freue ich mich über deine Einladung und darüber, dass du mir ein schönes Erlebnis bereiten möchtest – danke dafür. Andererseits spüre ich starke Widerstände in mir. Der Gedanke an den Ausflug belastet mich eher. Deshalb möchte ich dein Angebot im Moment nicht annehmen. Ich sage dir das so offen, weil ich finde, du hast diese Ehrlichkeit verdient.«

Es ist Ihr gutes Recht, dass Sie aussprechen, was mit Ihnen los ist. Prüfen Sie, wie weit Sie sich in Gesprächen öffnen. Meiden Sie jede Form von Heuchelei und aufgesetzter Freundlichkeit. Und achten Sie darauf, welche Kraft Ihnen die Authentizität verleiht.

Als dritten Punkt legt Ihnen Satir ans Herz:

3. Nehmen Sie sich die Freiheit, zu Ihren Gefühlen zu stehen und nicht etwas anderes vorzutäuschen.

Reife Menschen fragen sich nicht, ob sie ein Recht auf ihre Gefühle haben, sie wissen: Jedes Gefühl vermittelt mir eine wichtige Botschaft. Deshalb darf ich meine Gefühle mit Menschen teilen, die mir viel bedeuten.

Stellen Sie sich vor, Sie sind in einer Partnerschaft eifersüchtig – wohl eine harmlose Sache, jemand aus dem Kollegenkreis. Und doch nagt die Eifersucht an Ihnen. Vielleicht spuken düstere Fantasien durch Ihren Kopf.

Werden Sie Ihre Eifersucht ansprechen? Oder machen Sie dieses Gefühl mit sich alleine aus? Gaukeln Sie Ihrem Herzensmenschen vor, kein Problem mit der Situation zu haben?

Wenn Sie Ihre Gefühle leugnen, verlieren Sie Kraft.

> **»Es ist gefährlich, anderen etwas vorzumachen, denn es endet damit, dass man sich selbst etwas vormacht.«**
>
> *Eleonora Duse*

Dann kämpft Ihr Verstand pausenlos damit, seine rationalen Argumente als Deckel auf den brodelnden Topf des Gefühls zu drücken. Warum sagen Sie nicht einfach:

»Ich will dir sagen lassen, was in mir vorgeht. Ich bin so richtig eifersüchtig. Mein Kopf flüstert mir zwar, dass es dazu keinen Grund gibt, aber dennoch bin ich eifersüchtig. Daran merke ich, wie viel du mir bedeutest und wie lieb ich dich habe.«

Macht es Sie schwach, so etwas zu sagen? Nein, es macht Sie stark! Immer, wenn Sie zu Ihren Gefühlen stehen, wächst Ihre Strahlkraft.

Als vierte Freiheit empfiehlt Ihnen Virginia Satir:

4. Bitte Sie um das, was Sie brauchen, statt immer erst auf Erlaubnis zu warten.

Angenommen, Sie stehen vor einer schwierigen Prüfung, die eine Freundin von Ihnen schon bestanden hat. Insgeheim spekulieren Sie darauf, dass sie anbietet, mit Ihnen zu lernen. Doch das tut sie nicht. Was nun? Hoffen Sie, dass Ihre Freundin noch darauf kommt? Machen Sie Andeutungen? Sind Sie tödlich beleidigt, wenn es nicht geschieht?

Oder haben Sie den Mut, auf sie zuzugehen und zu sagen: »Ich wünsche mir deine Hilfe, um die Prüfung vorzubereiten – bist du dabei?«

Wenn Sie wissen, was Sie brauchen: Holen Sie es sich! Epiktet schreibt:

Gott legte dieses Gesetz fest, das besagt: Wenn du etwas Gutes haben möchtest, hole es dir heraus.[147]

Als fünfte Freiheit rät Virginia Satir:

5. Gehen Sie Risiken in eigener Verantwortung ein, statt immer nur auf Nummer sicher zu gehen und nichts Neues zu wagen.

Der Mut zur Veränderung hat etwas Befreiendes, weil Sie den alten Hafen endlich verlassen. Ob Sie Ihren Arbeitsplatz wechseln oder umziehen, ein neues Hobby beginnen oder eine Fremdsprache lernen, ein Buch schreiben oder eine Beförderung anstreben, einen Flirt eingehen oder eine Geschäftsidee umsetzen: Sobald Sie zu einem neuen Ufer aufbrechen, müssen Sie die raue See der Veränderung überqueren. Nur wer das Kentern riskiert, kann neue Ufer entdecken.

Ich kenne viele Menschen, die solche Risiken scheuen. Sie haben seit 20 Jahren denselben Arbeitsplatz, denselben Partner, denselben Wohnort, denselben Geschmack, dieselbe Meinung, dieselben Ängste und dieselben Illusionen – nicht weil sie all das noch gut fänden, sondern weil sie unbewusst vor dem Risiko einer Veränderung zurückscheuen.

Ich selbst bin ein Beispiel dafür. Lange fehlte mir der Mut, mich selbstständig zu machen (»Werde ich mich über Wasser halten?«). Oder einen Roman zu schreiben (»Bin ich dafür talentiert genug?«). Oder meine selbstfinanzierte 365-Tage-Challenge aus dem Boden zu stampfen, um Menschen nicht nur gelegentlich, sondern täglich auf ihrem Weg der Veränderung zu begleiten.

Unbewusst scheute ich vor dem Risiko zurück. Aber als ich mir die Freiheit nahm und es wagte, wuchs ich innerlich und wurde reich belohnt.

Wenn Sie wüssten, dass Sie nicht scheitern könnten, was würden Sie dann gerne mal in Ihrem Leben tun? Es ist eine zauberhafte Frage, die Sie zu den nächsten Schritten inspirieren kann.

Die Grundlage für jede Veränderung: Stellen Sie sich den Wahrheiten Ihres Lebens. Umgeben Sie sich mit Freunden, die ehrlich zu Ihnen sind. Im ersten Moment tut die Wahrheit manchmal weh – aber dann verwandelt sich Ihr Schmerz zum Antrieb für die Veränderung.

Der Fürst tat gut daran, seinen ehrlichsten Diener zu befördern.

Drei Perlen TIPP

1. Was ich mir schönrede, verändert sich nicht; was ich mir eingestehe, lässt sich verändern.
2. Gefühle, die ich verberge, schwächen mich; Gefühle, über die ich rede, machen mich stark.
3. Ich gehe davon aus, ich könnte nicht scheitern – dann komme ich darauf, was ich wirklich will.

Mini-Challenge mit Maxi-Wirkung

Für welches meiner Gefühle schäme ich mich? Was verberge ich vor anderen Menschen? ______________________________

____

____

____

Angenommen, ich entscheide mich dafür, offen dazu zu stehen: Inwieweit fördert das mein Selbstbewusstsein?

Meine Prognose: ______________________________

____

Mein Erfahrungsbericht: ____________________

Der Tod des Bauern: Wie Sie nichts mehr auf den letzten Drücker tun

Ein ehrgeiziger Bauer besaß viel wertloses Weideland. Eines Tages genehmigte seine Gemeinde darauf einen Bauplatz. Also hob er schwitzend eine Baugrube aus. Kaum war er fertig, bewilligte die Gemeine drei weitere Bauplätze. Also hob er drei weitere Gruben aus. Dabei blieb viel Kraft auf der Strecke.

Kaum war er fertig, genehmigte die Gemeinde zehn weitere Häuser. Also machte der Bauer sich daran, zehn weitere Baugruben auszuheben. Nach fünf Gruben war er abgemagert bis auf die Knochen. In der achten Grube konnte er sich kaum mehr auf den Beinen halten. Und in der zehnten Grube streckte ihn ein Herzinfarkt nieder. Drei Tage später war er tot.

Ein Nachbar fragte auf der Beerdigung: »Warum hat er bloß so viele Gruben ausgehoben? Er hätte doch höchstens Geld für ein Haus gehabt.«

Ein lebenserfahrene Nachbarin sagte: »Ich glaube, er hat nur *eine* Baugrube ausgehoben.«

»Eine? Es waren doch 14!«

»Zuerst hat er eine Baugrube geschaufelt – dann sein Grab!«

Wir wohnten im Nachbarhaus meiner Großeltern. Eines Tages war unser Gefrierfach so voll, dass meine Mutter mich zur Oma schickte: »Frag mal, ob in ihrer Gefriertruhe noch Platz ist?« Wir hatten Glück, sie war zur Hälfte leer. Das nutzten wir aus: Wir froren immer öfter Brot, Fleisch, Fisch, Geflügel und Gemüse bei den Großeltern ein.

Ein halbes Jahr später war die Gefriertruhe voll bis zum Rand. Bis dahin hatte uns das Gefrierfach eines Kühlschranks gereicht. Jetzt war dreimal so viel Platz zu wenig. Wie konnte das sein?

Arbeit dehnt sich in dem Maße aus, wie Zeit für ihre Erledigung zur Verfügung steht, fand der britische Historiker Cyril Parkinson schon 1955 heraus.[148]

Eigentlich sollte man meinen: Je mehr Zeit Sie für eine Arbeit haben, desto entspannter können Sie ans Werk gehen. Es gibt Zeitpuffer, Sie sind auf der sicheren Seite. Doch das Gegenteil ist wahr.

Denn nun passiert dasselbe wie mit der Kühltruhe: Der zusätzliche Raum bildet keine Reserve, sondern zieht Zusatzarbeit an. Nehmen Sie mich. Was geschah in früheren Jahren, wenn eine Kolumne zum 15. des Monats fällig war? Ich begann den Text eine Woche vorher – obwohl er sich in drei Stunden hätte schreiben lassen.

Doch ich wusste ja: Bis zur Abgabe ist noch eine Woche Zeit. Also schrieb ich zunächst eine »Rohfassung«. Die nächsten Tage wollte ich am Text schleifen und noch recherchieren – ein Arbeitsfass ohne Boden: Ich durchstöberte ein halbes Dutzend Bücher. Ich googelte mir die Finger wund. Und als ich gefunden hatte, was ich suchte, fiel mir auf: Meine Kolumne las sich noch nicht flüssig genug. Ich schrieb den Einstieg um, strich einen langatmigen Absatz, fügte Sätze hinzu, um sie wieder zu löschen.

Wann, meinen Sie, war meine Kolumne fertig? Richtig: in letzter Sekunde.

> **»Verschiebe nicht auf morgen, was genauso gut auf übermorgen verschoben werden kann.«**
>
> *Mark Twain*

Kennen Sie das aus Ihrem Leben:

- Werden Sie mit Ihrer Steuererklärung erst fertig, wenn das Finanzamt kurz davor ist, Ihnen einen Tritt gegens Schienbein zu verpassen?
- Bringen Sie Ihr Auto erst zum TÜV, wenn die Alternative darin besteht, dass der Gesetzgeber es aus dem Verkehr zieht?
- Beenden Sie Ihre Vorbereitung einer Prüfung erst, wenn die Prüfung quasi schon begonnen hat?
- Stehen Sie morgens erst auf, wenn Sie die Schlummer-Taste Ihres Weckers dreimal gedrückt und nur noch den Hauch einer Chance auf Ihren Bus, Ihre Bahn oder eine pünktliche Ankunft mit dem Fahrrad oder Auto haben?
- Geben Sie Ihr Projekt erst ab, wenn der Fälligkeitstag nicht nur erreicht, sondern fast schon wieder vorbei ist?

Die gute Nachricht: Das Parkinson-Gesetz kann Ihr Freund werden. Zum Beispiel hatte ich es mit einer freien Designerin zu tun, die vor Abgabeterminen immer bis Mitternacht an ihren Layouts feilte. In der Beratung sagte sie: »Ich muss einfach jede Minute nutzen, um das bestmögliche Layout zu liefern.«

»Angenommen, der Abgabetag hätte vier Stunden weniger – würden Sie dann ein schlechteres Design liefern?«

Sie grübelte eine Weile. »Nein, Murks würde ich niemals abgeben. Ich glaube, auch in diesem Fall hätte ich zum Abgabezeitpunkt mein optimales Ergebnis.«

»Dann lade ich Sie zu einem Experiment ein: Stellen Sie Ihre Uhr am Abgabetag vier Stunden vor. Wenn Sie morgens um acht Ihre Arbeit beginnen, steht die Uhr auf 12.00 Uhr mittags. Dann bleiben Ihnen zwölf Stunden bis Mitternacht. Aber denken Sie daran: Genau um diese Zeit muss Ihr Layout raus!«

Erst war sie skeptisch, ob dieses Spiel gelänge. Aber dann ließ sie sich darauf ein. Und tatsächlich: Um Mitternacht – in Wirklichkeit 20.00 Uhr – lieferte sie ihre Layouts ab. Sie hatte vier Stunden gewonnen. Diese Methode behielt sie über Jahre bei.

Das umgekehrte Parkinson-Gesetz lautet: Arbeitsaufwand schwindet in dem Maße, wie weniger Zeit für seine Erledigung zur Verfügung steht. Gute Ergebnisse sind dennoch drin.

Daraus habe ich eine sehr wirksame Methode für mich selbst abgeleitet: Wenn ich eine Arbeit fertigstellen muss, die zum Beispiel in drei Stunden möglich ist, sich aber auch über drei Tage erstrecken kann, dann trickse ich mich aus – auch bei meinen heutigen Kolumnen:

Ich ziehe den Stecker meines Laptops. Nun leuchtet die Batterie auf. Ich sehe, ich habe noch 2.57 Stunden zur Verfügung. Meine Selbstverpflichtung lautet: Ich werde den Text fertigstellen und verschicken, solange die Batterie noch hält. Danach ist Schluss. Es ist verblüffend, dass es mir *immer* gelingt, in dieser begrenzten Zeit meine Arbeit abzuschließen. Wenn es fertig werden muss, wird es fertig.

Spielen Sie mit Ihrer Zeit und Ihren Ressourcen:

- Stellen Sie sich vor, Weihnachten wäre eine Woche früher – und Sie werden Ihre Geschenke mit viel mehr Luft einkaufen.
- Nutzen Sie eine Zeitschaltuhr, die Ihnen um eine bestimmte Zeit den Strom abschneidet – und Sie werden sich daran gewöhnen, Ihre Arbeiten vorher abzuschließen.
- Betanken Sie Ihr Auto mit einer begrenzten Menge Benzin für einen bestimmten Zeitraum – und Sie werden weniger Zeit auf der Straße verbringen und Ihre Klimabilanz verbessern.
- Sperren Sie Ihr Handy abends ab einer bestimmten Zeit bis zum nächsten Morgen – und Sie werden alles Nötige vorher abgeschlossen haben.
- Notieren Sie vor Ihrem Einkauf eine begrenzte Zahl von Produkten, auf die Sie sich beschränken – und Sie werden weniger Unnötiges kaufen.
- Gehen Sie davon aus, Ihr Besuch käme schon einen Tag früher – und Sie werden Ihre Wohnung bereits am Vortag aufgeräumt und das Essen vorbereitet haben.

Und was tun Sie, wenn Ihr Leben Sie mit einer Vielzahl von Möglichkeiten stresst: Jobs, auf die Sie sich bewerben, Menschen, mit denen Sie etwas unternehmen, Partys, auf denen Sie tanzen, Bücher, die Sie lesen könnten? Dann fragen Sie sich immer: Brauche ich das für mein Glück wirklich? Oder springe ich über dieses Stöckchen nur, weil es gerade vor meinen Füßen liegt?

Heben Sie nicht mehr Baugruben als nötig aus. Jede überflüssige kann sich als Grab erweisen. Zumindest für Ihre Effektivität.

Drei Perlen

TIPP

1. Je mehr Zeit ich mir für eine Arbeit gebe, desto länger wird sie dauern.
2. Wenn ich meine Zeit verknappe, erziele ich dieselben Ergebnisse schneller und effektiver.
3. Ich begrenze die Zahl meiner Möglichkeiten – damit erhöhe ich meine Konzentration.

Mini-Challenge mit Maxi-Wirkung

Welche Arbeit dauert bei mir immer länger, als ich es möchte?

____

____

____

Nun kürze ich mein Zeitbudget dafür probehalber um 25 Prozent und beobachte, inwiefern ich konzentrierter und zügiger arbeite.

Mein Erfahrungsbericht: ______________________________

____

____

____

Kafka und das Mädchen: Warum Schenken Sie reich macht

Als Franz Kafka mit seiner Freundin Dora Diamant durch den Steglitzer Park spazierte, stießen sie auf ein weinendes Mädchen, etwa sechs Jahre alt.

Kafka beugte sich zu ihm runter: »Was fehlt dir denn?«

»Ich habe meine Puppe verloren.« Das Mädchen klang verzweifelt.

Kafka überlegte kurz und sagte: »Aber nein, deiner Puppe geht es gut.«

Die Augen des Mädchens wurden größer. »Woher weißt du das?«

»Sie hat mir einen Brief geschrieben«, sagte Kafka.

Das Mädchen wusste nicht, ob es dem Fremden glauben konnte. Kafka sagte: »Sei morgen wieder hier um die gleiche Zeit, dann zeige ich dir den Brief.«

Kaum war Franz Kafka zu Hause, schrieb er diesen Brief. Die Puppe berichtete, immer derselbe Ort und dieselbe Familie, das sei ihr langweilig geworden – sie wolle die Welt entdecken. Dem Mädchen versicherte die Puppe, wie gern sie es habe und dass sie jeden Tag schreiben würde.

Am nächsten Tag hörte das Mädchen fasziniert zu, als Kafka den Brief vorlas. Dieses Spiel wiederholte er ein paar Mal, das Mädchen verfolgte die Abenteuer seiner Puppe. Am Ende verabschiedete die Puppe sich durch eine Heirat. Das Mädchen freute sich mit ihr.[149]

Stellen Sie sich das vor: Sie haben 20 Euro in der Hand und stehen vor einem Kino. Was tun Sie jetzt? Schauen Sie einen Film an, der Sie anspricht? Oder reichen Sie das Geld an einen Jungen weiter, der sich die Nase am Schaukasten platt drückt und sich eine Karte offenbar nicht leisten kann? Horchen Sie in sich hinein: Was würde Sie glücklicher machen?

Eine Studie aus Kanada ergab, was Sie vermutlich gerade gespürt haben: Schenken beglückt Menschen mehr! Dabei werden in Ihrem Gehirn ähnliche Nervenbahnen aktiviert, als wenn Sie sich mit Freunden treffen oder ein gutes Essen genießen.

Eine andere Studie fand heraus, dass gute Sozialkontakte die Sterbewahrscheinlichkeit um die Hälfte senken.[150] Aber warum? Hält es gesund, dass die anderen Menschen einen unterstützen? Die Ergebnisse deuten in eine andere Richtung:

Entscheidend für Ihr Glück ist nicht, was Sie von anderen bekommen – entscheidend ist, was Sie *ihnen* geben. Jedes Mal, wenn Sie jemanden unterstützen, springt das Belohnungssystem Ihres Gehirns an.

Ihr Körper produziert eine Medizin, die wirksamer ist als alle Hilfsmittel aus der Apotheke: Er schüttet Endorphine aus und das stresssenkende Hormon Oxytocin. Diese Mischung versetzt Sie in Hochstimmung und senkt Ihren Stresspegel. Ihr Belohnungssystem springt sogar dann an, wenn Sie nur *beobachten* (oder lesen), wie ein Mensch dem anderen hilft.[151] Ich wette, die Geschichte über Kafka hat Ihr Glück gemehrt.

Wenn Sie sich wieder einmal dabei ertappen, dass Sie von anderen Menschen etwas einfordern, mehr Zeit, mehr Respekt, mehr Höflichkeit, mehr Aufmerksamkeit, mehr Ehrlichkeit oder was auch immer – nutzen Sie eine Alternative, die Sie viel zufriedener macht:

Fragen Sie nicht: Was kann der andere für mich tun? Sondern fragen Sie sich: Was kann ich für ihn tun? Wenn Sie anderen helfen, helfen Sie sich selbst.

»Sei du selbst die Veränderung, die du dir wünschst für diese Welt.«

Mahatma Gandhi

Gehen Sie mit gutem Vorbild voran:

- Wenn Sie mehr Respekt von jemandem erwarten: Schenken *Sie* ihm mehr Respekt.
- Wenn Sie erwarten, dass jemand Ihre Leistung mehr würdigt: Würdigen Sie seine Leistung mehr.
- Wenn Sie erwarten, dass Sie jemand mehr liebt: Schenken Sie ihm mehr Liebe.

Eine solche Initiative beeinflusst das Verhalten des anderen positiv. Menschen lernen vor allem, indem sie andere imitieren. Das wies der kanadische Psychologe Albert Bandura, Gründer der sozialen Lerntheorie, durch ein handfestes Experiment nach.[152] Wenn Kinder beobachten, dass ein Erwachsener auf eine Puppe einprügelt, was tun sie dann? Sie prügeln auf diese Puppe ein, sobald der Erwachsene den Raum verlassen hat. Kontrollgruppen ohne dieses schlechte Vorbild aber krümmen der Puppe kein Haar.

Jeder Mensch, mit dem Sie sprechen, reagiert *auch* auf Ihr Vorbild. Strahlen Sie aus, dass Sie ihn missbilligen – und Sie bekommen Missbilligung zurück. Aber wenn Sie ihn anlächeln, dann lächelt er zurück.

Nächstenliebe kann Heldentaten anstoßen. Am 16. März 1968 steigern sich amerikanische Soldaten im vietnamesischen Dorf Mỹ Lai in eine Blutorgie.[153] Schwangere Frauen werden mit Bajonetten erstochen, Kinder und Greise erschlagen, 504 Menschen umgebracht.

Nur elf Menschen, darunter Kinder, leben in Mỹ Lai noch und sollen gerade hingerichtet werden – da taucht am Himmel ein amerikanischer Hubschrauber auf. Der Pilot auf Aufklärungsflug heißt Hugh Thompson.

Als er sieht, was seine US-Kameraden am Boden angerichtet haben, landet er sofort, um die Überlebenden zu retten.

Doch der Befehlshaber der Bodentruppe weigert sich und will sein mörderisches Werk zu Ende bringen. Thompson setzt alles auf eine Karte: Er droht der Bodentruppe, seine beiden Bordschützen mit Maschinengewehren auf sie schießen zu lassen. Die Rettung gelingt. Jahrzehnte später wird er für seine Heldentat mit der höchsten Ehrung, der Soldier's Medal, ausgezeichnet.[154]

Was glauben Sie: Wer hat nach dem Vietnam-Krieg glücklicher weitergelebt – jene Soldaten, die Menschen abgeschlachtet haben? Oder Thompson, der Menschen gerettet hat?

Der Philosoph Sokrates sieht das wahre Glück darin, etwas Gutes zu tun. Schon Kleinigkeiten reichen, probieren Sie es aus:

- Machen Sie einem Menschen ein Geschenk, über das er sich so richtig freut.
- Helfen Sie einem älteren Menschen im Zug und wuchten Sie seinen Koffer in die Gepäckablage.
- Packen Sie mit an, wenn eine Mutter mit Kinderwagen vor der Treppe steht und von den Passanten mal wieder ignoriert wird.
- Begleiten Sie einen Fremden, der nach einem Weg fragt, bis er sein Ziel erreicht hat.
- Schenken Sie einem Menschen, der gerade Kummer hat, Ihr Ohr und zeigen Sie ihm Ihr Mitgefühl.
- Engagieren Sie sich ehrenamtlich für eine Sache, die anderen Menschen oder unserem Planeten dient.
- Tun Sie etwas gegen die Armut in Deutschland, indem Sie bei einer Tafel mithelfen oder Spenden sammeln.

Ich bin sicher: Franz Kafka wurde für seine Puppen-Briefe fürstlich honoriert. Die Augen des Mädchens haben heller gestrahlt als jede Geldmünze.

Drei Perlen

TIPP

1. Wenn ich mich frage, was andere für mich tun können, gebe ich mein Glück aus der Hand.
2. Wenn ich mich frage, was ich für andere tun kann, nehme ich mein Glück in die Hand.
3. Indem ich anderen Menschen helfe, helfe ich mir selbst; Beglücken macht glücklich.

Mini-Challenge mit Maxi-Wirkung

Wie wirkt es sich auf mich aus, wenn ich fünf Euro verschenke und jemandem damit eine Freude mache? Ich probiere es aus und frage mich: Geht es mir danach schlechter, als wenn ich das Geld behalten hätte? Oder besser?

Meine Prognose: ______________________________

____

____

____

Mein Erfahrungsbericht: ______________________________

____

____

____

Die reiche Schneiderin:
Was Sie wirklich zur Zufriedenheit führt

Eine junge Schneiderin genoss ihr Leben. Zwar verdiente sie wenig, aber sie kam über die Runden. Nichts fehlte ihr. Die Preise in ihrer Schneiderei hielt sie günstig, für Arme arbeitete sie umsonst. Für alle Kunden nahm sie sich Zeit und hörte ihnen zu. Sie liebte ihren Beruf. Und die Menschen liebten sie. Abends sah man sie pfeifend nach Hause laufen. Sie war gesund und glücklich.

Doch ihre Mutter machte sich Sorgen, weil sie so wenig verdiente. Deshalb füllte sie Woche für Woche einen Lottoschein für die Tochter aus. Das Glück meinte es gut: Eines Tages hatte die Schneiderin sechs Richtige. Bald stand der Lottobote mit einem Geldkoffer vor ihrer Tür: Es war ein riesiger Berg aus Scheinen, 950 000 Euro.

»Nur 50 000 Euro fehlen noch zu einer Million«, sagte der Lottobote. Die Schneiderin nahm das Geld entgegen, aber nicht richtig ernst. Kam es im Leben nicht auf andere Dinge an? Doch in den nächsten Tagen ging ihr immer öfter der Satz des Lottoboten durch den Kopf: »50 000 Euro mehr – und ich wäre Millionärin!«

»Ich muss 50 000 Euro zusätzlich verdienen!«, nahm sie sich vor. Sie hob ihre Preise an – worauf sie Kunden verlor. Sie nahm sich weniger Zeit für die Menschen – worauf sie Freunde verlor. Sie arbeitete immer schneller – weshalb ihre Qualität nachließ. Jeden Abend prüfte sie die Einnahmen und verzweifelte immer mehr: Wenn das so weiterging, würde sie die Million niemals schaffen!

Ihre Arbeitstage wurden länger, ihre Augenringe immer größer, aber sie verdiente keinen Cent zusätzlich. Sie würde ihr Ziel verfehlen! Jetzt ging sie nicht mehr pfeifend durch die Straßen, sondern hetzte sich ab. Immer öfter wurde sie von Krankheiten erwischt. Schließlich zog sie der Doktor mit einem Burn-out aus dem Verkehr.

Bei einem Krankenbesuch fragte ihre besorgte Mutter: »Als du kein Geld hattest, warst du glücklich. Jetzt hast du 950 000 Euro und bist nur noch gestresst. Warum?«

»Weil mir 50 000 Euro fehlen«, sagte die Tochter.

Und die Mutter verstand gar nichts mehr.

Der Dalai Lama, das Oberhaupt der tibetischen Buddhisten, sagt:

> *Die Ironie will es so, dass wir dann, wenn wir das Objekt unserer Wünsche erlangt haben, immer noch nicht zufrieden sind. Auf diese Weise nimmt die Begierde nie ein Ende und ist eine ständige Quelle der Schwierigkeiten. Das einzige Gegenmittel ist die Genügsamkeit.*[155]

Viele Menschen kennen das. Sie tun alles, um ihren Besitz zu mehren, zum Beispiel schaffen sie sich ein teures Auto an, eine hochwertige Armbanduhr, eine luxuriösere Handtasche, ein spektakuläres Schmuckstück oder ein hochpreisiges Designer-Kleid. Doch anstelle der Zufriedenheit, die sie sich versprochen haben, schweift ihr Blick sofort zu einem noch größeren Auto, einer noch protzigeren Uhr, einer noch luxuriöseren Handtasche.

Und wenn die Schneiderin es geschafft hätte, Millionärin zu werden, wäre sie mit der ersten Million unglücklich gewesen, weil die zweite gefehlt hätte, und mit der zweiten, weil die dritte gefehlt hätte usw.

Geld ist wie eine Droge, einige Menschen brauchen eine immer höhere Dosis. Und statt ihr Vermögen in Lebensqualität umzuwandeln, sind sie den ganzen Tag damit beschäftigt, weiteres Geld ranzuschaffen. Es gibt sogar Reiche, die hohe Mauern um ihre Häuser bauen, um Einbrecher und Entführer abzuschrecken. Dabei übersehen sie: Dieselben Mauern, die den Dieb draußen halten, sperren den Besitzer ein.

Darin liegt der Fluch des Materiellen, es lässt sich immer noch steigern, aber nie befriedigen.

> **»Die Welt hat genug für jedermanns Bedürfnisse, aber nicht für jedermanns Gier.«**
> *Mahatma Gandhi*

Objektiver Reichtum kann sich wie Armut anfühlen:

- Ganz egal, wie groß unser Auto ist, jemand fährt ein größeres.
- Ganz egal, wie viel Geld wir auf dem Konto häufen, jemand besitzt mehr.
- Ganz egal, wie groß unser Haus ist, jemand bewohnt ein größeres.
- Ganz egal, wie teuer unser Kleid ist, jemand trägt ein teureres.

Doch die Buddhisten haben einen Ausweg aus diesem Teufelskreis gefunden: dass wir nicht immer mehr Besitz anhäufen, sondern unseren Besitz immer mehr loslassen. Besitz, den Sie anhäufen, besitzt Sie. Aber Genügsamkeit kann Sie befreien.

Falls Sie über viel Geld verfügen: Tun Sie etwas Gutes damit. Spenden Sie an Arme, helfen Sie Menschen, die weniger haben. Setzen Sie jemanden als Erben ein, der es wirklich gebrauchen kann und nicht ohnehin auf goldenen Kissen schläft.

Und fragen Sie sich, welcher Besitz Ihr Glück nicht mehrt, sondern Sie nur belastet. Das geht los bei alltäglichen Gegenständen wie Kleidung oder Erinnerungsstücken.

Was davon dient Ihnen nicht mehr? Was davon schleppen Sie nur mit? Und muss es wirklich sein, dass Sie drei Konten bei drei Banken haben? Oder würde es auch eines tun?

Verschenken Sie Gegenstände, die Sie nicht mehr brauchen, zum Beispiel Bücher und Kleider, Schallplatten und Küchengeräte,

Hobby-Utensilien und Gartengeräte. Ich habe fünfzig Exemplare eines selbst geschriebenen Buches an die Jugendgruppe eines Vereins verschenkt. Danach habe ich mich doppelt gut gefühlt: für den Platz, den ich zu Hause geschaffen, und die gute Tat, die ich getan habe.

Aber was ist mit Gegenständen, an denen mein Herz hängt? Zum Beispiel fragte ich mich:

- Bringe ich es fertig, jene mechanische Schreibmaschine wegzuwerfen, auf der ich meine ersten Artikel als junger Mann geschrieben habe?
- Bringe ich es übers Herz, diese wunderschöne Geburtstagskarte wegzuwerfen, die mir eine Arbeitskollegin – lang ist's her – zu meinem 30. Geburtstag geschrieben hat?
- Bringe ich es fertig, jene Gitarre zu verschenken, auf der ich meine ersten Lieder gespielt habe?

Ein Gedanke hat mir geholfen: Ich werfe meine alte Schreibmaschine weg – aber ich behalte meine Erinnerung an meine ersten Schritte als Autor; sie bekommt für immer einen Ehrenplatz in meinem Kopf. Errichten Sie solche Ehrenplätze der Erinnerung in Ihrem Oberstübchen. Damit wird Ihnen die Trennung von Gegenständen leichter fallen.

Oder fotografieren Sie Gegenstände, an denen Sie hängen, zum Beispiel das selbst gemalte Bild oder Ihr erstes Keyboard. Dann können Sie den Gegenstand weggeben, ohne seinen Anblick zu verlieren.

Anika Schwertfeger, Wirtschaftspsychologin und Ordnungscoach, weist darauf hin: Wer seine Umgebung sortiert, sortiert zugleich seinen Kopf.[156] Er unterscheidet klarer, was wichtig und was unwichtig ist. Gut möglich, dass Sie zuerst überflüssige Pullover aus Ihrem Kleiderschrank entfernen, dann überflüssige Gewohnheiten aus Ihrem Leben.

Weniger ist mehr. Seien Sie froh, wenn Sie *keine* 950 000 Euro im Lotto gewinnen. Dann werden Sie Ihr Leben nicht für 50 000 Euro opfern, die Ihnen angeblich fehlen.

Drei Perlen TIPP

1. Materieller Besitz ist wie Meerwasser: Je mehr ich davon trinke, desto durstiger werde ich.
2. Reich bin ich nicht, wenn ich viel besitze, sondern wenn ich wenig brauche.
3. Jeder Gegenstand, von dem ich mich trenne, löst eine Fessel und macht mich freier.

Mini-Challenge mit Maxi-Wirkung

Ich gehe meinen Kleiderschrank durch. Was habe ich in den letzten zwölf Monaten nicht mehr benutzt? Drei Kleidungsstücke sortiere ich aus und entsorge sie. Wie fühlt es sich an, wenn ich überflüssigen Besitz loslasse?

Mein Erfahrungsbericht: ______________________________

____

____

____

Der Nagel und der Junge: Wie Sie am Ball bleiben, wenn's schwierig wird

Der Junge sah zu, wie sein Vater einen Nagel in die Holzwand hämmerte. Nach drei Schlägen war der Nagel im Holz verschwunden.

»Papa, darf ich auch mal?«

»Klar«, sagte sein Vater.

Der Junge hielt den Nagel mit tapsigen Fingern fest, während er vorsichtig darauf schlug, um sich selbst nicht zu verletzen. Nach einigen Schlägen ließ er den Nagel los, doch der fiel auf den Boden. Er probierte es noch einmal – aber wieder fiel der Nagel runter.

»Ich kann das nicht, Papa«, sagte er. »Ich werde nie wieder hämmern.«

Der Vater sagte: »Sohn, du hast dir nicht auf den Finger geschlagen. Das ist eine Leistung.«

Verblüfft sah der Sohn seinen Vater an. »Aber Papa, ich wollte den Nagel doch in die Wand hämmern. Und er ist runtergefallen.«

»War es auch dein Ziel, dich nicht zu verletzen?«

»Schon, ich war vorsichtig.«

»Siehst du«, sagte der Vater, »dieses Ziel hast du erreicht.«

»Und wolltest du herausfinden, wie es sich anfühlt zu hämmern?«

»Unbedingt!«, sagte der Sohn.

»Siehst du«, sagte der Vater, »auch dieses Ziel hast du erreicht.«

»Und bist du froh darüber, dass der Nagel noch gerade und nicht krumm ist?«

»Ja, das bin ich«, sagte der Sohn.

»Siehst du«, sagte der Vater, »noch ein Erfolg.«

Der Vater verließ den Raum und schaute von draußen heimlich durchs Fenster. Er sah, wie sein Sohn Hammer und Nagel wieder ergriff. Erneut hämmerte der Sohn – und beim fünften Versuch gelang es: Der Nagel steckte in der Wand.

Ein stolzes Lächeln lief über das Gesicht des Vaters.

Angenommen, Sie wollen eine neue Fremdsprache erlernen. Wird Ihnen die erste Lektion leichtfallen? Ach was, es wird Ihnen wie dem Jungen ergehen: Es fehlen Ihnen Vokabeln, die Grammatik gerät durcheinander, der Nagel fällt Ihnen zunächst runter. Was tun Sie dann?

Loben Sie sich für kleine Erfolge? Sprechen Sie sich Mut zu? Oder kann es ein, dass Sie sich auf Ihre Mängel fixieren? Und reden Sie sich rasch ein, eine Sache *nicht* zu können und hören damit auf?

Denken Sie an den Vater: Er hat den Blick des Jungen auf all die übersehenen Erfolge gelenkt. Und als der Sohn begann, sich mit diesen neuen Augen zu sehen, fand er den Mut zum Weitermachen.

Es gibt zwei Blickwinkel, aus denen Sie auf sich in der Startphase einer neuen Gewohnheit blicken können, etwa beim Lernen einer Fremdsprache:

- *Nicht-Könner-Blick:* Jetzt sitze ich hier in der zweiten Unterrichtsstunde und kann noch gar nichts! Ich bin nicht mal in der Lage, jemanden ordentlich zu grüßen. Meine Aussprache ist eine Katastrophe. Und mir wird ganz schwindlig, wenn ich an all die Vokabeln denke, die ich noch lernen muss. Von der Grammatik ganz zu schweigen. Ich habe einfach kein Talent für Fremdsprachen.
- *Könner-Blick:* Jetzt kann ich schon ein bisschen mehr als beim ersten Mal. Die Aussprache der Begrüßung fällt mir schon leichter. Und ein paar Vokabeln sind doch hängen geblieben. Wirk-

lich eine reife Leistung, dass ich mich für diesen Kurs eingeschrieben habe. Diese hohe Selbstmotivation zeichnet mich aus. Und was für ein spannendes Ziel, dass ich so viele neue Vokabeln und eine neue Grammatik lernen werde. Damit halte ich meinen Kopf jung.

Egal, was Sie erlernen wollen, ob ein Musikinstrument, eine Sprache oder eine neue Gewohnheit: Viele Sachbuch-Autoren gehen davon aus, dass sich eine Gewohnheit nach 21 aufeinanderfolgenden Tagen in Ihrem Gehirn verankert und allmählich zum Bedürfnis wird.[157] In der Wissenschaft ist diese Zahl umstritten, aber meine Rechnung geht so:

Nach 21 Tagen sind Sie 20 Tage weiter, als wenn Sie nach dem ersten aufhören. Und von hundert Menschen, die eine Gewohnheit beginnen, haben bis dahin neunzig das Handtuch schon wieder geworfen.

Insofern sind 21 Tage eine wunderbare Challenge für Sie. Der Könner-Blick sorgt dafür, dass Sie die holprige Startphase überwinden.

Welchen Effekt hat es, wenn Sie drei Wochen lang konsequent Tag für Tag eine Fremdsprache lernen, ein Musikinstrument üben, Ihrem Partner jeweils drei Komplimente machen, eine Stunde früher aufstehen, den Tag mit einer Meditation starten, eiskalt duschen, einen Morgenspaziergang im Park einlegen, ein Erfolgstagebuch schreiben, etwas Neues dazulernen oder vor dem Einschlafen drei positive Gedanken denken?

Wenn Sie das *jeden* Tag tun, werden Sie spürbare Fortschritte machen. In der Fremdsprache können Sie dann einfache Sätze sagen, auf dem Instrument ein leichtes Stück spielen, und beim Meditieren finden Sie früher in Ihre innere Mitte. Und das zieht den zweiten Effekt nach sich: Mit Ihrem Können wächst Ihre Freude an der Gewohnheit.

»Zum zehnten Mal wiederholt, wird es gefallen.«

Horaz

Vielen Menschen geht es wie Tom, der sein Leben lang nie Sport getrieben hatte, jetzt aber 21 Tage am Stück ins Fitnessstudio gegangen war:

Ich stand schon unter der Dusche, als mir nach dem Sport auffiel: Heute ist bereits der 22. Tag – eigentlich ist deine Selbstverpflichtung abgelaufen! Aber ich hatte mich so daran gewöhnt, jeden Morgen hierherzukommen, dass alles wie von alleine passiert: Meine Sporttasche stand im Flur, mein Auto fuhr den Weg wie von allein, und dann stand ich auch schon auf dem Laufband. Anfangs hatte ich mich jeden Morgen ins Studio zwingen müssen. Es war ein Kampf, eine Quälerei. Aber je fitter ich wurde, desto leichter fiel es mir. Es machte mir Spaß, besser zu werden. Also habe ich weitergemacht.

Nach 21 Tagen ist die Chance groß, dass es Ihnen schwerer fallen würde, die Gewohnheit wieder aufzugeben – als sie fortzusetzen. Aber was können Sie tun, um so lange am Ball zu bleiben?

- Halten Sie in einem Gewohnheits-Tagebuch fest, wie lange Sie die neue Tätigkeit ausgeübt haben und wann Sie es am nächsten Tag wieder tun werden.
- Bauen Sie die Gewohnheit so in Ihren Tagesablauf ein, dass Sie ganz sicher daran denken, etwa durch Bedürfnis-Verkoppelung (siehe Seite 262).
- Beobachten Sie täglich, was heute schon *ein kleines bisschen* besser als gestern läuft. Loben Sie sich für Ihren Fortschritt.
- Malen Sie sich *immer wieder* aus, wie Sie die neue Gewohnheit perfekt und mit spielerischer Leichtigkeit ausüben – solche positiven Bilder legen in Ihrem Hirn neuronale Trampelpfade an, der Erfolg fällt Ihnen dadurch leichter.
- Gestalten Sie ein »Visions-Board«. Zum Beispiel lernen Sie die

Fremdsprache für eine Weltreise, von der Sie schon lange träumen. Hängen Sie Bilder der schönsten Orte und Strände auf, die Sie besuchen wollen, in der Mitte ein Foto von Ihnen mit Rucksack oder Koffer. Dieser Anblick erinnert Sie jedes Mal daran, warum es sich lohnt, diese Sprache zu lernen.

- Würdigen Sie die Tatsache, dass Sie sich freiwillig ein so ambitioniertes Ziel gesetzt haben und am Ball bleiben.
- Denken Sie bei jedem Rückschlag: Nur wer schon vorwärtsgekommen ist, kann wieder »zurück«-fallen. Die Grundrichtung stimmt also.

Ein paar Jahre lang habe ich mich morgens kalt geduscht. Ich weiß noch, wie hart das in den ersten Tagen war. Manchmal erlaubte ich mir, das Duschen sehr kurz zu halten. Aber jeden Tag zog ich es durch. Nach einem knappen Monat war ich geschäftlich unterwegs. In einem Hotel sprang ich gedankenverloren unter die Dusche. Doch als das Wasser auf mich prasselte, stellte ich es im Reflex ab. Etwas stimmte hier nicht!

Da wurde mir bewusst: Ich scheute vor dem warmen Wasser zurück. Mein Körper hatte sich so sehr ans kalte Duschen gewöhnt, dass er warmes Wasser als falsch empfand.

Im Beruf bringt Sie die 90–90–1-Regel des Autors Robin Sharma vorwärts:[158]

Beginnen Sie die nächsten *90* Arbeitstage, indem Sie sich in den ersten *90* Minuten auf *ein einziges* Projekt konzentrieren – jenes, das Sie am meisten voranbringt.

Zum Beispiel konzipieren Sie ein neues Geschäftsfeld. Blenden Sie alles andere aus. Kein Tagesgeschäft, keine Mails, keine Anrufe – 90 Minuten lang nur diese eine Sache. Sie werden staunen, was Sie in einem Vierteljahr alles erreichen. Morgens ist Ihr Gehirn hellwach, und die Konzentration multipliziert Ihre Ergebnisse. Nach 90 Tagen wird Ihnen das Aufhören schwerfallen.

Wer weiß, was aus dem Jungen aus der Geschichte geworden ist. Vielleicht konnte er gar nicht mehr ohne Hammer. Vielleicht wurde er Zimmermann.

Drei Perlen **TIPP**

1. Eine Gewohnheit, die ich anfange, fängt mich selber ein – wenn ich sie nur lang genug betreibe.
2. Die ersten drei Wochen können hart sein – die Zeit danach kann smart sein.
3. Ich nutze die ersten 90 Minuten meines Arbeitstages, um mich dem wichtigsten Projekt zu widmen, 90 Tage am Stück.

Mini-Challenge mit Maxi-Wirkung

Welche Gewohnheit habe ich angefangen, aber schnell wieder aufgegeben?

____

____

____

Wie viele Tage *am Stück* bin ich etwa am Ball geblieben? __________

Wie stelle ich sicher, dass ich beim nächsten Anlauf mindesten 21 Tage durchhalte? Und was wird sich dadurch verändern?

Meine Notizen ________________________________

____

____

____

Der Mönch und die Frau: Wie Loslassen Ihnen neue Freiheit schenkt

Der Mönch hatte ein Gelübde geleistet, nie eine Frau zu berühren. Doch eines Tages, als er mit einem Kollegen am Flussufer stand, saß eine weinende Frau am Ufer. Sie erzählte den Mönchen, dass ihr Vater im Sterben lag und sie ihn unbedingt noch einmal sehen wollte. Aber sie schaffe es nicht, den reißenden Fluss zu überqueren.

Die Frau fragte: »Können Sie mich über den Fluss tragen?« Der eine Mönch wich einen Schritt zurück, da er sich an sein Gelübde erinnerte. Der andere trat einen Schritt nach vorne, nahm die Frau auf seine Arme und trug sie vorsichtig durch die reißende Strömung des Flusses. Am anderen Ufer setzte er sie ab, wünschte ihr alles Gute und watete zu seinem Kollegen zurück.

Die beiden hatten noch viele Kilometer vor sich. Der Kollege des Mönchs sagte die ganze Zeit: »Du hast eine Frau getragen. Du hast dein Gelübde gebrochen. Du hast eine Frau getragen. Du hast dein Gelübde gebrochen.« Der Mönch hörte sich das ein paar Stunden lang an, dann sagte er: »Ich habe die Frau längst wieder losgelassen. Aber du trägst sie immer noch in deinem Kopf.«[159]

Alles, was in Ihrer Vergangenheit passiert ist, können Sie auf der Stelle loslassen. Es ist egal, ob Sie mal gemobbt wurden, ob eine Beziehung zerbrochen ist, ob Sie wer übers Ohr gehauen hat, ob Sie Menschen falsch eingeschätzt haben oder Träume abhaken mussten. Warum sollten Sie festhalten, was Sie belastet? Machen Sie es wie der Mönch mit der Frau: Lassen Sie diese Gedanken los.

»Sobald du den gegenwärtigen Moment würdigst, lösen sich Unglück und Kampf ganz auf, und das Leben beginnt mit Freude und Leichtigkeit zu fließen.«

Eckhart Tolle

Diese Aussage heißt im Umkehrschluss: Wann immer Sie unglücklich sind und mit dem Leben kämpfen, haben Sie den festen Boden der Gegenwart verlassen und sind abgedriftet in Ihre Vergangenheit oder Ihre Zukunft. Lassen Sie uns diese Aussage prüfen:

Was belastet Sie gerade am meisten in Ihrem Leben? ________________

____

Bitte denken Sie kurz darüber nach, ehe Sie weiterlesen.

Haben Sie eine Sache genannt, die Sie *jetzt gerade* erleben? Es wäre echt peinlich für mich, wenn Sie geantwortet hätten: »Mich belastet dieses Buch von Martin Wehrle – das Lesen macht mich noch wahnsinnig!« Doch ich vermute zu meinen Gunsten, Sie haben Ihren Blick aus dem jetzigen Moment schweifen lassen.

- Vielleicht belastet Sie, wie sich ein anderer Mensch Ihnen gegenüber verhalten hat – aber jetzt, wenn Sie ganz in diesem Moment und ganz bei sich sind, jetzt hat dieser Mensch keinen Einfluss auf Sie.
- Vielleicht belastet Sie eine Situation bei der Arbeit, in der Sie mit Ihrem Verhalten oder den Umgangsformen eines anderen nicht einverstanden waren – aber jetzt, wenn Sie ganz in diesem Moment und ganz bei sich sind, jetzt hat diese Situation keinen Einfluss auf Sie.
- Vielleicht belastet Sie eine Erfahrung aus Ihrer Kindheit, eine Kränkung aus frühen Tagen – aber jetzt, wenn Sie ganz in diesem Moment und ganz bei sich sind, jetzt hat diese Kränkung keinen Einfluss auf Sie.

Viele Menschen fühlen sich schlecht, wenn sie an Situationen denken, in denen sie vermeintlich das Falsche gesagt oder getan haben; in denen sie sich vermeintlich blamiert oder Chancen vertan haben; in denen sie beleidigt wurden oder ein Unrecht erleiden mussten. Diese Leier spielt die Melodie der Vergangenheit. Aber auch die Zukunftsmusik kann düster klingen:

- Werde ich die Prüfung bestehen? Oder rassele ich durch?
- Werde ich meinen Arbeitsplatz behalten? Oder stehe ich bald auf der Straße?
- Bleibt meine Gesundheit stabil? Oder reißt mir eine Krankheit den Boden unter den Füßen weg?
- Wird meine Rente reichen? Oder muss ich im Alter am Hungertuch nagen?

Wissen Sie, mit welcher Methode in Indien Affen gefangen werden?[160] Man befestigt eine Kokosnuss an einem Baum und schneidet eine Öffnung in die Nuss, gerade groß genug, dass ein Affe mit seiner Hand hineingreifen kann. Dann wird eine Banane in das Loch geschoben. Der Affe riecht die Leckerei, greift in die Kokosnuss – und will sich vom Acker machen. Aber da er seine Hand zur Faust ballen muss, um die Banane festzuhalten, bleibt sie in der Öffnung stecken.

Der Affe müsste nur eines tun, um zu entwischen: seine Faust öffnen und die Banane loslassen. Aber er lässt sich fangen.

Wie oft in Ihrem Leben halten Sie Sorgen fest, die für Sie schädlich sind – statt einfach Ihre Hand für die Gegenwart zu öffnen?

Je mehr Sie versuchen, eine Sorge aus Ihrem Leben hinauszudrängen, desto mehr drängt sie sich hinein. Die Akzeptanz- und Commitment-Therapie (ACT) des US-Psychogen Steven Hayes verfolgt den umgekehrten Ansatz.[161] Kämpfen Sie nicht länger mit schmerzhaften Emotionen, Erinnerungen und Gedanken. Lassen Sie diese

Gefühle, die schon lang an Ihre Seelentür pochen, einfach zu sich rein und bieten Sie ihnen einen Platz an. Je mehr Ihre Gefühle und Gedanken spüren, dass sie akzeptiert werden, desto weniger werden sie randalieren. Wenn Sie diesen inneren Kampf beenden, schöpfen Sie Energie, um sich mehr auf Ihre Werte zu konzentrieren.

Nutzen Sie die Achtsamkeits-Meditation aus dem Zen-Buddhismus.[162] Dabei beobachten Sie, wie der Fluss des Lebens an Ihnen vorüberzieht, ohne dass Sie urteilen. Egal, was Sie sehen, Sie sehen es einfach. Egal, was Sie denken, Sie denken es einfach. Egal, was Sie fühlen, Sie fühlen es einfach. Nichts ist gut, nichts ist schlecht. Alles ist *gegenwärtig*. Es kann sehr entspannend sein, nicht mehr zu urteilen. Ihr Geist tritt zurück, Ihre Sinne treten nach vorne. Sie sehen mehr, hören mehr, riechen mehr, schmecken mehr, tasten mehr. Sie verschmelzen mit Ihrer Umgebung, verschmelzen mit diesem Moment.

Spüren Sie, dass Leben wie Atmen ist: Es passiert von allein, Sie können sich darauf verlassen. Der jetzige Moment trägt Sie, beschützt Sie und versorgt Sie mit allem, was Sie brauchen.

Wen auch immer Sie über einen Fluss getragen haben oder wer auch immer Sie in einen Fluss gestoßen hat: Lassen Sie ihn in Gedanken los. Und genießen Sie Ihr Jetzt!

Drei Perlen **TIPP**

1. Alles, was mich besorgt, ist *nicht* gegenwärtig: Es liegt im Gestern oder im Morgen.
2. Erst wenn ich meine Faust öffne und die Vergangenheit loslasse, werden meine Hände frei für die Gegenwart.
3. Leben geschieht in *diesem* Augenblick. Wenn ich das erfasse, trägt mich die Glückswelle des Augenblicks.

Mini-Challenge mit Maxi-Wirkung

Jetzt, da ich diese Zeile lese, konzentriere ich mich ganz auf das Glück meiner Gegenwart. Und je mehr ich in diesen Moment eintauche, desto mehr Gründe fallen mir ein, warum es mir *jetzt* gut geht – zum Beispiel:

1. Ein gutes Gefühl, das ich gerade spüre, ist (...) ______________________
   ____
2. Ich bin dankbar, dass ich in dieser Sekunde (...) ____________________
   ____
3. Ich könnte jetzt lächeln, denn (...) __________________________
   ____

PS: Hat Ihnen dieses Buch gefallen? Dann nutzen Sie meine drei Geschenke, um jeden Tag noch erfüllter zu leben:

1. Lassen Sie sich einen Monat lang von meinem digitalen 31-Tage-Workbook inspirieren – mein Geschenk für Sie.
2. Profitieren Sie von meiner wertvollen Video-Kollektion »DAMIT krempelst du dein Leben um« – kostenlos.
3. Und sichern Sie sich einen Gutschein, um beim Kauf meiner 365-Tage-Challenge 50 Euro zu sparen – exklusiv für Leser dieses Buches.

Hier erwarten Sie Ihre drei Geschenke, ich freue mich schon auf Sie:

http://buchaktion.karriereberater-akademie.de/

Weiterführende Literatur

Allen, David, *Wie ich Dinge geregelt kriege*. Piper, 2015

Altmeyer, Sandra, *Wertschätzung trainieren – Wertschöpfung generieren*. tolino media, 2024

Anda, Béla; Kleine, Rolf, *Gerhard Schröder*. Ullstein, 2002

André, Christophe, *Die Geheimnisse der Therapeuten*. Goldmann, 2014

Aristoteles, *Nikomachische Ethik*. Reclam, 2017

Aurel, Marc, *Selbstbetrachtungen*. e-artnow, 2018

Bandura, Albert, *Social Cognitive Theory*. Wiley, 2023

Beaulieu, Danie, *Impact-Techniken für die Psychotherapie*. Carl-Auer, 2013

Beck, Judith S., *Praxis der Kognitiven Verhaltenstherapie*. Beltz, 2024

Berndt, Christina, *Resilienz*. dtv, 2013

Birkenbihl, Vera F., *Der persönliche Erfolg*. mvg, 2018

Bower, Gordon H., Hilgard, Ernest R., *Theorie des Lernens*. Klett-Cotta, 1983

Branch, Rhena; Willson, Rob, *Kognitive Verhaltenstherapie für Dummies*. Wiley, 2012

Branden, Nathaniel, *Die 6 Säulen des Selbstwertgefühls*. Piper, 2015

Bucay, Jorge, *Komm, ich erzähl dir eine Geschichte*. Fischer, 2007

Busch, Christian, *Erfolgsfaktor Zufall*. Murmann, 2023

Clear, James, *Die 1 % Methode*. Goldmann, 2020

Covey, Stephen R., *Die sieben Wege der Effektivität*. Heyne, 2000

Dethlefsen, Thorwald, *Schicksal als Chance*. Goldmann, 1987

Dueck, Gunter, *Schwarmdumm*. Campus, 2015

Duhigg, Charles, *Die Macht der Gewohnheit*. Piper, 2019

Dyer, Wayne W., *Du bist, was du denkst*. Sprachlichter, 2020

Ellis, Albert, *Training der Gefühle*. mvg, 2013
Freud, Anna, *Das Ich und die Abwehrmechanismen*. Fischer, 1984
Gamber, Paul, *Systemische Therapie für Dummies*. Wiley, 2011
Geisselhart, Roland; Hofmann, Christiane, *Stress ade*. Haufe, 2006
Gerster, Petra; Nürnberger, Christian, *Charakter*. Edel, 2014
Goggins, David, *Cant't hurt me*. riva, 2024
Haitzer, Axel, *Bewerbermagnet*. Quergeist, 2011
Hayes, Steven C., *Kurswechsel im Kopf*. Beltz, 2020
Heß, Hans, *Erzählbar*. managerSeminare, 2011
Holiday, Ryan, *Der tägliche Stoiker*. FBV, 2020
Honigstein, Raphael, *Ich mag, wenn's kracht: Jürgen Klopp*. Ullstein, 2019
Katie, Byron, *Lieben was ist*. Arkana, 2002
Kishimi, Ichiro; Koga, Fumitake, *Du musst nicht von allen gemocht werden*. Rowohlt, 2018
Kitzler, Albert, *Wie lebe ich ein gutes Leben?*. Pattloch, 2014
Klein, Stefan, *Der Sinn des Gebens*. Fischer, 2011
Kornfield, Jack; Goldstein, Joseph, *Einsicht durch Meditation*. Arbor, 2005
Kunze, Heinz Rudolf. *Werdegang*. Reclam, 2021
Lazarus, Arnold A.; Clifford N., *Der kleine Taschentherapeut*. dtv, 2021
Loch, Siggi. *Plattenboss aus Leidenschaft*. Edel, 2010
Long, Aljoscha; Schweppe, Ronald, *Karma*. Heyne, 2011
Lutz, Wolfgang u. a., *Klinische Psychologie*. Hogrefe, 2012
Niedecken, Wolfgang, *Für 'nen Moment*. Goldmann, 2012
Perls, Fritz, *Grundlagen der Gestalttherapie*. Klett-Cotta, 2007
Peseschkian, Nossrat, *Der Kaufmann und der Papagei*. Fischer, 2021
Peterson, Jordan B., *12 Rules For Life*. Goldmann, 2019
Prior, Manfred, *MiniMax-Interventionen*. Carl-Auer, 2023
Rosa, Hartmut, *Unverfügbarkeit*. Suhrkamp, 2022
Schäfer, Bodo, *Die Gesetze der Gewinner*. dtv, 2023
Schröder, Martin, *Wann sind wir wirklich zufrieden?*. Bertelsmann, 2020

Schulz von Thun, Friedemann, *Miteinander reden 1*. Rowohlt, 1981
Schwarzenegger, Arnold, *Total Recall*. Heyne, 2014
Schwertfeger, Anika, *Räum dich glücklich!*. Gräfe und Unzer, 2022
Seidenstricker, Iris, Der kleine Taschencoach. dtv, 2015
Seligman, Martin, *Wie wir aufblühen*. Goldmann, 2015
Seneca, *Gesammelte Werke*. Anaconda, 2021
Sharma, Robin, *Der 5 Uhr Club*. Knaur, 2022
Singh, Shiva, *Das Glück eines reichen Mannes*. Amazon Media, 2021
Tepperwein, Kurt, *Nichts geschieht umsonst*. Silberschnur, 2019
Tepperwein, Kurt, *Erwachen zum wahren Sein*. Goldmann, 2008
Thomas, Carmen, *Reaktanz*. Adeo, 2020
Tolle, Eckhart, *Jetzt*. J. Kamphausen, 2017
Tramitz, Christiane, *Wünsch dir was!*. Knaur, 2020
Trenton, Nick, *Stop overthinking*. FinanzBuch-Verlag, 2023
Waldinger, Robert; Schulz, Marc, *The Good Life*. Kösel, 2023
Ware, Bronnie, *5 Dinge, die Sterbende am meisten bereuen*. Goldmann, 2015
Wehrle, Martin, *Den Netten beißen die Hunde*. Mosaik, 2021
Wehrle, Martin, *Die Coaching-Schatzkiste*. managerSeminare, 2023
Wehrle, Martin, *Karriereberatung*. Beltz, 2019
Wehrle, Martin, *Wenn jeder dich mag, nimmt keiner dich ernst*. Mosaik, 2023
Wiest, Brianna, *101 Essays, die dein Leben verändern*. Piper, 2022
Zander, Margherita, *Armes Kind – starkes Kind?*. VS, 2008

Quellenverzeichnis

1. Einige Geschichten dieses Buches variieren volkstümliche Überlieferungen und alte Märchen (hier »Vom Fischer und seiner Frau« der Gebrüder Grimm); andere habe ich in den letzten zwanzig Jahren mündlich aufgeschnappt und in mein Notizbuch übertragen; wieder andere lehnen sich (meist sehr frei variiert) an literarische Vorlagen, die ich dann als Quelle nenne. Die meisten Erzählungen stammen von mir.
2. Ellis, Albert, *Training der Gefühle*. mvg, 2013
3. André, Christophe, *Die Geheimnisse der Therapeuten*. Goldmann, 2014
4. Singh, Shiva, *Das Glück eines reichen Mannes*. Amazon Media, 2021
5. Schröder, Martin, *Wann sind wir wirklich zufrieden?*. Bertelsmann, 2020
6. Tramitz, Christiane, *Wünsch dir was!*. Knaur, 2020
7. palverlag.de, Wären Sie als Lottomillionär oder querschnittsgelähmter Mensch glücklicher?, 28.05.2021
8. youtube.com, The Science of Making and Breaking Habits, 2022
9. Heidegger, Martin, *Sein und Zeit*. Niemeyer, 2006
10. Clear, James, *Die 1 % Methode*. Goldmann, 2020
11. focus.de, Die drei häufigsten Missverständnisse einer Beziehung, 05.11.2014
12. Schulz von Thun, Friedemann, *Miteinander reden 1*. Rowohlt, 1981
13. Geisselhart, Roland; Hofmann, Christiane, *Stress ade*. Haufe, 2006
14. Seneca, *Gesammelte Werke*. 2021, Anaconda
15. s. Singh, 2021

16. nzz.ch, »Durchschnittlich lügt jeder 25 Mal am Tag«, 08.12.2018
17. wissenschaft.de, Lügen haben lange Beine, 18.07.2006
18. s. Ellis, 2013
19. Heß, Hans (Hrsg.), *Erzählbar*, managerSeminare, 2013
20. Honigstein, Raphael, *Ich mag, wenn's kracht: Jürgen Klopp*. Ullstein, 2019
21. Covey, Stephen R., *Die sieben Wege der Effektivität*. Heyne, 2000
22. Branden, Nathaniel, *Die 6 Säulen des Selbstwertgefühls*. Piper, 2015
23. spiegel.de, Flughafen BER ist eröffnet – mit neun Jahren Verspätung, 31.10.2020
24. Altmeyer, Sandra, *Wertschätzung trainieren – Wertschöpfung generieren*. tolino media, 2024
25. nationalgeographic.de, Toxic Positivity: Warum zu viel Optimismus schaden kann, 01.04.2022
26. Newell, Allen; Simon, Herbert A., *Human Problem Solving*. Echo Point Books & Media, 2019
27. Peseschkian, Nossrat, *Der Kaufmann und der Papagei*. Fischer, 2021
28. Kitzler, Albert, *Wie lebe ich ein gutes Leben?*. Pattloch, 2014
29. zeit.de, Zehn Dinge, die sie über sich wissen sollten, 22.07.2018
30. derstandard.at, Ein »Nein« im Satz verwirrt das Gehirn, 13.02.2009
31. Wehrle, Martin, *Die Coaching-Schatzkiste*. managerSeminare, 2023
32. s. Heß, 2013
33. derstandard.de, Wie Schenken glücklich macht, 21.12.2018
34. Goldner, Fred. H., *Social Problems*. Oxford University Press, 1982
35. Perls, Fritz, *Grundlagen der Gestalttherapie*. Klett-Cotta, 2007
36. psychologieimalltag.com, Lehrer, Schüler und der Rosenthal-Effekt, 04.10.2011

37. Wiest, Brianna, *101 Essays, die dein Leben verändern.* Piper, 2022
38. zeit.de, Mach es anders!, 17.02.2016
39. ebenda
40. Niedecken, Wolfgang, *Für 'nen Moment.* Goldmann, 2012
41. Seligman, Martin, *Wie wir aufblühen.* Goldmann, 2015
42. spiegel.de, Dankmuskel bitte anspannen, 26.12.2016
43. ebenda
44. s. Clear, 2020
45. welt.de, Das merkwürdige Gebaren des Bahnpersonals in Japan, 13.12.2023
46. Beck, Judith S., *Praxis der Kognitiven Verhaltenstherapie.* Beltz, 2024
47. Braun, Roman, *Die Macht der Rhetorik.* Redline, 2018
48. Trenton, Nick, *Stop overthinking.* FinanzBuch-Verlag, 2023
49. Ware, Bronnie, *5 Dinge, die Sterbende am meisten bereuen.* Goldmann, 2015
50. ebenda
51. ebenda
52. Branch, Rhena; Willson, Rob, *Kognitive Verhaltenstherapie für Dummies.* Wiley, 2012
53. Dyer, Wayne W., *Du bist, was du denkst.* Sprachlichter, 2020
54. Tepperwein, Kurt, *Nichts geschieht umsonst.* Silberschnur, 2019
55. Beaulieu, Danie, *Impact-Techniken für die Psychotherapie.* Carl-Auer, 2013
56. Seidenstricker, Iris, *Der kleine Taschencoach.* 2015, dtv
57. manager-magazin.de, Das schier unglaubliche Leben des Uli Hoeneß, 05.01.2017
58. astridlindgren.com, Berufsleben, undatiert
59. Rosa, Hartmut, *Unverfügbarkeit.* Suhrkamp, 2022
60. Freud, Anna, *Das Ich und die Abwehrmechanismen.* Fischer, 1984
61. psychologie-heute.de, Ab ins Blaue, 12.09.2018
62. s. psychologie-heute.de, 12.09.2018
63. s. Heß, 2013

64. Lutz, Wolfgang u. a., *Klinische Psychologie.* Hogrefe, 2012
65. statistika.com, Polizeilich erfasste Fälle von Mord in Deutschland bis 2022, 02.01.2024
66. aerzteblatt.de, WHO: Millionen leiden an Depressionen, 23.02.2017
67. elle.de, Der »Pinguin-Effekt« erklärt Missverständnisse, 14.05.2023
68. Ende, Michael, *Jim Knopf und Lukas der Lokomotivführer.* Thienemann Verlag, 1990
69. Katie, Byron, *Lieben was ist.* Arkana, 2002
70. Bachim, Sacha, *Therapie to go.* Remote, 2022
71. Bucay, Jorge, *Komm, ich erzähl dir eine Geschichte.* Fischer, 2008
72. handelsblatt.com, Zufallsforscher Christian Busch: »Mein ganzes Leben ist eine Verkettung von Zufällen«, 22.05.2023
73. Busch, Christian, *Erfolgsfaktor Zufall,* Murmann, 2023
74. Anda, Béla; Kleine, Rolf, *Gerhard Schröder.* Ullstein, 2002
75. prosieben.de, Mobbing-Attacken, 07.06.2013
76. Schäfer, Bodo, *Die Gesetze der Gewinner.* dtv, 2023
77. Birkenbihl, Vera F., *Jeden Tag weniger ärgern.* mvg, 2019
78. Thomas, Carmen, *Reaktanz.* Adeo, 2020
79. Gamber, Paul, *Systemische Therapie für Dummies.* Wiley, 2011
80. Journal of Experimental Social Psychology, *Spending on doing promotes more moment-to-moment happiness than spending on having,* 05/2020
81. stern.de, Liebende leben länger, 14.02.2023
82. aerzteblatt.de, Sport als Prävention, 2019
83. Journal of Consumer Research, Happiness from Ordinary and Extraordinary Experiences, 06/2014
84. Bower, Gordon H., Hilgard, Ernest R., *Theorie des Lernens.* Klett-Cotta, 1983
85. Wehrle, Martin, *Karriereberatung.* Beltz, 2019
86. s. Seligman, 2015
87. ebenda
88. alltagsforschung.de, 10 psychologische Fakten über Lächeln, 05.07.2010

89. sueddeutsche.de, Was Erwachsene von Kindern lernen können, 26.02.2015
90. stuttgarter-nachrichten.de, Ist Lachen wirklich gesund?, 11.11.2020
91. sueddeutsche.de, Pilotstudie: Kinderclowns vermindern die Angst kranker Kinder, 29.01.2016
92. Gerster, Petra; Nürnberger, Christian, *Charakter.* Edel, 2014
93. spiegel.de, Das Geheimnis von Glückspilzen, 11.02.2005
94. s. spiegel.de, 11.02.2005
95. Duhigg, Charles, *Die Macht der Gewohnheit.* Piper, 2019
96. businessinsider.de, Dieser einfache Trick hilft euch dabei, eure Ziele zu erreichen, 17.12.2022
97. s. Duhigg, 2019
98. deutschlandfunk.de, Fairness bei Affen, 19.09.2003
99. focus.de, Models schüren den Frust, 13.11.2013
100. Festinger, Leon, *A Theory of Social Comparison Processes.* In: Human Relations, 1954
101. s. Singh, 2021
102. Long, Aljoscha; Schweppe, Ronald, *Karma.* Heyne, 2011
103. swr.de, Hypochonder sterben früher, 18.12.2023
104. hbr.org, What Breaking the 4-Minute Mile Taught Us About the Limits of Conventional Thinking, 09.03.2018
105. Crook, Colin; Wind, Yoram (Jerry) R., *The Power of Impossible Thinking.* Wharton School Publishing, 2004
106. Haitzer, Axel, *Bewerbermagnet.* Quergeist, 2011
107. profiling.me, Smoke Filled Room Experiment, 20.03.2023
108. Dueck, Gunter, *Schwarmdumm.* Campus, 2015
109. welt.de, Die Frau, die vergeblich um Hilfe rief, 11.06.2016
110. Journal of Personality and Social Psychology, Bystander intervention in emergencies: Diffusion of responsibility, 1968
111. Peterson, Jordan B., *12 Rules For Life.* Goldmann, 2019
112. ebenda
113. siehe Anda/Kleine, 2002
114. Zander, Margherita, *Armes Kind – starkes Kind?.* VS, 2008
115. Goggins, David, *Can't hurt me.* riva, 2024

116. ebenda
117. Waldinger, Robert; Schulz, Marc, *The Good Life.* Kösel, 2023
118. oxfordre.com, Self-Talk in Sport and Performance, 29.03.2017
119. karrierebibel.de, Priming: Wie Worte wirken, 06.11.2020
120. businessinsider.de, Was ihr vom »7 vs. Wild«-Gewinner Otto Karasch über positive Affirmation lernen könnt, 29.12.2022
121. Kunze, Heinz Rudolf. *Werdegang.* Reclam, 2021
122. Loch, Siggi. *Plattenboss aus Leidenschaft.* Edel, 2010
123. s. Kunze, 2021
124. Schwarzenegger, Arnold, *Total Recall.* Heyne, 2014
125. Frankl, Viktor E., *Ärztliche Seelsorge,* dtv, 2007
126. Wehrle, Martin, *Den Netten beißen die Hunde.* Mosaik, 2021
127. focus.de, 10 Tipps für eine bessere Disziplin, 02.12.2016
128. merkur.de, Wer um diese Uhrzeit aufsteht, ist laut Studie am zufriedensten – und am erfolgreichsten, 06.12.2021
129. Sharma, Robin, *Der 5 Uhr Club.* Knaur, 2022
130. spiegel.de, Wo der Wahnsinn wütet, 28.04.2011
131. Dethlefsen, Thorwald, *Schicksal als Chance.* Goldmann, 1987
132. Prior, Manfred, *MiniMax-Interventionen.* Carl-Auer, 2023
133. s. Thomas, 2020
134. Allen, David, *Wie ich Dinge geregelt kriege.* Piper, 2015
135. Birkenbihl, Vera F., *Der persönliche Erfolg.* mvg, 2018
136. Lazarus, Arnold A. & Clifford N., *Der kleine Taschentherapeut.* dtv, 2021
137. Aurel, Marc, *Selbstbetrachtungen.* e-artnow, 2018
138. Goethe, Johann Wolfgang, *Zahme Xenien.* Beck, 2014
139. Shah, Idries, *Die fabelhaften Heldentaten des weisen Narren Mulla Nasrudin.* Herder, 2013
140. Hesse, Hermann, *Siddhartha.* Suhrkamp, 1974
141. Fromm, Erich. *Die Furcht vor der Freiheit.* dtv, 1993
142. Fromm, Erich, *Die Kunst des Liebens.* Ullstein, 2005
143. Wehrle, Martin, *Wenn jeder dich mag, nimmt keiner dich ernst.* Mosaik, 2023
144. focus.de, Star-Hirnforscher: 2 Instinkte entscheiden über das Glück in unserem Leben, 08.01.2021

145. Becker-Carus, Christian u. a., *Allgemeine Psychologie*, Springer, 2017
146. Satir, Virginia, *Die fünf Freiheiten des Menschen.* Auditorium (Video), 1983
147. Holiday, Ryan, *Der tägliche Stoiker.* FBV, 2020
148. The Economist, Parkinson's Law, 19.11.1955
149. Kayser, Juliane Sophie, *Franz und die Puppe auf Reisen.* Tomorrow's Classics, 2020
150. Klein, Stefan, *Der Sinn des Gebens.* Fischer, 2011
151. ebenda
152. Bandura, Albert, *Social Cognitive Theory.* Wiley, 2023
153. deutschlandfunk.de, »Ich fühle noch heute den Horror in mir«, 10.03.2018
154. lobservateur.com, A Louisiana hero stopped My Lai massacre, 20.03.2023
155. karrierebibel.de, Genügsamkeit: Mehr Freiheit und Leben gewinnen, 08.11.2023
156. Schwertfeger, Anika, *Räum dich glücklich*!. Gräfe und Unzer, 2022
157. spiegel.de, Im neuen Jahr wird alles anders, oder?, 31.12.2016
158. spiegel.de, Morgens besser rauskommen, 18.02.2019
159. s. Bucay, 2008
160. Tepperwein, Kurt, *Erwachen zum wahren Sein.* Goldmann, 2008
161. Hayes, Steven C., *Kurswechsel im Kopf.* Beltz, 2020
162. Kornfield, Jack; Goldstein, Joseph. *Einsicht durch Meditation.* Arbor, 2005

Personenregister

Sachregister